GUOLIU QICHE OBD ZHENDUAN YUANLI JIEXI YU GUZHANG JIANXIU

国六汽车 OBD 诊断原理解析与故障检修

李巍 编著

化学工业出版社

·北京·

内 容 提 要

本书主要介绍了车载诊断系统分类和监测原理、国六 OBD 法规解读、国六排放标准和国五重要区别点、国六 OBD 诊断功能特点、进气系统技术改进与故障检修、燃油系统技术改进与故障检修、冷却系统技术改进与故障检修、润滑系统技术改进与故障检修、排放控制系统技术改进与故障检修、国六柴油机排放控制技术等内容。本书条理清晰，图文并茂，通俗易懂，可读性强。

本书适合从事汽车维修工作的技师阅读参考，也可作为大专院校辅助教材。

图书在版编目（CIP）数据

国六汽车 OBD 诊断原理解析与故障检修/李巍编著. —北京：化学工业出版社，2020.10
ISBN 978-7-122-37477-6

Ⅰ. ①国… Ⅱ. ①李… Ⅲ. ①汽车-故障诊断②汽车-故障修复 Ⅳ. ①U472.9

中国版本图书馆 CIP 数据核字（2020）第 142367 号

责任编辑：辛　田　　　　　　　　　　文字编辑：冯国庆
责任校对：李雨晴　　　　　　　　　　装帧设计：王晓宇

出版发行：化学工业出版社（北京市东城区青年湖南街 13 号　邮政编码 100011）
印　　刷：三河市航远印刷有限公司
装　　订：三河市宇新装订厂
787mm×1092mm　1/16　印张 19¾　字数 530 千字　2020 年 10 月北京第 1 版第 1 次印刷

购书咨询：010-64518888　　　　　　　　售后服务：010-64518899
网　　址：http://www.cip.com.cn
凡购买本书，如有缺损质量问题，本社销售中心负责调换。

定　　价：**88.00 元**　　　　　　　　　　　　　　　　　　　版权所有　违者必究

前言

国六标准即"国家第六阶段机动车污染物排放标准",是为了贯彻环境保护相关法律,减少并防止汽车排气对环境的污染,保护生态环境,保证人体健康而制定的。国六标准分为"国六 a"和"国六 b"两个阶段,并分别于 2020 年和 2023 年在全国统一实施。

对于汽车维修人员而言,如何读懂国六 OBD(车载自动诊断系统)诊断原理,掌握切实有效的检修方法,是目前亟待提高的检修技能,也是众多维修人员关注的技术难点。因此,为了帮助广大读者掌握这方面的故障诊断及检修方法,编写了本书。

本书分为七章,内容包括车载诊断系统分类和监测原理、国六 OBD 法规解读、国六排放标准和国五重要区别点、国六 OBD 诊断功能特点、进气系统技术改进与故障检修、燃油系统技术改进与故障检修、冷却系统技术改进与故障检修、润滑系统技术改进与故障检修、排放控制系统技术改进与故障检修、国六柴油机排放控制技术等。

本书的特点是深入浅出地对 OBD 及国六诊断原理进行了梳理和解析,结合故障产生的机理进行功能性验证,引导出适用于一线检修工作的检测方法和诊断流程,条理清晰,图文并茂,通俗易懂,可读性强。读者阅读后可举一反三、融会贯通,满足实际维修工作的需求。

本书由李巍编著,参与相关工作的还有:李英硕、徐建中、李玉清、徐晓齐。编者长期从事多个主机厂品牌的售后维修技术培训工作,具有扎实的理论功底和丰富的实践经验,编写时结合自己的心得进行整理,力求读者在理解国六诊断原理的同时,快速掌握诊断流程及检测技巧,并且能够切实地运用于实际维修工作中。

本书适合从事汽车维修工作的技师阅读参考,也可作为大专院校辅助教材。

由于编者水平有限,难免有不足之处,敬请广大读者批评指正。

编者

目录

第一章　车载诊断系统与国六诊断原理 …… 1

一、车载诊断系统概述 …… 1
二、OBD Ⅱ 系统 …… 3
　1. OBD Ⅱ 的目的 …… 3
　2. OBD Ⅱ 的作用 …… 3
　3. OBD Ⅱ 的标准化 …… 4
三、欧洲车载诊断系统 …… 6
　1. 欧洲车载诊断系统排放标准 …… 6
　2. 故障码设置 …… 6
　3. 冻结故障状态数据 …… 7
　4. 行驶循环 …… 8
　5. 排放警告灯（MIL） …… 10
四、国六 OBD 法规解读 …… 10
　1. 国六排放标准推行政策 …… 10
　2. 国六排放标准和国五区别 …… 11
五、国六 OBD 诊断功能特点 …… 12
　1. 发动机电控系统功能框架 …… 12
　2. 国六 OBD 诊断的目的 …… 21
　3. 国六 OBD 系统配置图 …… 21
　4. 故障灯点亮策略 …… 21
　5. 续航里程与驾驶循环测试 …… 22
　6. OBD 监测功能的监测频率 …… 24
　7. 国六与国五排放指标差异性 …… 24
　8. 国六 OBD 诊断需求对比 …… 25
　9. 冷启动减排监测策略 …… 26
六、国六发动机总体改进方案 …… 31
　1. 品牌 A 的国六发动机总体改进方案 …… 32
　2. 品牌 B 的国六发动机总体改进方案 …… 33
　3. 品牌 C 的国六发动机总体改进方案 …… 33

第二章　进气系统技术改进与故障检修 …… 35

一、进气系统整体结构与控制原理 …… 35
　1. 进气系统的作用与结构分类 …… 35
　2. 空燃比控制策略 …… 35
　3. 进气计量方式 …… 36
二、涡轮增压系统 …… 39
　1. 集成排气歧管的气缸盖 …… 40
　2. 双流道废气管路 …… 40
　3. 电控废气门执行器 …… 41
　4. 进气旁通阀 …… 43
　5. 增压压力传感器 …… 45
　6. 水冷式中冷器 …… 46
　7. 低温冷却系统 …… 47
　8. 增压控制策略 …… 49
　9. 部件检测方法 …… 51

  10. 系统功能验证 …… 53
  11. 故障码诊断流程 …… 54
 三、VVT 系统 …… 62
  1. VVT 作用原理 …… 62
  2. 侧置式 VVT 机构 …… 63
  3. 中置式 VVT 机构 …… 64
  4. 部件检测 …… 65
  5. 系统功能验证 …… 70
  6. 故障诊断流程 …… 72

第三章　燃油系统技术改进与故障检修 …… 77

 一、燃油系统的整体结构 …… 77
  1. 燃油系统的整体结构与作用 …… 77
  2. 燃油系统的结构分类 …… 77
 二、低压燃油系统 …… 79
  1. 低压燃油系统的整体结构组成 …… 79
  2. 燃油箱 …… 79
  3. 低压燃油泵 …… 79
  4. 低压燃油压力传感器 …… 84
  5. 燃油液位传感器 …… 84
 三、高压燃油系统 …… 85
  1. 国六高压燃油系统改进项及优势 …… 85
  2. 高压油泵 …… 87
  3. 高压油轨 …… 90
  4. 轨压传感器 …… 90
  5. 喷油器 …… 91
  6. 部件检测方法 …… 94
  7. 系统功能验证 …… 98
  8. 故障诊断流程 …… 102

第四章　冷却系统技术改进与故障检修 …… 108

 一、冷却系统整体结构 …… 108
  1. 冷却系统的作用 …… 108
  2. 冷却系统的基本组成 …… 108
 二、电控热管理模块冷却系统 …… 110
  1. 电控热管理模块的先进性 …… 110
  2. 品牌 A 电控热管理模块冷却系统 …… 110
  3. 品牌 B 电控热管理模块冷却系统 …… 120
  4. 部件检测方法 …… 127
  5. 故障诊断流程 …… 128
 三、双冷却系统 …… 137
  1. 品牌 A 双冷却系统 …… 137
  2. 品牌 B 双冷却系统 …… 141
  3. 部件检测方法 …… 145
  4. 故障诊断流程 …… 147

第五章　润滑系统技术改进与故障检修 …… 153

 一、润滑系统整体结构 …… 153
  1. 润滑系统的作用 …… 153
  2. 润滑系统的基本组成 …… 153
  3. 润滑方式 …… 154
  4. 机油的功用 …… 155
  5. 机油的使用特性及机油添加剂 …… 155
  6. 机油的分类 …… 156

二、变排量机油泵……………… 157
　1. 机油泵的分类………………… 157
　2. 两阶可变排量机油泵………… 158
　3. 全可变排量机油泵…………… 162
　4. 部件检测方法………………… 164
　5. 故障诊断流程………………… 164
三、活塞冷却喷嘴电磁阀………… 166
　1. 活塞冷却喷嘴电磁阀先进性…… 166
　2. 两阶可变活塞冷却喷嘴电磁阀 …………………………………… 167
　3. 多阶可变活塞冷却喷嘴电磁阀 …………………………………… 167
　4. 部件检测方法………………… 168
　5. 故障诊断流程………………… 169

第六章　排放控制系统技术改进与故障检修 …………………………… 171

一、排放控制系统概述…………… 171
　1. 汽油发动机排放的有害气体成分 ………………………………… 171
　2. 排放控制手段………………… 172
　3. 燃油闭环控制程序…………… 172
二、燃油修正控制技术…………… 175
　1. 闭环与开环…………………… 175
　2. 开环控制模式………………… 175
　3. 闭环控制模式………………… 176
　4. 短期燃油修正………………… 177
　5. 长期燃油修正………………… 177
　6. 燃油修正影响因素与检测…… 179
　7. 氧传感器监测………………… 182
　8. 宽域氧传感器………………… 183
　9. 国六新型宽域氧传感器……… 188
　10. 三元催化器………………… 196
　11. 后氧传感器………………… 197
　12. 氧传感器信号波形分析…… 204
三、车载燃油蒸气回收系统……… 206
　1. 燃油蒸发排放系统概述……… 206
　2. 车载燃油蒸气回收系统结构与国六改进措施……………………… 207
四、燃油蒸气脱附流量控制……… 212
　1. 净化蒸气比率………………… 212
　2. 炭罐电磁阀工作条件………… 212
　3. 炭罐电磁阀工作特性解析…… 212
　4. 品牌 A 燃油蒸气脱附流量控制原理 …………………………………… 217
　5. 品牌 B 燃油蒸气脱附流量控制原理 …………………………………… 217
　6. 部件检测方法………………… 220
　7. 故障诊断流程………………… 221
五、燃油蒸气脱附流量监测……… 222
　1. 品牌 A 国六发动机燃油蒸气脱附流量监测原理…………………… 223
　2. 品牌 B 国六发动机燃油蒸气脱附流量监测原理…………………… 224
　3. 部件检测与系统功能验证…… 225
　4. 故障诊断流程………………… 228
六、燃油蒸发排放泄漏监测……… 231
　1. 功能概述……………………… 231
　2. DTESK 型监测方案 ………… 232
　3. NVLD 型监测方案 …………… 243
　4. ESIM 型监测方案 …………… 245
　5. 品牌 C 的 ESIM 型监测方案 … 247
　6. DMTL 型监测原理与检测方法 …………………………………… 251
七、曲轴箱通风管路监测………… 255
　1. 曲轴箱强制通风系统概述…… 255
　2. 品牌 A 曲轴箱强制通风系统改进措施………………………………… 256
　3. 品牌 B 曲轴箱强制通风系统改进措施………………………………… 258

4. 品牌 C 曲轴箱强制通风系统改进措施……260
5. 品牌 D 曲轴箱强制通风系统改进措施……261
6. 部件检测方法……265
7. 故障诊断流程……266

八、颗粒物捕集器系统监测……267
1. 品牌 A 颗粒物捕集器监测系统……267
2. 品牌 B 颗粒物捕集器监测系统……270
3. 故障诊断流程……273

九、EGR 监测……277
1. EGR 监测程序……277
2. 品牌 E 的 EGR 系统结构与工作原理……278

第七章　国六柴油机排放控制技术……282

一、国六柴油发动机排放标准……282
1. 排放法规概述……282
2. 国六柴油机后处理技术路线……283

二、柴油机主流国六后处理系统……283
1. 系统架构……283
2. SCR 系统……284
3. HCI 系统……285
4. 传感器……289

三、某品牌国六柴油机排放控制技术……290
1. 发动机整体结构及性能优势……290
2. 可变涡流进气系统……291
3. 废气再循环（EGR）系统……292
4. 排气后处理技术……296

参考文献……308

第一章
车载诊断系统与国六诊断原理

一、车载诊断系统概述

环境污染是目前人们普遍关心的问题。随着汽车工业的不断进步,汽车保有量在不断地增加,以燃油发动机为动力的汽车是城市大气污染的主要来源。因此要采取相应的措施控制这些污染,降低有害排放。

汽车排放污染物如图1-1所示。

为了防止汽车的排放污染物对环境造成过度污染,需要在车辆中配置车载诊断系统。车载诊断系统的英文缩写是OBD,英文全称为"On-Board Diagnostics"。

车载诊断系统根据发动机的运行状况随时监控尾气是否超标,一旦超标,将马上发出警示。当系统出现故障时,故障灯(MIL)或检查发动机(Check Engine)警告灯点亮,同时动力总成控制模块(PCM)或发动机控制模块(ECM/ECU)将故障信息存入存储器。

通过一定的程序可以将故障信息从PCM中读出。根据故障码的提示,工程技术人员或维修人员能迅速准确地判定故障的性质和部位。车载诊断系统的功能构架如图1-2所示。

图1-1 汽车排放污染物

图1-2 车载诊断系统的功能构架

OBD 的诊断原理可以简单地归纳如下：OBD 实时监测发动机、催化转化器、颗粒物捕集器、氧传感器、排放控制系统、燃油系统、EGR 等系统和部件。当出现排放故障时，动力系统控制模块记录故障信息和相关代码，并且通过故障灯发出警告，告知驾驶员。

同时，动力系统控制模块通过标准数据接口与车外诊断仪（故障扫描工具）进行数据通信，从而保证研发工程师或维修技师对故障信息的访问和处理。

OBD 诊断技术最早起源于 20 世纪 80 年代的美国，初期的 OBD 技术，是通过恰当的技术方式提醒驾驶员车辆发生的功能失效或故障。

欧盟和日本在 2000 年以后引入 OBD 技术，2004 年之后，汽车工业发达国家的 OBD 技术进入第三个阶段。在 OBD 检测的项目和限值方面，欧洲和美国存在一定差别，美国 OBD 监控的目的在于成为高排放标准车辆之前发现故障，欧洲 OBD 监控的目的在于发现高排放车辆。OBD 法规体系如图 1-3 所示。

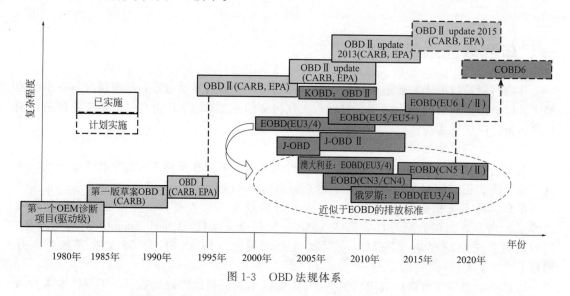

图 1-3　OBD 法规体系

在图 1-3 中，COBD6（简称 CN6）指的就是国六排放标准，可以看出与欧规的 EU6 排放标准接近，某些类型的污染物控制指标甚至略高于 EU6。

为了更好地理解 OBD 诊断原理框架，各国或各地区的 OBD 诊断限值的差异性，以及目前国六排放标准的加严项目和监测原理，有必要了解一下车载诊断系统的发展历程。

从 20 世纪 80 年代开始，世界各汽车制造厂在车辆上配备全新功能的控制和诊断系统。该系统在车辆发生故障时可以警示驾驶员，并且在维修时可经由特定的方式读取故障码，以加快维修时间，这便是车载诊断系统，即 OBD 系统。

1985 年，美国加利福尼亚州大气资源局（CARB）开始制定法规，要求各车辆制造厂在加利福尼亚州销售的车辆必须配备 OBD 系统。在这些车辆上配备的 OBD 系统称为 OBD Ⅰ 系统（第一代车载诊断系统）。OBD Ⅰ 系统必须符合以下规定。

（1）仪表板上必须有发动机故障警告灯（MIL，也称为排放警告灯），以提醒驾驶员注意特定的车辆系统已发生故障（通常是与废气控制相关的系统）。

（2）OBD Ⅰ 系统必须具有记录和传输相关废气控制系统故障码的功能。

（3）监控的电气组件必须包括：氧传感器、废气再循环装置（EGR 装置）、燃油箱蒸气控制装置（EVAP 装置）。

起初，加利福尼亚州大气资源局制定 OBD Ⅰ 标准的用意是减少车辆废气排放以及简化维修流程，但由于 OBD Ⅰ 标准不够严谨，遗漏了三元催化器的效率监测、油气蒸发系统泄漏监测以及发动机失火检测等内容，导致烃类化合物排放增加。再加上 OBD I 系统对监测线路的敏感度不高，等到发觉车辆出现故障时再进厂维修，事实上已排放了大量的废气。此外，OBD I 标准还会引起另一个严重的问题：各车辆制造厂发展了自己的诊断系统、检修流程、专用工具等，给非特约维修站技师的维修工作带来许多问题，故障检修工作变得非常棘手甚至无法执行。

二、OBD II 系统

1. OBD II 的目的

在 OBD I 标准的框架下，维修人员面对品牌各异的汽车、形形色色的故障，需要使用各种各样的检测设备，配上形状各异的诊断插头，对照纷繁复杂的维修资料，在发动机舱内、翼子板内侧、仪表板壳内、乘客席脚下等部位寻找诊断接口，读取故障信息。这对维修人员的检修工作来说，效率极低，且无益于车辆排放诊断测试的标准化。

因此，加利福尼亚州大气资源局开始发展第二代车载诊断系统（OBD II 系统）。OBD II 系统可在发动机的运行状况中持续不断地监控汽车尾气，一旦发现尾气超标，就会立即发出警报。当车辆的相关系统出现故障时，故障警告灯（MIL）或检查发动机（Check Engine）警告灯将点亮或闪烁，同时发动机控制模块将故障信息存入存储器，并且通过诊断仪可以将故障码从发动机控制模块中读出。根据故障码的提示，维修人员能够迅速、准确地判断故障性质及部位。

因此，在 OBD II 计划实施之后，任一技师可以使用同一个诊断仪器，诊断任何品牌厂商根据 OBD II 标准生产的汽车。OBD II 成熟的功能之一是当系统点亮故障灯时，记录下全部传感器和驱动器的数据，可以最大限度地满足诊断维修的需要。

面对各国日益严格的汽车排放法规，OBD II 监视排放控制系统效率的目标是：随着汽车运行中效率的降低，根据联邦测试步骤，当汽车排放水平已达到新车排放标准的 1.5 倍时，点亮故障灯并存储故障码。

此外，OBD II 还要求配置某些附加的传感器硬件，例如附加的加热型氧传感器，装在催化转换器排气的下游；采用更精密的曲轴位置传感器或凸轮轴位置传感器，以便更精确地检测发动机是否存在失火故障；所有车型统一配置一种新的 16 针诊断接口。这样一来，动力系统控制模块的运算能力大大提高，不仅能够实时跟踪部件的损坏状态，而且满足了更加严格的汽车排放法规。

2. OBD II 的作用

为了使汽车排放和驱动性相关故障诊断程序标准化，从 1996 年开始，凡在美国销售的全部新车，其诊断仪器、故障编码和检修步骤必须相似，即符合 OBD II 诊断程序规定。随着经济全球化和汽车国际化的程度越来越高，作为驱动性和排放诊断基础，OBD II 系统得到越来越广泛的实施和应用。

OBD II 诊断程序使得汽车故障诊断简单而统一，维修人员无须专门学习每一个厂家的新系统，便可对相关车辆进行检修，这为诊断检修工作带来了极大的便利。

OBD II 比 OBD I 增加了新的监测区域，包括三元催化器转换效率和监测发动机失火的曲轴转速信号，从而获得任何时间的发动机失火、烃类化合物排放增加的信息。简单来说，OBD II 系统必须具有以下功能。

（1）检测废气控制系统关联的元件是否出现"老化"或"损坏"。

（2）必须有警示装置，从而便于提醒驾驶员进行废气控制系统的保养与检修。

（3）监控传感器和执行器的功能。

（4）使用标准化的故障码，并且可以使用通用的诊断仪器进行读取。

3. OBDⅡ的标准化

OBDⅡ程序的设计要求避免系统之间的混淆，这不仅需要配备标准的16针诊断接口，还要采用特定的故障编码，以及在汽车制造商的文件中对部件故障信息的说明，从而达到以下几个方面的统一和标准化。

（1）通用术语和缩写词。例如，为车载计算机提供曲轴位置和转速信息的装置称为曲轴位置传感器，缩写均为"CKP"。动力系统的计算机统一都称为"PCM"。

（2）通用数据诊断接口（DLC）。每辆车都装有一个标准形状和尺寸的16针诊断接口，每个针脚的信号分配相同。该诊断接口位于相同的位置，装在仪表盘之下，在仪表盘的左边与汽车中心线右300mm之间的某处，如图1-4所示。

OBDⅡ数据诊断接口的外观和针脚排列进行了标准化统一，如图1-5所示。

同时，对OBDⅡ数据诊断接口的针脚功用也进行了标准化定义，如表1-1所示。

表1-1　OBDⅡ数据诊断接口的针脚定义

针脚号	说明
1	未使用
2	SCP+
3	未使用
4	底盘地线
5	信号地线
6	CAN高端
7	K线
8	未使用
9	未使用
10	SCP−
11	未使用
12	未使用
13	FEPS
14	CAN低端
15	L导线
16	电源

图1-4　OBDⅡ数据诊断接口的安装位置

图1-5　OBDⅡ数据诊断接口的外观和针脚排列

需要说明的是，OBDⅡ数据诊断接口的某些针脚，其定义是所有汽车生产商都必须遵循的，如16号针脚为常火电源针脚，4号、5号针脚为地线针脚等，通常不会因品牌、车型不同而有所更改。其他针脚，则可以由汽车生产商自行使用，或在某车型上尚未使用。

（3）通用诊断测试模式。OBDⅡ的测试模式，对所有配备OBDⅡ诊断功能的车辆都是通用的，使用OBDⅡ扫描工具（诊断仪）即可进行测试。

（4）通用扫描工具。满足OBDⅡ要求的扫描工具，必须能够访问和解释任何车型与排放相关的诊断故障码。扫描工具有可与标准16针诊断接口相接的线束。车辆品牌不同，通用扫描工具的外观也不同，如某汽车品牌的通用扫描工具见图 1-6。

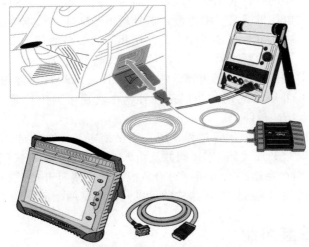

图 1-6　某汽车品牌的通用扫描工具

（5）通用诊断故障码（DTC）。在对奔驰、奥迪、福特、丰田、现代以及其他品牌车辆进行故障诊断时，自诊断系统都可以显示标准的 OBD Ⅱ 故障码，如"P0125""P0204"，分别表示：有转速信号时发动机 5min 内没达到 10℃、4 号喷油嘴输出驱动器不正确地响应控制信号。

SAEJ 2010 标准规定一种 5 位标准故障码，第一位是字母，后面 4 位是数字。因此，以 OBD Ⅱ 程序设置的故障信息或诊断故障码（DTC）均为标准化的，这意味着所有制造厂家均采用相同的故障信息或故障码，如 P0100。

代码的第一位码（字母）表明其所代表的系统。字母规定如下：B 表示车体，C 表示底盘，P 表示动力系统，U 表示网络通信系统。

代码的第二位码表示标准的制造厂家代码，如"P1×××"；或 ISO/SAE 代码，如"P0×××"。所有 P0××× 和 P1××× 的代码均为标准化代码。

代码的第三位码表示在系统中发生故障的总成。

OBD Ⅱ 标准化诊断故障码定义见表 1-2。

表 1-2　OBD Ⅱ 标准化诊断故障码定义

故障码	定义	故障码	定义
P0×××	由 ISO/SAE 预先确定的	P1×××	由制造厂家预先确定的
P01××	燃油和空气供应的测量	P11××	燃油和空气供应的测量
P02××	燃油和空气供应的测量	P12××	燃油和空气供应的测量
P03××	点火系统、燃烧失火	P13××	点火系统、燃烧失火
P04××	辅助尾气排放控制设备	P14××	辅助尾气排放控制设备
P05××	车速、急速设置和其他输入	P15××	车速、急速设置和其他输入
P06××	行程计算机和其他输出	P16××	行程计算机和其他输出
P07××	变速器	P17××	变速器
P08××	变速器	P18××	变速器
P09××	为 ISO/SAE 保留的	P19××	该项目由 ISO/SAE 确定
P00××	为 ISO/SAE 保留的	P10××	该项目由 ISO/SAE 确定

代码的最后两位字符表示触发故障码的条件。不同的传感器、执行器和电路分配了不同区段的数字,区段中较小的数字表示通用故障,即通用故障码;较大的数字表示扩展码,提供更具体的信息,如电压低或高、响应慢、信号超出范围等。

(6)标准化协议。OBD Ⅱ 标准要求制造商使用相同的多路通信语言进行 PCM 与其传感器和执行器间的通信,以及诊断工具之间诊断信息的发送与接收。

发动机管理系统对每个受监视的电路,根据专门设置的运行条件如暖机周期、驱动周期、OBD Ⅱ 行程、OBD Ⅱ 驱动周期和相似条件等,在监视序列中检测故障、设置故障码、点亮和熄灭故障灯以及清除故障码。

故障状态的监视序列是一个运行过程,用来测试规定系统功能或部件的操作情况。例如,计算机可在减速时打开或关闭 EGR 阀并且由 MAP 传感器进行气压测量,从而监测到 EGR 阀是否在工作。而在定速巡航期间,动力系统控制模块打开或关闭炭罐净化功能,通过氧传感器的信号变化状态进行监测,这样就可以同时测试两个部件的工况。

三、欧洲车载诊断系统

总体而言,欧洲车载诊断系统(EOBD 系统)并没有另外增加传感器或执行器来进行尾气中的污染物测量或减排控制。EOBD 功能集成在 PCM 中,该功能用于保证排气净化系统有效和完好地运行(注意排放控制装置已经在车上,EOBD 系统则是对其性能的监测)。

在车辆运行期间,EOBD 系统监测所有排放相关部件和系统的性能。除了利用发动机现有的传感器和执行器外,还需要安装一个能够对三元催化器排出的尾气进行监测的传感器,即下游氧传感器。

在车辆运行并产生尾气的过程中,这些传感器、执行器以及专用的软件将持续地对与尾气排放有关的系统和部件进行检测。

对尾气排放有关的系统和部件进行检测的系统被称为监测系统(监测器)。若监测系统监测到某种故障并且该故障得到确认,则点亮排放警告灯。故障协议的内容包括有关该故障的性质以及在点亮排放警告灯后行驶的距离等信息。

1. 欧洲车载诊断系统排放标准

在整个车辆的使用期限内,欧洲车载诊断系统必须能够正常工作。欧洲车载诊断系统的尾气排放标准值将略微高于欧洲 3 号标准所规定的数值,这样,若发生微小的尾气超出标准的情况,则不会引起排放警告灯的点亮。欧洲车载诊断系统的排放标准见表 1-3。

表 1-3 欧洲车载诊断系统的排放标准 单位:g/km

项目	检测参数		
	CO	HC	NO_x
欧洲 3 号标准	2.3	0.2	0.15
欧洲车载诊断系统	3.2	0.4	0.6

2. 故障码设置

一般而言,EOBD 系统必须在排放超出标准的设定范围内之前查出故障。PCM 如果在行驶循环中发现故障,便在其保活存储器中存储一个待定故障码(DTC)。该故障码的出现有助于技师发现某些间歇性的故障。诊断仪显示的故障码见图 1-7。

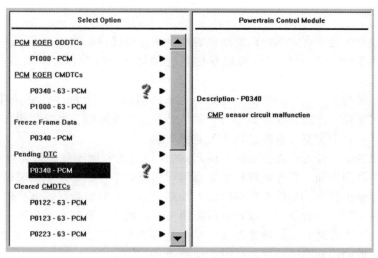

图 1-7　诊断仪显示的故障码

3. 冻结故障状态数据

冻结故障状态数据仅适用于造成排放警告灯首次点亮的故障，该数据表示在第一次检测到故障（待定故障）时收集的数据。

当系统检测到与混合气的配比或失火有关的、能够损坏三元催化器的故障时，冻结故障状态数据将被覆盖，因为失火类的故障具有更高的优先级。

利用诊断仪可以读取冻结故障状态数据，这些被定格的数据大大方便了维修诊断工作。这些数据通常包括：车速、发动机冷却液温度、发动机转速、发动机负荷、混合气配比调整值（STFT、LTFT）、Lambda控制状态（开/闭环）、第一次记录到故障后行驶的距离、进气歧管压力（带进气歧管压力传感器的车辆）、燃油压力（配备相应的测量装置，如燃油压力传感器）。

诊断仪显示的冻结故障状态数据见图1-8。

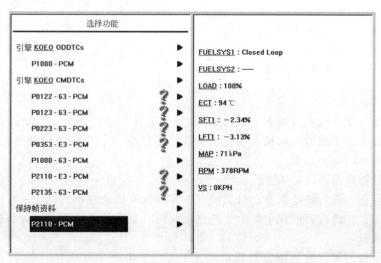

图 1-8　诊断仪显示的冻结故障状态数据
RPM 表示的单位为 "r/min"，全书同

4. 行驶循环

在指定的监测器运行方式下，以发动机启动（在冷机或热机的状态下）开始、以发动机关闭为结束作为监测周期的汽车行驶过程称为行驶循环。行驶循环既可以很短，也可以很长。

车载诊断系统对某一元件的监测是需要一定条件的，各个元件的监测条件会有所不同，只有在满足特定条件下才能完成监测过程，确认是否生成故障码、点亮故障灯以及启用相应的故障运行模式。这个完整的监测过程称为监测周期。

监测周期是为了实现元件或功能的 OBD 诊断而设定的监测流程。每完成一次这个监测流程，称为一个监测周期。在有些资料中，监测周期类似于行驶循环或驾驶循环。

在实际的维修工作中，相信有许多维修人员都会遇到类似的情况：客户的车辆带着故障来店检修，当在车间进行检测时，故障有可能消失了，此后反复试车，故障没有重现；但是当客户提车后使用一段时间，故障重现了，结果造成返修。究其原因，就是在检修过程中，没有满足完整的监测周期测试条件，故障无法被激活。

下面引用一个典型的例子进行说明。三元催化器的监测周期如图 1-9 所示。

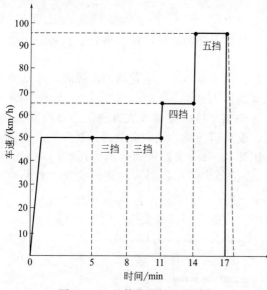

图 1-9 三元催化器的监测周期

当检修完三元催化器后，需要执行修复确认程序，以判断故障是否被彻底排除。该监测周期要求：车辆行驶必须达到一定的车速，必须在指定车速维持一定的时间，必须在相应挡位以不同负荷行驶一定时间。

也就是说，试车过程要满足车速、行驶时间、相应挡位接合，以及该挡位与负荷相对应并且满足一定的行驶时间。因此，故障检修工作并不是简单地清除故障码和查看数据流，而是要从诊断策略来考虑多种条件，从而准确地掌握故障产生的条件和机理，最终将故障彻底排除。

对于 EOBD 系统，监测器完成监测的过程称为一个完整的行驶循环，即完备行程。如果车载诊断系统没有完成对所有监测器的监测，可能会设置故障码 P1000，见图 1-10。

故障码 P1000 的含义是未满足完成 EOBD 行驶循环的全部条件。P1000 并不表示在系统或部件中已经发现了故障。如果车辆在正确条件下完成一个完整的行驶循环后继续行驶，那么故障码 P1000 将消失。

其他工作行程及循环说明如下。

（1）监测行程。该行驶是以发动机启动（在发动机冷机或热机的状态下）为开始，以发动机关闭为结束。在该行程过程中，由于监测系统进行某个故障检测，因此该行程与某单个单行程监测系统有关。

（2）完备行程。该行驶是以发动机启动为开始，并在所有的监测系统完成其检测后结束。该行程有可能持续几个行驶循环。

（3）经销商检测循环。该循环是一种行驶测试循环，能够快速实施行程就绪。为了尽快

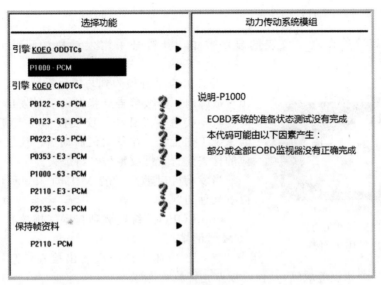

图 1-10 故障码 P1000

清除故障码 P1000，维修人员可以按照每一个监测器的进入条件来驾驶车辆，这样既可以尽快地再现监测器完成的监测结果，又可清除故障码 P1000。

（4）热机循环。该循环以冷却液温度低于 35℃时发动机的启动为开始，以冷却液温度超过 70℃为结束。

对于 EOBD 系统来说，监测系统还将对与尾气排放有关的控制系统和部件进行监测。当 PCM 启动后，监测系统以例行程序的方式对与尾气排放有关的控制系统进行监测，例如，加热氧传感器控制、三元催化器的操作等。若检测到故障，则在常通电的储存器（KAM）中储存故障码。

没有导致排放警告灯点亮的故障码（NON-MIL DTC），其故障原因与尾气排放无关；导致排放警告灯点亮的故障码（MIL DTC），其故障原因与尾气排放有关。

当发动机运行时，EOBD 系统检测到某个故障，若是第一次发生的故障，则作为待定的故障码储存在动力系统控制模块内部的 KAM 中，并且配有冻结故障状态数据。若在下一次的检查中未发现该故障，则该故障码将被自动清除。

与燃烧失火或燃油系统相关的假设故障，仅在相同状态下仍未检测到该故障时才会被清除（对比前期故障产生时的条件，发动机转速在当时故障出现时的±375r/min 范围内，发动机负荷在当时故障出现时的±20% 范围，以及当时故障出现时相同的热机状态等）

若在第二个行驶循环中再次出现了该故障，该待定故障（待定故障码）将自动转变为真实故障（记忆故障码）。在这种情况下冻结故障状态数据不会变化，仍保持其初次发生故障时的记录。

仅在该故障作为"真实故障"储存的情况下，排放警告灯才会点亮。这意味着，仅在第二个行程中再次检测到该故障时，EOBD 系统才会点亮排放警告灯。

与此有关的例外是存在可能损坏三元催化器的失火故障。当发生与"有可能损坏三元催化器的失火"有关的故障时（例如，与点火或混合气有关的故障），排放警告灯将立即闪烁。

对于其他类型的故障，排放警告灯将在第二个行驶循环中持续地点亮。若在第三个行驶循环中该故障未再出现，那么在第四个行驶循环中，排放警告灯将熄灭。

故障码将储存在常通电的储存器（KAM）中。在 40 个热机循环后，将在常通电的储存器中自动删除那些仍未再次出现故障的故障码。

5. 排放警告灯（MIL）

排放警告灯设计在汽车仪表的显示屏中，其符号采用发动机的形状（国际标准），见图 1-11。

图 1-11 国际标准化的排放警告灯（MIL）符号

当 EOBD 系统检测到与尾气排放有关的部件或系统出现故障时，排放警告灯将向驾驶员发出警告。无论何时，只要接通点火开关，仪表板都将点亮排放警告灯。若系统工作正常，在发动机启动后，仪表板收到一个相应的检查信息，排放警告灯将熄灭。

当发动机启动后，若 MIL 灯未熄灭，则说明存在以下某种问题。

（1）EOBD 系统监测到与尾气排放有关的故障，由 PCM 激活排放警告灯。

（2）PCM 未向仪表板发出检查信息（出现数据传输中断或数据传输错误等故障），仪表板点亮排放警告灯。

（3）PCM 处于有限操作策略模式的状态（故障运行模式被启用）。

（4）排放警告灯电路发生短路或断路，这取决于具体的车型控制电路。

若接通点火开关后排放警告灯未点亮，则说明排放警告灯发生故障。出现此类情况，必须进行相应的检修工作，使排放警告灯恢复正常。

四、国六 OBD 法规解读

1. 国六排放标准推行政策

（1）国六排放标准实施规划。自 2020 年 7 月 1 日起，所有销售和注册登记的轻型汽车都应符合国六 a 排放标准的限值要求。自 2023 年 7 月 1 日起，所有销售和注册登记的轻型汽车都应符合国六 b 排放标准的限值要求。

国六排放标准推行的发展历程如图 1-12 所示。

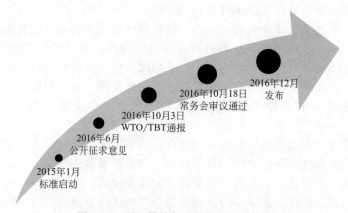

图 1-12 国六排放标准推行的发展历程

原中国环境保护部及相关职能部门拟定新标准的详细内容，率先从北京和上海等大城市开始实施，2018 年以后逐步推广至全国。此前曾计划 2020 年前后实施新标准，计划 2017

年上半年将相当于欧洲上一代标准"欧5"的"国五"扩大至农村地区等,与大城市率先实行的"国六"标准齐头并进,在全国范围内推进尾气减排对策的实施。

汽车排放标准标识如图1-13所示。

图1-13 汽车排放标准标识

除了推行国六排放标准之外,对于汽车企业的汽车生产要求,所需达到的燃效目标也将于2020年在现行20km/L的基础上提高4成。各汽车企业必须使销售车型整体的平均燃效达标,为此需要提高燃效更高的纯电动汽车(EV)和小型车的销售比率,这也是汽车企业纷纷上马新能源汽车生产线的原因之一。

汽车排放标准的逐步升级,迫使汽车企业不继进行技术研发和更新,改进发动机和增加尾气处理装置,力图在激烈的市场环境中占有一席之地。因此,强化汽车排放标准,一方面将对各汽车企业的战略产生影响,不达标的汽车原则上将无法销售,这对环保是一项强有力的措施;另一方面,汽车研发和生产成本增加,有的自有品牌表示"生产成本将增加1~3成"。在经济减速的市场背景下,很难将生产成本转嫁给消费者,汽车企业负担不可避免地会有所加重。

(2)轻型车国六标准适用类型。按照最大总质量将汽车划分为轻型汽车和重型汽车。国六排放标准适用于最大总质量不超过3500kg的M1类、M2类和N1类汽车。

因燃料类型不同,轻型汽车包括轻型汽油车、轻型燃气车、轻型柴油车和轻型两用燃料汽车。

本标准规定了轻型汽车在常温和低温下排气污染物、实际行驶排放(RDE)排气污染物、曲轴箱污染物、蒸发污染物、加油过程污染物的排放限值及测量方法,污染控制装置耐久性、车载诊断系统的技术要求及测量方法,还规定了轻型汽车型式检验的要求和确认、生产一致性和在用符合性的检查与判定方法。

总体而言,在技术层面上,轻型车国六标准具有六个突破点,包括:采用全球轻型车统一测试程序;引入了实际行驶排放测试(RDE)程序;采用燃料中立原则;全面强化实际道路行驶排放控制;完善车辆诊断系统要求;简化主管部门进行环保一致性和监督检查判定方法,使具体操作环节更具有可实施性。

轻型车国六标准采用分步实施的方式,设置国六a和国六b两个排放限值方案,分别于2020年和2023年实施。同时,对大气环境管理有特殊需求的重点区域,可提前实施国六排放限值。

目前,实施国六标准的行业生产能力和油品条件已经具备,多家轻型汽车生产企业推出符合轻型车国六标准样车并已实现市场销售。对于售后维保环节而言,需要应对与国六排放相关的故障。因此,如何快速掌握这方面的检修技能,确实是摆在广大维修人员面前亟待提升的难题。

2. 国六排放标准和国五区别

如何规范地解读国六排放标准与国五的区别点,是把握故障诊断方向、提高检修成功率的基础条件。

新标准是对现行《轻型汽车污染物排放限值及测量方法（中国第五阶段）》（GB 18352.5—2013）的升级，可以从以下几个方面来理解国六排放标准的核心要素。

（1）测试循环。国六标准测试循环，从国五的 NEDC 循环变为 WLTC 循环，车辆工况（速度）的曲线瞬态变化以及最高速度要求，都会有所不同，对于车辆的冷启动、加减速以及高速大负荷状态下的排放进行了全面考核，覆盖了更大的发动机工作范围。因此，对于车辆整体的排放控制性能提出了更高的要求。

（2）测试程序要求。试验车辆的质量要求和道路载荷设定直接影响车辆的油耗和排放表现。国六标准用更加严格的测试要求，例如提高试验车辆的重量，要求轮胎规格必须与量产车一致等措施，有效避免了汽车企业利用标准漏洞在实验室测试中得到一个符合标准的数据，而在实际使用中出现不尽人意的行为。

（3）限值要求。相比国五，国六标准加严了 40%～50%。另外，与国五阶段汽柴油车采用不同的限值相比，国六标准根据燃料中立原则，对汽柴油车采用了相同的限值要求。

（4）实际道路行驶排放要求。相比国五，国六标准新增加了实际道路行驶排放指标，第一次将排放测试从实验室转移到了实际道路，要求汽车既要在试验室测试达标，还要在市区、郊区和高速公路上，在车辆正常行驶状态下利用便携式排放测试设备进行尾气测试，测试结果也必须达到标准规定要求，从而能够有效避免类似大众"排放门"之类的作弊行为。

（5）蒸发排放控制要求。国五标准采用欧洲标准，由于欧洲的平均气温低，且柴油车占全部车辆的 50% 以上，燃油蒸发问题并不明显，因此标准要求低。

我国幅员辽阔，温差变化大，汽油车占绝大多数，燃油蒸发排放影响突出，据估测，目前的汽油车单车年均油气挥发 8.8kg 左右。因此，国六标准对车辆在停车、行驶以及高温天气下的汽油蒸发排放控制提出了严格要求，同时还要求车辆安装 ORVR 油气在线回收装置，增加了对加油过程的油气控制。

（6）排放质保期要求。增加了排放质保期的要求，即要求在 3 年或 6 万千米内，如果车辆出现与排放相关的故障和损坏，导致排放超标，由汽车生产企业承担相应的维修和更换零部件的所有费用，切实保障了车主的权益。

（7）低温试验要求。相比国五，国六标准对排放的 CO 和 HC 限值加严 1/3，同时还增加了对 NO_x 的控制要求，从而有效控制冬天车辆冷启动时的排放。

（8）美规 OBD 要求。适当引入严格的美国车载诊断系统控制要求，全面提升对车辆排放状态的实时监控能力，从而及时发现车辆排放故障，保证车辆得到及时和有效的维修。

五、国六 OBD 诊断功能特点

1. 发动机电控系统功能框架

下面主要以汽油机为例，说明发动机电控系统整体结构原理、国六 OBD 诊断策略及检测方法。发动机电控系统整体结构如图 1-14 所示。

目前，能够为发动机电控系统提供软件配套的供应商并不多，在全球范围内屈指可数，其中比较典型的如博世（联合电子）、德尔福等，其电控系统的基本功能框架有许多相似之处，针对相关排放标准的研发和设计理念大同小异，如在原来平台上开发的基于扭矩控制的系统，其主要目的是把大量各不相同的控制目标联系在一起，将发动机的各种需求转化为扭矩或效率的控制变量。

典型的基于扭矩的控制策略如图 1-15 所示。

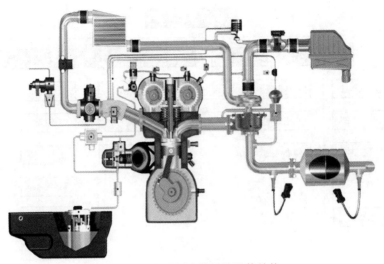

图 1-14 发动机电控系统整体结构

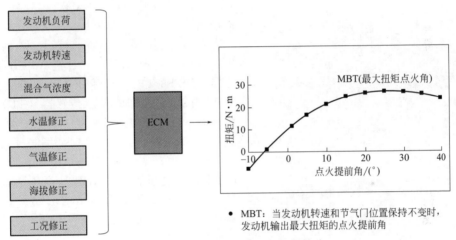

- MBT：当发动机转速和节气门位置保持不变时，发动机输出最大扭矩的点火提前角

图 1-15 典型的基于扭矩的控制策略

满足国六排放标准和诊断技术的发动机电控系统，可以按汽车企业的发动机指标要求，采用优先顺序排列的方式来达到更高的优先级执行要求，通过扭矩转化模块得到所需的进气量、喷油量、点火时刻等发动机控制变量，各控制变量的执行对其他变量没有影响，这就是以扭矩为主控制系统的优点。

发动机电控系统也称为发动机管理系统，该系统提供许多有关操作者和车辆或设备方面的控制特性，采用开环和闭环（反馈）控制相结合的方式，对发动机的运行工况提供各种控制信号。典型的发动机管理系统电控功能框架如图 1-16 所示。

这里需要说明的是，不同品牌的发动机电控系统功能框架结构，在分类方式上会有所不同，但这并不妨碍对整体结构的识别和理解。例如，某一品牌的发动机电控系统功能框架如图 1-17 所示。

在这种功能分类方式下，发动机电控系统的基本功能包括：启动控制、暖机和三元催化器的加热控制、加速/减速和倒拖断油控制、怠速控制、闭环控制、混合气控制功能、蒸发排放控制、爆震控制、OBD 诊断等。

发动机电控系统的附加功能则包括：发动机防盗控制、启停控制、冷却系统散热风扇控

第一章 车载诊断系统与国六诊断原理

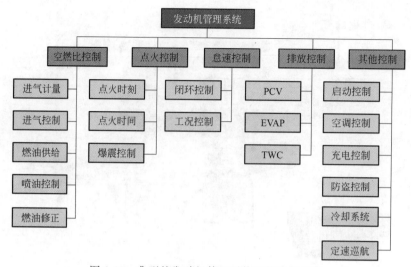

图 1-16 典型的发动机管理系统电控功能框架

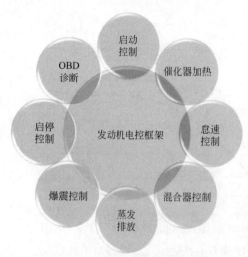

图 1-17 某一品牌的发动机电控系统功能框架

制、空调压缩机控制、VVT 控制、涡轮增压器控制等。

发动机电控系统组件（缩写）包括：发动机控制模块（ECM/ECU）、进气压力/温度传感器（DS-S3-TF）、环境压力传感器（集成在 ECM 内部）、冷却液温度传感器（TF）、相位传感器（PG）、转速传感器（DG）、爆震传感器（KS）、氧传感器（LS）、电子节气门（DVE）、电子油门踏板（APM）、低压油泵（EKPT）、高压油泵（HDP）、高压燃油分配管（KSZ-HD）、高压喷油器（HDEV）、高压传感器（DS-HD）、炭罐电磁阀（TEV）、点火线圈（ZS）等。

典型的博世发动机控制模块如图 1-18 所示。

典型的德尔福发动机控制模块如图 1-19 所示。

图 1-18 典型的博世发动机控制模块

图 1-19 典型的德尔福发动机控制模块

（1）启动控制功能：在启动过程中，发动机控制模块采取特殊计算方法来控制充量、喷油和点火正时。该过程的开始阶段，进气歧管内的空气是静止的，进气歧管内部压力显示为周围大气压力。电子节气门指定为一个根据当时启动温度而定的固定开度参数。

燃油喷射模式和喷射量根据发动机的温度而变化，来促使油气在缸内更好地混合。为了在火花塞附近形成可靠的可燃混合气，当发动机达到一定转速前，需要对混合气进行加浓。一旦发动机开始运行，系统立即开始逐步减少喷油量，直到启动工况结束时完全取消启动加浓。

在启动工况下，点火角也需要不断调整。随着发动机温度、进气温度和发动机转速的变化，通常采用高压启动策略。在故障模式或者极低温度的时候，采用低压启动策略。

（2）暖机和三元催化器的加热控制功能：在低温启动后的一段时间内，发动机仍需要供给附加喷油量，根据工况可能会多次喷射，气缸充气量和点火角都被调整，以补偿发动机更高的扭矩要求。

该过程持续进行直到升到适当的温度阈值。在此阶段中，最重要的是三元催化器的快速加热，因为迅速过渡到三元催化器开始工作的温度，可以大大减少废气排放。在此工况下，采用适当的燃油喷射模式（多次喷射）和适度推迟点火提前角的方法，促使废气进行"三元催化器加热"。三元催化器结构原理如图1-20所示。

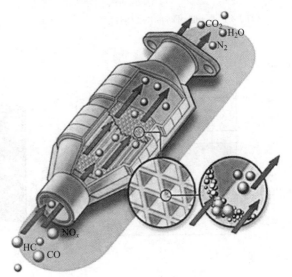

图1-20　三元催化器结构原理

（3）加速/减速和倒拖断油控制功能：实际情况下，喷射到缸内的燃油有一小部分不会及时参与燃烧过程；相反，这些燃油会在缸壁或者活塞上形成一层油膜。当节气门开度增加时，小部分喷射的燃油被该油膜吸收。

因此，燃油系统必须喷射相应的补充燃油量对其补偿，防止混合气在加速时变稀。一旦负荷系数降低，燃油膜中包含的附加燃油会重新释放，因此在减速过程中，必须减少相应的喷射持续时间。

倒拖或牵引工况是指发动机在飞轮处提供的功率是负值的情况。在这种情况下，发动机的摩擦和泵气损失可用来使车辆减速。当发动机处于倒拖或牵引工况时，喷油被切断，以减少燃油消耗和废气排放，更重要的是保护三元催化器。一旦转速下降到设定值，即恢复到供油转速时，燃油系统将重新进行燃油喷射。

实际上，ECU的程序中有一个恢复转速的设定区域值，根据发动机温度、所处挡位、发动机转速动态变化等参数的变化而有所不同，并且能够通过计算防止转速下降到规定的最低阈值（导致发动机扭矩不足甚至熄火）。一旦燃油系统重新供油，系统开始使用初次喷射脉冲供给补充燃油。当恢复喷油后，以扭矩为主的控制系统可以使发动机扭矩缓慢增加而获得平缓过渡。

在实际维修工作中，可以通过诊断仪的数据流、万用表的供油元件电压测量值、示波器的供油元件电信号波形来观察到断油控制现象。如图1-21所示，当进行急加速回油的瞬间，短期燃油修正值变为0，表示此时燃油修正处于短暂开环状态；喷油脉宽变为0ms，表示喷油器短暂处于不喷油状态。此过程大约持续不到1s的时间，即恢复为闭环模式下的喷油控

数据流名称	值	单位
短期燃油修正	0	%
长期燃油修正	-13.28	%
发动机转速	686.25	RPM
(B1-S1)氧传感器电压	0.29	V
(B1-S1)氧传感器短期燃油调整	0	%
喷油脉宽	0	ms

图 1-21 急加速回油的瞬间断油工况数据流

制状态。

综合上述，在稳定工况下，发动机控制模块采用同步喷射模式来控制喷油器，可燃混合气浓度采用闭环控制模式，发动机控制模块根据氧传感器信号的反馈，对喷油脉宽进行修正。在非稳定工况下，发动机控制模块忽略氧传感器信号的反馈，按实际工况需求控制喷油脉宽，因此需要启用非同步喷射模式或燃油切断模式。

非同步喷射模式的控制流程如图 1-22 所示。

燃油切断模式的控制流程如图 1-23 所示。

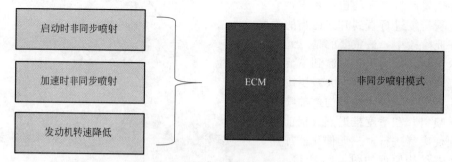

图 1-22 非同步喷射模式的控制流程

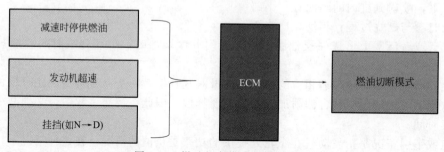

图 1-23 燃油切断模式的控制流程

（4）怠速控制功能：怠速工况下发动机需要产生一定的功率，以满足各方面的负荷要求，但是怠速工况下发动机不必提供扭矩给飞轮。

为了保证发动机在尽可能低的怠速下稳定运行（节省燃油、降低排放），闭环工况下的怠速控制系统必须产生适当的扭矩，维持与发动机"功率消耗"之间的平衡。功率消耗包括来自发动机曲轴和配气机构以及辅助部件，如水泵的内部摩擦等。

以扭矩为主的发动机控制策略，能够根据闭环怠速控制程序来确定在任何工况下维持怠速转速的要求，从而满足所需的发动机扭矩输出。该扭矩输出随着发动机转速的降低而升高，随发动机转速的升高而降低。

发动机电控系统能够通过提升扭矩以响应新的"干扰因素"，如空调压缩机的开停或自动变速器换挡。当发动机温度较低时，为了补偿更大的内部摩擦损失和/或维持更高的怠速转速，也需要增加扭矩输出。所有这些输出扭矩要求的总和被传递到扭矩协调器（集成在发动机控制模块内部),扭矩协调器对数据进行处理计算,从而得出相应的充量密度、混合气成分及点火正时。

(5) 闭环控制功能:三元催化器的排气后处理是降低废气中有害物质浓度的有效方法。三元催化器可降低烃类(HC)、一氧化碳(CO)和氮氧化化物(NO_x)排放达98%或更多,把它们转化为水(H_2O)、二氧化碳(CO_2)和氮气(N_2)。但是,这一转化过程只有在发动机过量空气系数$\lambda=1$附近很狭窄的范围内才能达到这样高的效率。

发动机尾气排放的有害物质浓度与空燃比对应关系如图1-24所示。

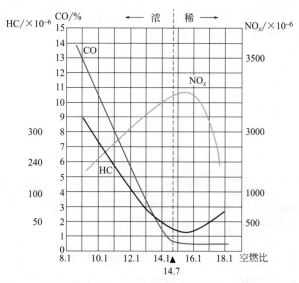

图1-24 发动机尾气排放的有害物质浓度与空燃比对应关系

空燃比是指可燃混合气的空气质量与燃油质量的比值,汽油机的理论空燃比为14.7∶1。空燃比与可燃混合气的浓度关系如下:空燃比小,表示混合气浓;空燃比大,表示混合气稀。

对发动机的空燃比进行闭环控制,其目标就是保证混合气浓度处在过量空气系数$\lambda=1$的狭窄范围内,以便三元催化器的净化效能得到最大化。

闭环控制功能只有通过氧传感器信号反馈才能起作用。氧传感器安装在三元催化器的部位,用于监测废气中的氧含量,如图1-25所示。

氧传感器对废气中的氧含量进行测量,发动机控制模块据此判断可燃混合气是偏浓还是偏稀。当可燃混合气偏稀($\lambda>1$)时,氧传感器产生约100mV的信号电压;当可燃混合气偏浓($\lambda<1$)时,氧传感器产生约800mV的信号电压;当可燃混合气浓度处于理论空燃比$\lambda=1$时,氧传感器信号电压则会在0.455V附近出现跃变。因此,发动机控制模块能够根据信号跃变状态快速修正混合气浓度,从而确保三元催化器的工作效能处于最佳状态,废气中有害物质得到最大化的净化处理。

图1-25 安装在三元催化器部位的氧传感器

氧传感器信号电压与空燃比对应关系如图1-26所示。

发动机实际的工况是非常复杂的,需要根据当前的工况选择满足功率需求、经济需求、排放需求或者折中处理。因此,并不是在所有的工况下,发动机都是在闭环模式下工作的,可以从以下两个方面来理解具体的调控过程。

一方面,发动机能够实现功率需求、经济需求、排放需求等,其先决条件是混合气浓度的调配。汽油机的空燃比在12~13时功率最大,在16时油耗最低,在18左右污染物浓度最低。发动机工况对空燃比的要求如图1-27所示。

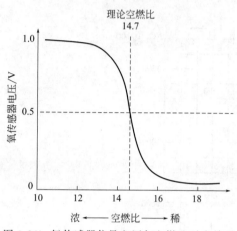

图1-26 氧传感器信号电压与空燃比对应关系

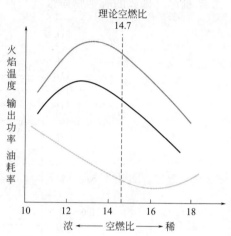

图1-27 发动机工况对空燃比的要求

因此,为了降低油耗和减少污染,应当尽量使用空燃比大的稀混合气,只在需要时才提供浓混合气,这种混合气的调配方式称为稀薄燃烧,已被当今多数汽油发动机采用。

另一方面,为了满足发动机各种工况的需求,混合气的空燃比不能都采用闭环控制,而是采用闭环和开环相结合的策略。这是因为只有在热机后的平稳工况和较为缓和的过渡工况,混合气浓度的调配才可能接近理论空燃比。

因此,当查看发动机系统的动态数据流时,可以发现混合气的控制模式是随着工况变化而启用或解除的。例如,急速工况是一种稳定运行工况,此时混合气的空燃比采用闭环控制模式进行控制,如图1-28所示。

此时若进行急加速,可以看到混合气空燃比的控制模式瞬间切换到开环模式,以满足功率输出需求,如图1-29所示。

数据流名称	值	单位
Bank1燃油在闭环控制及不在闭环控制的原因	闭环	
短期燃油修正	-2.34	%
长期燃油修正	-7.81	%
发动机转速	700.25	RPM
(B1-S1)氧传感器电压	1.28	V
(B1-S1)氧传感器短期燃油调整	-2.34	%
前氧电压值	1102.43	mV

图1-28 急速工况下的混合气空燃比闭环控制模式

数据流名称	值	单位
Bank1燃油在闭环控制及不在闭环控制的原因	开环,驾驶条件	
短期燃油修正	0	%
长期燃油修正	0	%
发动机转速	2331.25	RPM
(B1-S1)氧传感器电压	1.28	V
(B1-S1)氧传感器短期燃油调整	0	%
前氧电压值	1102.43	mV

图1-29 急加速工况下的混合气空燃比开环控制模式

在实际维修工作中，要特别注意这种数据流的动态变化特点，以便更好地理解该发动机电控系统的控制特性及响应性，从而准确地筛选出可能的故障因素，最终找到故障部位，排除故障。

此外，需要说明的是，为了达到国六排放诊断要求，各品牌发动机的三元催化器上游氧传感器都采用宽域氧传感器，下游通常采用传统的四线制跳跃式氧传感器（也有的品牌称为窄带氧传感器）。具体的结构原理与检测方法，在第六章将做说明介绍。

总之，混合气浓度的闭环控制是发动机燃油喷射极其重要的功能，发动机控制模块对氧传感器的输入信号做出响应并控制燃油喷射的变量，由此产生修正因子作为乘数，以修正喷油持续时间。

（6）蒸发排放控制：由于外部辐射热量和回油热量传递的原因，油箱内的燃油被加热并形成蒸气。受到蒸发排放法规的限制，这些含有大量HC成分的燃油蒸气是不允许直接排入大气中的。

在燃油系统中，燃油蒸气通过导管被收集在活性炭罐中，并在适当的时候通过吹洗方式进入发动机参与燃烧过程。典型的蒸发排放控制系统结构如图1-30所示。

实际上，燃油蒸气被吹洗的过程，也是燃油蒸气从活性炭中脱附的过程，这个过程是使活性炭由饱和状态恢复为可吸附状态的过程。因此，燃油蒸气的吹洗过程又称为活性炭罐的脱附、净化或再生过程。

燃油蒸气的吹洗气流流量，是由发动机控制模块通过控制炭罐电磁阀的开度（采用脉宽调制电控方式）来实现的。一般来说，炭罐电磁阀仅在闭环控制模式下才工作，但也取决于具体的供应商控制策略设计理念。也就是说，某些品牌或版本的发动机电控系统，允许炭罐电磁阀在闭环控制模式和开环控制模式下均工作，这一点对维修人员来说是非常重要的，需要进行实际验证来进行判断，以便达到精准化检测的目的。

图1-30 典型的蒸发排放控制系统结构

此外，根据国六排放标准，燃油蒸发系统增加了燃油蒸气的脱附流量监测功能和泄漏监测功能，具体的监测原理和检测方法在第六章进行详细介绍。

（7）爆震控制：爆震是气缸内不正常的燃烧（爆燃）造成的，严重的爆震会导致发动机损坏。为了控制爆震现象的产生，在发动机缸体部位装有爆震传感器，用来检测爆震产生时的特性振动。

在发动机运行过程中，发动机控制模块根据爆震传感器信号来监测每个气缸的燃烧状况，识别是否出现爆震现象。爆震传感器的作用原理如图1-31所示。

图1-31 爆震传感器的作用原理

一旦检测到爆震，发动机控制模块将激活爆震闭环控制功能，适当的推迟点火提前角。当爆震危险消除后，受影响的气缸的点火逐渐重新提前到预定的点火提前角。爆震闭环控制原理如图1-32所示。

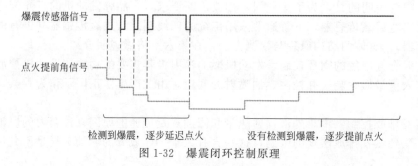

图1-32 爆震闭环控制原理

（8）OBD故障诊断：发动机控制模块不断地监测着传感器、执行器、相关的电路、故障指示灯和蓄电池电压等，乃至发动机控制模块本身，并对传感器输出信号、执行器驱动信号和内部信号（如闭环控制、冷却液温度、爆震控制、怠速转速控制和蓄电池电压控制等）进行合理性检测。

一旦发现某个环节出现故障，或者某个信号值不合理，发动机控制模块立即在RAM的故障存储器中设置故障信息记录。故障信息记录以故障码的形式储存，并按故障出现的先后顺序显示。

（9）定速巡航控制功能：巡航控制作为一项汽车电子控制技术，主要功能在于保持车辆按照驾驶员设定的目标车速行驶，系统闭环调节可以确保车辆行驶阻力发生变化的过程中实时调整电子节气门开度，以维持车辆等速行驶，或者在驾驶员重新调整目标车速后，及时响应并跟随新的目标车速。

定速巡航控制功能如图1-33所示。

巡航控制功能可以不通过驾驶员控制油门踏板而实现车辆匀速、点加/减速、持续加/减速行驶，并在功能退出时记忆目标车速，之后一键恢复原目标车速。

巡航控制的车速实时动态调整并不需要驾驶员通过电子油门踏板予以控制，大大减轻了长途高速行驶过程中驾驶员的劳动强度，提高了行驶的稳定性和舒适性。

目前，巡航控制功能得到了极大提高，从以前单纯定速巡航（CC）提升至自适应巡航（ACC），不仅能够定速，还具备对前方车辆进行识别、自动调整车距、停走控制以及碰撞预警和制动功能等，如图1-34所示。

图1-33 定速巡航控制功能

图1-34 自适应巡航（ACC）

在自适应巡航的功能基础上，某些品牌还增加了车道辅助功能，该功能能够自动识别车道线，一旦出现意外的车道偏离风险，系统能够发出声音、视觉、触觉报警，并且能够以预先设定的模式进行纠偏（利用电动助力转向系统）。这种先进的带有自动纠偏的自适应巡航系统称为集成式自适应巡航系统（IACC），如图1-35所示。

2. 国六OBD诊断的目的

国六OBD诊断的目的与早期的OBD基本相同，无外乎以下两点：一是监测车辆在实际使用时排放系统的工作状况和故障，点亮故障指示器（MIL）并存储故障码；二是通过监测排放系统的性能，确保有效控制在用机动车的排放。由此而扩展并覆盖到整车生产质量控制、车辆使用期间的年检等环节。国六OBD诊断的目的示意图如图1-36所示。

图1-35 集成式自适应巡航系统（IACC）

图1-36 国六OBD诊断的目的示意图

3. 国六OBD系统配置图

国六OBD系统的整体结构配置与国五的基本相同，只是结合具体的控制策略，相应更新软件和硬件配置。OBD系统配置图如图1-37所示。

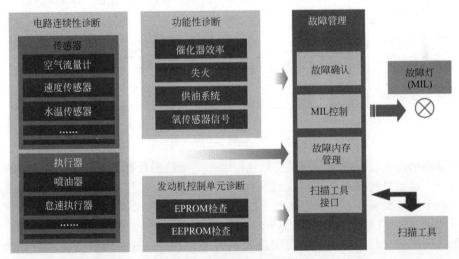

图1-37 OBD系统配置图

4. 故障灯点亮策略

由于国六排放标准更加严苛，发动机系统的故障灯（MIL）点亮策略将相应做出调整，主要包括以下两个方面。

（1）发动机系统零件电路连续性检查：当电控系统零件出现故障时，一般情况下，两个驾驶循环后故障灯点亮,无故障时三个驾驶循环后故障灯熄灭。发动机故障灯工作状态如图 1-38 所示。

图 1-38 发动机故障灯工作状态

注意:国五诊断策略为故障出现三个驾驶循环后故障灯才会点亮,国六变更为两个循环,由此可以看出国六 OBD 监测频率更高,车辆在实际使用过程中,更容易出现与排放相关的故障。

(2) OBD 功能检查:针对三元催化器、供油系统、氧传感器等老化故障,当故障出现时,国六诊断策略为一般两个驾驶循环后故障灯点亮,无故障时三个驾驶循环后故障灯熄灭。

针对失火故障诊断,如出现有可能导致三元催化器损坏的失火故障时,故障灯将以 1Hz 频率闪烁。如果只是出现影响排放但不会造成三元催化器损坏的轻微失火故障,故障灯将会在两个驾驶循环后点亮,而不是闪烁。

5. 续航里程与驾驶循环测试

汽车的续航里程与驾驶循环测试是与排放标准相关的。例如,国六 OBD 诊断相对于国五的总体变更要求如图 1-39 所示。

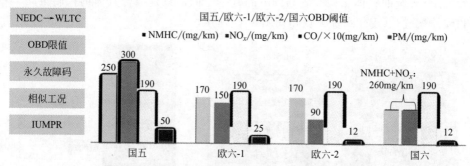

图 1-39 国六 OBD 诊断相对于国五的总体变更要求

无论是燃油汽车、混合动力汽车还是纯电动车,续航里程都是重点关注的衡量排放的关键指标之一。续航里程越长,表明能源利用率越高,这不仅适用于燃料,也适用于动力电池,电动汽车也就更实用。关于电动汽车的里程范围,说得比较多的有 WLTP 工况、美国 EPA 工况、欧盟 NEDC 工况、日本 JC08 工况(影响汽车续航里程的因素有很多,例如动力系统配置、交通路况与气候、驾驶习惯以及是否开空调等,这些因素专业术语称之为"工况")。

WLTP 为全球统一轻型汽车测试规程,由 WLTC 循环和测试规程两大部分组成,WLTC 测试循环分为低速、中速、高速与超高速四部分。

EPA 是全球最严格的测试标准,所测试的项目、内容强度和细分标准相当多。针对纯电续航里程测试,NEDC 与 EPA 的续航测试结果差距为 10%~15%。

JC08 仅应用在日本地区,全球的主流测试标准以 EPA 和 NEDC 为主。

在国六排放标准推出之前，国内工况标准基本上是参考 NEDC 标准制定。注意：NEDC 是指综合续航里程，与 60km/h 等效续航里程是有区别的，如奔腾 X40EV 纯电动车，NEDC 为 310km，60km/h 等速续驶里程则为 400km。

前面提到过，国六标准测试循环，从国五的 NEDC 循环变为 WLTC 循环。为何要更改测试循环规程？要回答这个问题，就需要了解测试循环的发展历程、具体的测试循环标准及适用性，从而准确地理解汽车续航里程的定义和实际使用工况的差异性。

(1) NEDC 测试标准。NEDC 来自新欧洲驾驶循环，NEDC 设计于 20 世纪 80 年代，1990 年被采用，最后一次更新是在 1997 年，其目标是复制汽车在欧洲的典型使用方式。NEDC 依赖于四个重复的城市驾驶循环和一个城外驾驶循环。最初，NEDC 只适用于汽油动力汽车，但后来也成为估算柴油汽车、混合动力汽车和纯电动汽车耗电量的首选工具。

NEDC 最大的问题是，所有的驾驶测试工况都是在实验室里进行的，倾向理论驱动和炮制出来的不切实际的数字。因此，NEDC 最大的缺陷在于油耗评级在现实交通中几乎是不可能实现的，被市场所诟病。

(2) EPA 测试标准。EPA（美国国家环境保护局，简称环境保护署）得出电动车里程的基本测试方法如下：每辆电动汽车都充满电，然后在室内放置一夜。第二天，再把这辆电动车放在一个测功机上，这是一种汽车"跑步机"，然后通过一套模拟城市或高速公路的驾驶标准来执行驾驶任务。城市循环模拟了典型的高峰时段通勤，有许多停车和开车以及堵车时段。高速公路协议模拟在乡村道路和州际高速公路上行驶，沿途没有任何停靠点。当测试车的电池耗尽时，再将其充电到 100% 状态，并且仔细测量所需的充电时间。EPA 使用的公式相当于 1gal（1gal=3.785dm^3）汽油的能量等于 33.705kW·h 的电力，并且作为衡量一辆汽车效率的一种方法。

对比一下特斯拉曾经做过的测试，2015 年款 Model S 车型，在 NEDC 标准下续航里程为 528km，而在 EPA 标准下续航里程仅为 432km，续航减少近 100km。而根据大部分车主的反馈，2015 年款 Model S 车型的续航里程也确实在 400km 左右。由此可以分析出，国内按照 NEDC 标准定义电动车的续航里程，但与更加严苛美国 EPA 标准相比，国产电动车续航里程可能存在延长 18% 以上的情况。

(3) WLTP 测试标准。为了应对 NEDC 的日益边缘化，在 UNECE（联合国欧洲经济委员会）的框架下开发了一项新措施（WLTP），以在全球范围内提供统一和更现实的测试条件。

WLTP 于 2017 年 9 月 1 日推出，代表全球统一的轻型车辆测试程序。该程序测试周期较长，加速度和刹车较为频繁，测试车速较快，间隔停顿时间较短。此外，可选设备还考虑了重量、空气动力学和功耗。虽然 WLTP 还只是一个实验室测试，但与 NEDC 不同的是，它使用的是通过调查等方式从世界各地收集的真实驾驶数据。它由四个部分组成，每个部分都有自己规定的平均速度：低速、中速、高速和超高速。随后，每个部分被分成几个驾驶场景，比如停车、刹车或加速，更像现实生活中的驾驶场景。

欧洲汽车制造商协会（ACEA）表示，以下条件已得到详细改善：更现实的驾驶行为；更高驾驶速度；不同的驾驶场景；城市、农村、高速公路；设置严格的汽车可比性；更长的测试路线；欧洲真实的环境温度；动态加速与制动；短停。

为了获得认证，电动汽车必须根据欧洲新的 WLTP 规则进行测试。正如内燃机汽车的油耗数据将随着 WLTP 的推出而变化一样，纯电动汽车和插电式混合动力汽车的行驶里程规格也将发生变化。在 WLTP 中，范围规范更具有代表性。实际可供客户使用的电气范围不会改变。对于纯电池驱动的电动汽车，这意味着新测试周期的平均速度越快，能耗越高。然而，这种能量不是用"L"来表示的，而是用每 100km 对应的"kW·h"来表示的。

总体而言，WLTP 的推出意味着插电式混合动力汽车的一个重大变化，这类汽车既有电力驱动，也有内燃机，可以从外部充电。这些车辆需要完成规定次数的测试周期，电力驱动车辆以电池充满电的状态开始，重复测试周期直到电池电能耗尽。内燃机车辆的测试循环时间较长，而且在每个周期都要测量排放量。接下来是空电池的测量，其中驱动能量完全来自内燃机和再生制动。这种多级测量不仅可以更精确地确定油耗和二氧化碳排放量，而且可以确定电量程和总量程。然后，将确定的 CO_2 值计算为电量程与总量程的比值。

6. OBD 监测功能的监测频率

监测频率是 OBD 监测功能的重要属性，作为维修人员，有必要了解监测频率与 OBD 监测功能的作用关系，以及对故障产生条件造成的影响，从而更好地理解故障产生的条件和机理，适应新标准下的检测技能。

IUPR 的英文全称为 In-Use Performance Ratio，是 EOBD（欧盟法规中 OBD 要求）的叫法，在 CARB OBD II（美国加利福尼亚州排放法规中 OBD 要求）中称为 IUMPR（In-Use Monitor Performance Ratio），是指在用车相关 OBD 监测功能的监测频率。

IUPR 的监测频率要求最早由 CARB 在 OBD II Update 中定义，并要求 2004 年 5 月以后的车型具备该功能。欧盟对其进行了相应的适应性简化后在欧五/六法规（692/2008）中也引入了 IUPR 要求，要求欧五以后车型应具备该功能。国五法规延续参照欧盟法规，因此，国五法规对 IUPR 的要求与欧五相同。

IUPR 要求实际上是 OBD 监测功能监测条件要求的一部分，监测条件是指对特定监测功能在什么条件下进行监测，监测条件越宽松，该监测功能越容易进行，对应故障的检测就越及时，但诊断的可靠性会相应下降；反之亦然。

由于 OBD 法规的本质目的是在用户正常的车辆使用过程中检测与排放相关的故障，以实现故障的及时维修，维持车辆正常的排放状态，从而降低整体在用车排放水平，因此，OBD 法规在对监测功能监测条件的要求上非常注重真实使用环境下对故障的检测。

7. 国六与国五排放指标差异性

前面内容对国六与国五排放标准区别进行了概述，下面了解一下具体的排放指标差异性，如表 1-4 所示。

表 1-4　国六与国五排放指标差异性

标准	THC（总烃类化合物）		CO（一氧化碳）		NO_x（氮氧化合物）		NMHC（非甲烷总烃）		N_2O		PM（颗粒）		PN	
	汽油	柴油	汽油	柴油	汽油	柴油	汽油	柴油	汽油	柴油	汽油	柴油	汽油	柴油
国五 /(g/km)	100	—	1000	500	60	180	68	—	无	无	4.5	4.5	无	$6.0×10^{11}$ 个
国六 a /(g/km)	100		700		60		68		20		4.5		$6.0×10^{11}$ 个	
国六 b /(g/km)	50		500		35		35		20		3		$6.0×10^{11}$ 个	

对国六与国五排放指标差异性表格中的数据进行解读，要点如下。

（1）主要变化点：增加 N_2O 的污染物排放限值；国六 b 限值大幅降低；国六 a、国六 b 统一了汽油车与柴油车的排放标准。

（2）测试循环不仅从国五 NEDC 循环变为 WLTC 循环，对车辆要求更高，而且测试程序要求也有所不同。由于车辆的重量会影响排放表现及油耗,因此在新标准中增加了车辆重量、轮胎规格与量产车一致等措施,避免试验成绩良好,但实际使用情况糟糕的问题。

(3) 蒸发排放控制要求更严格,国五阶段采用欧洲标准,但欧洲平均气温更低,而且柴油车更多(柴油不易蒸发),整体蒸发量较低,但这并不适合国内的情况(高温容易蒸发、汽油容易蒸发),所以国六对蒸发有更严格的要求。

(4) 排放限值要求更严格,整体污染物比国五要加严50%左右。

(5) 增加实际道路行驶排放检测和排放质保期要求。

(6) 提高低温试验要求,相比国五的 CO 和 HC 限值加严1/3,同时还增加了对 NO_x 的控制要求。

(7) 引入严格的美国车载诊断系统(OBD)要求,全面提升对车辆排放状态的实时监控能力,能够及时发现车辆排放故障,保证车辆得到及时和有效的维修。

8. 国六 OBD 诊断需求对比

发动机电控系统供应商在为主机厂配套国六 OBD 诊断程序时,会进行相应的改进和调试,以满足国六排放标准。这种改进和调试包括两个方面:一是加严监测项目;二是新增监测项目;例如,某发动机电控系统供应商的国六 OBD 加严监测项目如表1-5所示。

表1-5 某发动机电控系统供应商的国六 OBD 加严监测项目

严监测项目	说明
三元催化器	限值降低,IUPR 提高
失火	全工况范围,启动后 1000r/min 内需要监测
氧传感器	前氧慢响应和延迟响应/后氧监测能力诊断
二次空气喷射	正常工作时候检测低流量
EGR	高流量和低流量
燃油系统	基于前氧油路闭环/后氧燃油修正
综合零部件	作为其他诊断策略的一部分或能够导致排放超 OBD 阈值的输入、输出部件诊断。HEV(电动汽车):能量储存系统、车辆热管理系统、再生制动、驱动电动机、发电机

再如,某发动机电控系统供应商的国六 OBD 新增监测项目如表1-6所示。

表1-6 某发动机电控系统供应商的国六 OBD 新增监测项目

新增监测项目	说明
蒸发系统	泄漏和冲洗
PCV 系统	全部管路(除自然吸气发动机新鲜补气)
冷却系统	节温器,冷却液温度传感器
GPF	移除
冷启动减排	催化器加热的策略应用

需要注意的是,各品牌主机厂的研究院或研发部门,对于国六诊断标准的设计理念会有所不同,依托自身现有技术传统和优势制定相应的技术路线,因此表1-5和表1-6只是作为一个典型的例子进行引用。

此外,即使同一品牌不同系列的动力总成,国六 OBD 新增监测项目也会有所不同,如 GPF(汽油机颗粒物捕集器),某一系列的国六发动机配置,另一系列的国六发动机则不采用(移除),但总体的排放指标都能够满足国六 b 标准。

为了更好地理解以上相关的差异性问题，下面以某自主品牌为例，说明某系列发动机的国六诊断技术路线。某自主品牌新款发动机的国六诊断技术新增方案如表1-7所示。

表1-7 某自主品牌新款发动机的国六诊断技术新增方案

监测项目	方案	类型			新增零部件	应用
		国五策略	新集成	新开发		
三元催化器	—	—	✓	—	—	涉及
失火	—	—	✓	—	—	涉及
蒸发泄漏监测	DMTL	—	—	✓	新增DMTL泵	不涉及
蒸发泄漏监测	DTESK/EONV	—	—	✓	油箱压力传感器和炭罐截止阀	涉及
脱附流量监测	—	—	—	✓	高脱附管路增加压力传感器	涉及
二次空气	—	—	—	✓	二次空气系统泵与阀之间增加压力传感器	不涉及
燃油系统	—	✓	—	—	—	涉及
前氧传感器	—	✓	—	—	—	涉及
后氧传感器	—	✓	—	—	—	涉及
EGR	—	—	✓	—	差压传感器	不涉及
曲轴箱通风管路	PCV电导线管	—	—	—	✓	涉及
曲轴箱通风管路	改动发动机得到豁免	—	—	—	—	不涉及
冷却系统	单水温	—	✓	—	—	涉及
冷却系统	双水温	—	—	✓	✓	不涉及
冷启动减排	—	—	✓	—	—	涉及
VVT	—	✓	—	—	—	涉及
GPF	—	—	—	✓	压差传感器	不涉及
综合零部件	—	—	✓	—	—	涉及

注："✓"表示应用或配备。

9. 冷启动减排监测策略

冷启动减排监测是国六诊断新增项目，新增这个项目的主要原因是绝大多数排放污染物是在发动机冷启动期间三元催化器未起燃前产生的。

冷启动减排监测策略的核心目标是加快三元催化器起燃时间，尽可能地降低排放污染。如果冷启动减排监测策略失效，那么会直接导致排放恶化，因此该监测功能非常重要，涉及多个功能组件的监测，如图1-40所示。

（1）怠速控制监测策略。怠速控制监测原理是对怠速工况的发动机转速进行监测，判断是否与非三元

图1-40 冷启动减排监测策略框架

催化器加热工况的怠速转速一致，监测内容包括：怠速转速过高、怠速转速过低、怠速转速波动等，如图 1-41 所示。

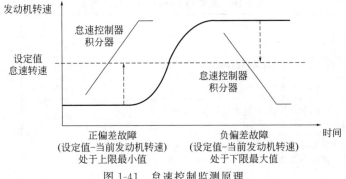

图 1-41　怠速控制监测原理

① 故障码：P050A22。故障码定义：催化器加热过程中发动机怠速过高。

故障码报码条件：催化器加热过程怠速控制转速高于目标怠速 200r/min。

故障可能原因：电子节气门卡在开度很大位置；进气系统是否漏气；喷油器是否存在滴漏；供油压力过高。

故障码 P050A22 的检测方法如表 1-8 所示。

表 1-8　故障码 P050A22 的检测方法

序号	操作步骤	是	否
1	把点火开关置于"ON"位置	转第 2 步	—
2	用诊断仪读取 ECM 是否有该故障码	转第 3 步	排查其他故障码
3	检查电子节气门是否卡在开度很大位置	排除故障	转第 4 步
4	检查进气系统是否漏气；检查喷油器是否存在滴漏；检查供油压力是否过高	排除故障	转第 5 步
5	更换后氧传感器，连接好线束。启动车辆，运行至冷却液温度达到正常值。多次车速为 70km/h 左右时松开油门滑行，故障是否复现	诊断帮助	系统正常

② 故障码：P050A21。故障码定义：催化器加热过程中发动机怠速转速过低。

故障码报码条件：怠速控制转速低于目标怠速 100r/min。

故障可能原因：电子节气门卡在开度很小位置；进气歧管是否漏气；喷油器是否存在阻塞；排气阻力过大；供油压力过低。

故障码 P050A21 的检测方法如表 1-9 所示。

表 1-9　故障码 P050A21 的检测方法

序号	操作步骤	检测结果	后续步骤
1	检查是否因结冰或油污等原因，电子节气门卡在开度很小位置	是	维修、更换电子节气门
		否	下一步
2	进气歧管是否漏气；喷油器是否存在阻塞；排气阻力过大；供油压力过低	是	进行必要维修
		否	诊断帮助

③ 故障码：P050D00。故障码定义：催化器加热及非断油工况时的驻车怠速波动超范围。

故障码报码条件：催化器加热及非断油工况时的驻车怠速波动超范围。

故障可能原因：催化器加热过程中发动机怠速波动过大。
故障码 P050D00 的检测方法如表 1-10 所示。

表 1-10　故障码 P050D00 的检测方法

序号	操作步骤	是	否
1	把点火开关置于"ON"位置	转第 2 步	—
2	用诊断仪读取 ECM 是否有该故障码	转第 3 步	排查其他故障码
3	检查电子节气门是卡在开度很大位置	排除故障	转第 4 步
4	检查进气系统是否漏气；检查喷油器是否存在滴漏；检查供油压力是否过高	排除故障	转第 5 步
5	更换后氧传感器，连接好线束。启动车辆，运行至冷却液温度达到正常值。多次车速为 70km/h 左右时松开油门滑行，故障是否复现	诊断帮助	系统正常

（2）高压供油控制监测策略。高压供油控制监测原理与非三元催化器加热工况的监测原理一致，即根据实际油压与目标油压的偏差来判断油压过高故障和油压过低故障，如图 1-42 所示。

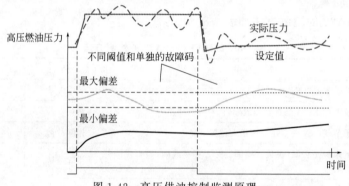

图 1-42　高压供油控制监测原理

① 故障码：P053F21。故障码定义：催化器加热过程中高压油路压力过低故障。
故障码报码条件：催化器加热阶段，高压油轨目标轨压与实际轨压的偏差超过阈值。
故障可能原因：油路泄漏；燃油不足；低压油泵故障；高压油泵工作能力下降。
故障码 P053F21 的检测方法如表 1-11 所示。

表 1-11　故障码 P053F21 的检测方法

序号	操作步骤	是	否
1	把点火开关置于"ON"位置	转第 2 步	—
2	用诊断仪读取 ECM 是否有该故障码	转第 3 步	排查其他故障码
3	检查油路是否有泄漏	维修油路	转第 4 步
4	检查燃油是否不足	添加燃油	转第 5 步
5	检查低压油泵是否损坏	更换低压油泵	转第 6 步
6	检查高压油泵工作能力是否下降	更换高压油泵	转第 7 步
7	将点火开关置于"ON"位置，连接诊断仪，发送故障码清除指令，启动发动机达到检测启动条件，观察故障码是否再次报出	诊断帮助	系统正常

② 故障码：P053F22。故障码定义：催化器加热过程中高压油路压力过高故障。

故障码报码条件：催化器加热阶段，高压油轨目标轨压与实际轨压的偏差低于阈值。

故障可能原因：高压油泵控制故障；泄压阀堵塞。

故障码 P053F22 的检测方法如表 1-12 所示。

表 1-12 故障码 P053F22 的检测方法

序号	操作步骤	是	否
1	把点火开关置于"ON"位置	转第 2 步	—
2	用诊断仪读取 ECM 是否有该故障码	转第 3 步	排查其他故障码
3	检查高压油泵控制是否正常，泄压阀是否堵塞或工作不正常	更换高压油泵	转第 4 步
4	将点火开关置于"ON"位置，连接诊断仪，发送故障码清除指令，启动发动机达到检测启动条件，观察故障码是否再次报出	诊断帮助	系统正常

（3）VVT 控制监测策略。相比非三元催化器加热工况时的 VVT 控制监测，三元催化器加热期间的 VVT 控制监测原理相对简单，即当实际 VVT 位置与目标 VVT 位置偏差超过阈值且持续一定时间后，发动机控制模块报故障码。下面举例进行说明。

① 故障码：P054A00。故障码定义：催化器加热过程中排气 VVT 实际位置偏离故障。

故障码报码条件：催化器加热过程中排气 VVT 实际位置与目标位置相差过大。

故障可能原因：OCV 机油阀压力不足；OCV 机油阀阻塞、泄漏。

故障码 P054A00 的检测方法如表 1-13 所示。

表 1-13 故障码 P054A00 的检测方法

序号	操作步骤	检测结果	后续步骤
1	检查排气凸轮相位调节器工作状况是否正常（污物堵塞，机油泄漏，卡死）	是	下一步
		否	进行必要的检修、保养
2	检查排气 OCV 机油控制阀工作状况是否正常	是	诊断帮助
		否	进行必要的检修、保养

② 故障码：P052A00。故障码定义：催化器加热过程中进气 VVT 实际位置偏离故障。

故障码报码条件：催化器加热过程中进气 VVT 实际位置与目标位置相差过大。

故障可能原因：OCV 机油阀压力不足；OCV 机油阀阻塞、泄漏。

故障码 P052A00 的检测方法如表 1-14 所示。

表 1-14 故障码 P052A00 的检测方法

序号	操作步骤	检测结果	后续步骤
1	检查进气凸轮相位调节器工作状况是否正常（污物堵塞，机油泄漏，卡死）	是	下一步
		否	进行必要的检修、保养
2	检查进气 OCV 机油控制阀工作状况是否正常	是	诊断帮助
		否	进行必要的检修、保养

（4）燃油多次喷射（HSP）监测策略。针对缸内直喷发动机，在三元催化器加热期间，当启用 HSP 模式（两次或三次喷射）时，发动机控制模块对燃油喷射状态进行监测，包括喷油次数、喷油相位及喷油脉宽偏差等，如果出现相关故障，则报故障码。下面举例进行

说明。

故障码：P05EC00。故障码定义：三元催化器加热过程中多次喷射监控故障。

故障码报码条件：三元催化器加热过程中喷射相应控制参数如喷油脉宽/喷油次数等多次超过设定阈值。

故障可能原因：高压喷油系统存在问题；发动机控制模块控制故障。

故障码 P05EC00 的检测方法如表 1-15 所示。

表 1-15 故障码 P05EC00 的检测方法

序号	操作步骤	是	否
1	把点火开关置于"ON"位置	转第 2 步	—
2	用诊断仪读取 ECM 是否有该故障码	转第 3 步	排查其他故障码
3	是否存在与高压油喷油系统相关故障码	排除故障	转第 4 步
4	ECM 是否有问题	更换 ECM	转第 5 步
5	将点火开关置于"ON"位置，连接诊断仪，发送故障码清除指令，启动发动机达到检测启动条件，观察故障码是否再次报出	诊断帮助	系统正常

（5）点火提前角控制监测策略。基本监测原理是判断实际点火提前角与期望点火提前角之差，即点火效率对比。考虑到三元催化器加热需要一个过程，系统将计算整个三元催化器加热过程的平均效率差，当超过设定阈值时，发动机控制模块报故障码。

点火提前角控制监测原理如图 1-43 所示。

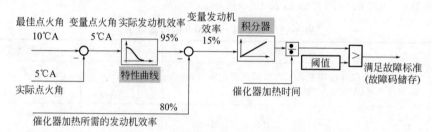

图 1-43　点火提前角控制监测原理

① 故障码：P050B00。故障码定义：催化器加热过程中点火提前角效率监控（怠速）。

故障码报码条件：驻车怠速催化器加热过程中点火角效率超过设定阈值。

故障可能原因：存在其他故障，如节气门故障或失火故障，导致进气流量下降，点火提前角效率异常；电子节气门卡在开度很小的位置；进气歧管漏气；排气阻力过大；供油压力过低；ECM 问题。

注意：故障复现必须是驻车怠速催化器加热策略起作用时。故障码 P050B00 的检测方法如表 1-16 所示。

表 1-16　故障码 P050B00 的检测方法

序号	操作步骤	是	否
1	把点火开关置于"ON"位置	转第 2 步	—
2	用诊断仪读取 ECM 是否有该故障码	转第 3 步	排查其他故障码
3	用诊断仪检查是否还有其他故障（如失火故障及节气门故障）	排除故障	转第 4 步
4	检查电子节气门是否卡在开度很小的位置	维修故障点	转第 5 步

序号	操作步骤	是	否
5	检查进气歧管是否漏气;排气阻力是否过大;供油压力是否过低	排除相应系统问题	转第6步
6	ECM是否有问题	更换ECM	转第7步
7	更换后氧传感器,连接好线束。启动车辆,运行至冷却液温度达到正常值。多次车速为70km/h左右时松开油门滑行,故障是否复现	诊断帮助	系统正常

② 故障码:P050B20。故障码定义:催化器加热过程中点火提前角效率监控(部分负荷)。

故障码报码条件:催化器加热过程中点火提前角效率超过设定阈值。

故障可能原因:存在其他故障,如节气门故障或失火故障,导致进气流量下降,点火提前角效率异常;电子节气门卡在开度很小位置;进气歧管漏气;排气阻力过大;供油压力过低;增压系统增压能力下降;ECM问题。

注意:故障复现必须是驻车怠速催化器加热策略起作用时。故障码 P050B20 的检测方法如表 1-17 所示。

表 1-17 故障码 P050B20 的检测方法

序号	操作步骤	是	否
1	把点火开关置于"ON"位置	转第2步	—
2	用诊断仪读取ECM是否有该故障码	转第3步	排查其他故障码
3	用诊断仪检查是否还有其他故障(如失火故障及节气门故障)	排除故障	转第4步
4	检查电子节气门是否卡在开度很小的位置	维修故障点	转第5步
5	检查进气歧管是否漏气;排气阻力是否过大;供油压力是否过低;增压系统是否存在增压不足问题	排除相应系统问题	转第6步
6	ECM是否有问题	更换ECM	转第7步
7	更换后氧传感器,连接好线束。启动车辆,运行至冷却液温度达到正常值。多次车速为70km/h左右时松开油门滑行,故障是否复现	诊断帮助	系统正常

六、国六发动机总体改进方案

为了应对国六排放法规的需求,各汽车企业依托原有的设计思路提升发动机的总体性能,或者开拓新平台,研发、制造新系列动力总成。平台化生产模式具有显著的优势,能够快速对接国际先进技术,机车接口实现标准化,提高零部件的通用化率。结合高低动力调校策略,以及不同市场竞争定位,满足不同用户族群及整车定位的需求。

发动机总体设计方案必须满足动力性、NVH、排放等多方面指标,显然,单一的或简单的改进措施是无法达到上述要求的。因此要理解,国六发动机的改进是多方位的,包括机械、电控、液压等工艺改进和技术升级,涵盖两大机构和五大系统。认识一款新的国六发动机,也应该从技术参数、改进点和新增项来理解其先进性,同时与旧款发动机相比,识别出差异性,从而为日后有可能涉及的国六相关故障提供更有针对性的检修思路。

下面列举一些典型的国六发动机总体改进方案,以供参考。

1. 品牌 A 的国六发动机总体改进方案

2019 年，品牌 A 推出了一款缸内直喷涡轮增压四缸汽油机，该发动机排量为 2.0L，是全新一代智能制造平台产品，采用行业顶尖技术，在未来几年担当油耗、排放战略任务的核心动力总成。该国六发动机总成外观如图 1-44 所示。

如图 1-45 所示，该国六发动机的主要技术特征和改进项如下。

图 1-44　品牌 A 的国六发动机总成外观

图 1-45　品牌 A 的国六发动机技术特征和改进项示意

（1）高效燃烧系统。采用米勒循环高效燃烧系统，降低油耗 3%。米勒循环实际上是通过改变进气门关闭时刻来控制发动机的实际压缩比，使发动机的压缩比和膨胀比分离，增大膨胀功，并且具有效抑制发动机爆震的特性。

米勒循环不仅能够抑制发动机爆震，还能降低 NO_x 排放。米勒循环的优势还体现在：部分负荷工况下通过推迟进气门关闭角度实现负荷控制，取代了节气门控制，减小了发动机的泵气损失，实现提高几何压缩比，以达到改善发动机经济性的目的。

（2）350bar（$1bar=10^5 Pa$，下同）缸内直喷技术。目前，各品牌的缸内直喷国六发动机，其高压共轨压力均提升至 350bar，这项技术具有诸多优点，如使燃油快速雾化、吸热，降低爆震和油耗；混合气快速燃烧，提升发动机响应性和动力输出等。更详细的内容将在第三章做进一步介绍。

（3）内置式气缸盖排气歧管技术。将排气歧管集成于气缸盖内，热废气能够更好地与缸盖水套进行热交换，冷却系统多了一个热源，更快实现暖机，减少冷启动造成内部构件的摩擦，使发动机更快地进入高效的工作状态，从而达到降低排放、节省油耗的目的。

降低排气温度，这也降低了涡轮增压器的进气温度，缩短了与涡轮增压器的气路长度，拥有更快的响应速度。同时，简化了发动机零部件，使机体重量减轻，降低整车的重心。

（4）双流道电子废气门增压器。其核心技术包括两点：双流道降低排气阻力，电子废气门控制更加精确。更详细的内容将在第二章做进一步介绍。

（5）智能凸轮正时 VVT 机构和静音链条，提升进气系统智能化控制，降低 NVH。

（6）低摩擦配气机构和曲柄连杆机构，采用钻石级硬度涂层，节油 3.5% 以上。

（7）采用智能机油泵和智能活塞冷却喷嘴控制技术，降低机油泵负荷，起到节油减排的作用。

（8）智能热管理模块。冷却系统采用智能热管理模块，取代传统的节温器或温控阀，控制策略引入多种参数条件，实现全工况的冷却液循环智能控制，提高冷却系统效能，达到节油减排的目的。

（9）内置PCV管道与管口监测技术。内置PCV管道能够节省空间和零部件，减少故障点。PCV 管口的电导线管是新增功能部件，可满足国六标准的曲轴箱强制通风系统管口脱落监测要求。

（10）燃油蒸气泄漏监测技术。采用 DMTL 设计方案，在燃油蒸发系统中新增一个电动空气泵，用于监测系统是否存在泄漏。

（11）智能控制技术涉及多个系统，总体实现油耗降低 13%。模块化设计方案使平台内各机型之间零件通用化率>95%。

2. 品牌 B 的国六发动机总体改进方案

2019 年，品牌 B 推出了一款缸内直喷涡轮增压四缸汽油机，该发动机排量为 1.4L。该品牌采用全球领先的顶层设计理论，实现 98%平台通用化率，在同级别机型中处于国际领先水平。该国六发动机外观如图 1-46 所示。

该发动机的所有机车接口都标准化，可通过动力调校策略以适应不同的市场定位。该系列发动机可兼容 48V、HEV/PHEV、REEV 等车型的动力配置，由于兼容性好，降低了维修种类和备件种类，零部件互换性高，从而提高了售后服务质量。

该国六发动机的主要技术特征和改进项如下。

（1）气缸盖集成排气歧管技术（IEM）。气缸盖采用低压铸造工艺，减少零部件数量，并且起到简化维修/装配工艺的作用。

（2）中置式双 VVT 机构、全可变机油泵、多阶段活塞冷却喷嘴控制技术等，降低了机油泵负荷，起到节油排放的作用。

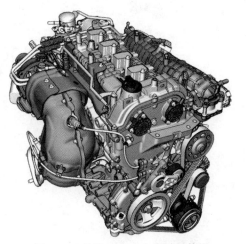

图 1-46　品牌 B 的国六发动机外观

（3）涡轮增压系统采用双流道电动执行器增压器，提高增压器工作性能和响应性。采用水冷式中冷器，增加了低温散热系统，提高了发动机性能。

（4）冷却系统采用双调温器控制方式，提高了发动机热效能，同时能够与水冷式中冷器的设计形式相配套。

（5）燃油系统采用 350bar 高压共轨装置，提升了发动机的动力性能，同时起到节油减排的作用。

3. 品牌 C 的国六发动机总体改进方案

2019 年，品牌 C 推出了一款改进版缸内直喷涡轮增压四缸汽油机，该发动机排量为 1.5L。该发动机是在原有机型上进行了国六标准适应性改进，如 350Bar 高压燃油喷射、气门升程机构优化等技术，以满足国六排放法规要求。该国六发动机外观如图 1-47 所示。

该国六发动机的主要技术特征和改进项如下。

（1）气缸盖集成排气歧管，降低机体重量，提升扭矩，油耗更优。

（2）采用电控增压器，提升低速响应性。

（3）采用新一代的气门升程机构，精简零部件数量，减少驱动损失，同缸两气门可实现异步控制，改善混合气燃烧，降低油耗、排放。

（4）气缸体和气缸盖采用独立冷却循环回路，提升暖机速度，降低排放。

（5）采用二级可变排量机油泵，降低油耗。

（6）喷油器布局采用顶置中置方案，高压共轨采用350bar燃油喷射压力，适应国六排放法规。

（7）采用进、排气双VVT机构，使混合气燃烧更充分，油耗降低。

（8）采用静音链条系统，降低振动和噪声。

通过以上三个品牌的国六发动机总体设计方案的对比，可以看出许多技术特征和改进项都是相同或相近的，也就是说，技术路线没有太大的区别。

从另一个方面来看，技术路线的同质化，对于维修人员掌握国六相关的检修技能非常有帮助，只要静下心来，将一款国六发动机的技术要点和检测方法研究明白，那么对于其他款式或品牌的国六发动机，也基本能够掌握其诊断与检测要点。

图1-47 品牌C的国六发动机外观

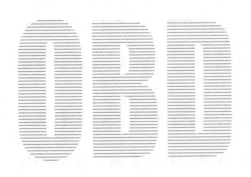

第二章
进气系统技术改进与故障检修

一、进气系统整体结构与控制原理

1. 进气系统的作用与结构分类

进气系统的主要作用是为发动机输送清洁、干燥、充足而稳定的空气以满足发动机的需求，避免空气中的杂质及大颗粒粉尘进入发动机燃烧室造成发动机异常磨损。

进气系统的另一个重要功能是降低噪声，进气噪声不仅影响整车行驶时的噪声，而且影响车内噪声，这对乘车舒适性有着很大的影响。进气系统设计得好坏直接影响到发动机的功率及噪声品质，关系到整车的乘坐舒适性。合理设计消声元件可降低子系统噪声，进而提升整车 NVH 性能。

进气系统由空气滤清器、空气计量装置（空气流量传感器和/或进气压力传感器）、节气门体、附加空气阀、怠速控制阀、谐振腔、动力腔、进气歧管等组成。进气方式通常有两种：一种是自然进气方式；另一种是增压进气方式。

随着国六标准的普及，汽油发动机逐渐采用增压进气方式以提高进气效率，从而获得更好的能源利用率。典型的进气系统结构如图 2-1 所示。

由于本书的侧重点是国六标准的监测原理与检测方法，因此下面结合控制策略讲解相关内容，即电控系统的相关知识。

2. 空燃比控制策略

汽油机能够正常工作，取决于三要素：对于发动机管理系统而言，其首要任务是形成精确空燃比的混合气，调配的目标是实际空燃比趋向目标空燃比。进气与燃油控制系统可称为电子控制燃油喷射系统，是所有控制功能中最复杂的系统。

（1）合适的空气/燃油混合气。发动机管理系统的首要任务是形成精确空燃比的混合气，其控制过程复杂，而且直接影响

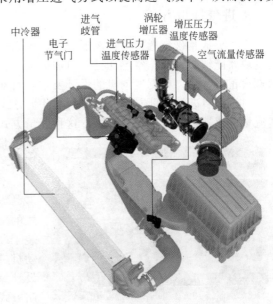

图 2-1 典型的进气系统结构

排放。为了达到发动机工作的目标空燃比，发动机管理系统计量吸入发动机的空气，按照目标空燃比计算所需的燃油量，根据发动机当前的情况进行各种修正，然后通过喷油嘴将燃油喷入进气道，最终在进气道内形成混合气。

（2）足够的气缸压缩压力。压缩的可燃混合气更容易被点燃，会比没压缩的混合气释放出更大的功率和扭矩。压缩压力越高，发动机的爆发压力越大。不过，如果压缩压力过高，就会产生爆震。

（3）准确的点火正时及强烈的火花。汽油机的火花塞产生火花以点燃可燃混合气。如果火花弱，就没有足够的能量点燃，所以火花强度很重要。

此外，在各种工况下，都必须保持适当的点火正时。点火正时根据发动机转速和负荷情况变化，以保证最佳的点火状态。

综合上述，混合气调配是所有功能项中较为复杂的控制技术，其目标是使实际空燃比趋向目标空燃比。为了实现这个目标，发动机管理系统需要协同控制相关功能，包括：进气控制、进气计量、燃油供给、燃油喷射控制、燃油喷射修正等。

发动机管理系统空燃比控制策略如图2-2所示。

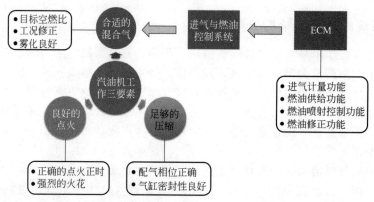

图2-2　发动机管理系统空燃比控制策略

3. 进气计量方式

为了形成精确空燃比的可燃混合气，吸入发动机的空气需要被精确计量，然后发动机控制模块才能够根据目标空燃比计算所需的喷油量。同时，进气量参数也用于其他控制功能，如点火正时修正。根据发动机的设计要求，目前主要采用的进气计量方式有以下两种类型。

（1）L型进气计量方式。这种进气计量方式也称为质量流量计量方式，其特点是采用空气流量传感器直接测量进气计量。这种计量方式不仅结构简单，而且测量精度高，但由于空气流量传感器的价格较贵，虽然比较常见，但应用并不是最广泛的。

空气流量传感器的安装位置如图2-3所示。

需要说明的是，在某些采用L型进气计量方式的发动机中，不仅装有空气流量传感器，还安装了歧管压力传感器。这两个传感器都能够对发动机进气进行测量，因此有人认为这是一种重复设计。其实不然，因为根据具体的发动机进气控制方式，如果进气量不是完全由电子节气门控制，进气歧管内的气压与发动机负荷就不存在对应关

图2-3　空气流量传感器的安装位置

系,即测量歧管压力无法准确计算出进气量,此时需要空气流量传感器直接测量进气质量。此外,歧管压力传感器信号作为校验信号使用,对于相关功能的闭环控制反馈和故障诊断来说是非常重要的。

同时采用空气流量传感器和歧管压力传感器的控制机理如图2-4所示。

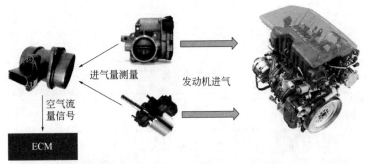

图2-4 同时采用空气流量传感器和歧管压力传感器的控制机理

下面说明空气流量传感器信号类型。该传感器通常有4个针脚,分别为12V电源针脚、接地针脚、空气流量信号针脚和空气温度信号针脚。如果采用的是5个针脚类型,那么多出的1个针脚是5V电源针脚。

空气流量信号有两种类型:一种是模拟信号,其信号电压与空气流量呈正比的关系;另一种是数字信号,其信号频率与空气流量呈正比的关系。相比之下,数字信号要比模拟信号精确得多,因此目前新款发动机普遍采用数字信号的空气流量传感器。

信号类型不同,检测的方法也有所不同。在实际检测工作中,对于数字信号的空气流量传感器,应使用万用表的频率挡位测量空气流量信号,如果使用直流电压挡位测量空气流量信号,则会发现测量值与实际的空气流量没有对应关系,如表2-1所示。

表2-1 使用直流电压挡位测量空气流量传感器的数值　　　　　　　　　　单位:V

测量状态	12V电源针脚	接地针脚	空气温度针脚	空气流量针脚
KEY ON(断开插头)	12.0	0	5.0	0
KEY ON(连接插头)	12.0	0	2.2	0
急速	12.0	0	2.5	2.4
加速	12.0	0	2.5	2.4

可以看到,2.4V的空气流量信号电压虽然可以作为定性判断的测量值,但无法反映与工况变化的对应关系。因此,需要采用频率挡位对该信号做进一步的精确测量。

此外,使用示波器测量空气流量信号波形,能够更精确地判断信号的工作状态。急速工况和加速工况的空气流量信号波形对比如图2-5所示。

可以看到,空气流量信号的特征是一种幅值和占空比不变的频率信号,最低电压约为0.40V,最高电压约为4.7V,占空比约为47%,急速时信号频率约为1.9kHz,加速时信号频率可达4.5kHz以上。

(2) D型进气计量方式。这种进气计量方式也称为速度-密度计量方式,其特点是在进气管道内安装一个绝对压力传感器,它通过检测管道内的真空度,并根据发动机转速来测量发动机的进气量,因此是一种间接计量方式。

进气歧管压力传感器如图2-6所示。

间接计量方式还需要很多其他的信号作为修正参数,如发动机标定数据、EGR流量、

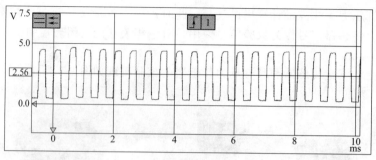

(a) 怠速工况

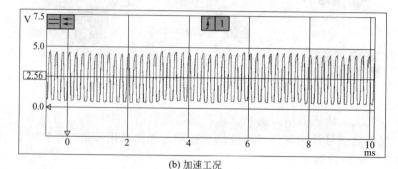

(b) 加速工况

图 2-5　怠速工况和加速工况的空气流量信号波形对比

图 2-6　进气歧管压力传感器

发动机转速、大气压力、充气效率等，通过速度-密度计量公式计算出进气量。虽然 D 型进气计量方式较为复杂，但压力传感器价格较低，更容易配套，并且计算机技术日益成熟，得到了较为广泛的应用。

速度-密度计量公式如图 2-7 所示。

进气歧管绝对压力传感器又称为 MAP 传感器，其内部包括硅基感测元件和集成电路。当发动机节气门完全关闭时，进气歧管内的绝对压力很低（真空度很高），此时进气流量很小；当节气门完全打开时，进气歧管内的绝对压力接近大气压（真空度很低），此时进气流量很大。发动机控制模块根据该传感器信号确定喷油脉宽和点火提前角。当歧管绝对压力等于大气压力时，喷油脉宽为最大值。

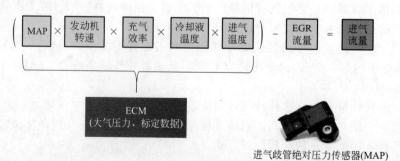

图 2-7　速度-密度计量公式

(3) 充气效率。充气效率是发动机控制模块根据标定数据、MAP、发动机转速、大气压力等参数计算得出的数据,当计算进气流量时必须参考这个数据。

为了确定发动机的负荷大小,MAP 传感器测量进气歧管的压力(真空度),这个测量值与大气压力进行对比。在非增压的车辆上,发动机启动时和在节气门全开状态下,MAP 传感器的数据可作为大气压力的数值进行存储。

(4) 废气再循环(EGR)系统。EGR(Exhaust Gas Recirculation)系统的主要作用是降低 NO_x 排放,同时在某种程度上能够提高燃油经济性。发动机燃烧后排出的废气,由一个阀门(执行器)控制并进入进气歧管,再进入气缸,使可燃混合气得到稀释,然后温度因此下降,从而降低了 NO_x 的生成量。

EGR 系统的管路可以是内置式的,也可以是外置式的。目前新款发动机越来越多地采用内置式,可以节省布局空间,可能的故障点也会变少。EGR 结构与工作原理如图 2-8 所示。

而且,随着技术的升级,气动式 EGR 执行器基本被淘汰,取而代之的是 EGR 电控执行器,如图 2-9 所示。

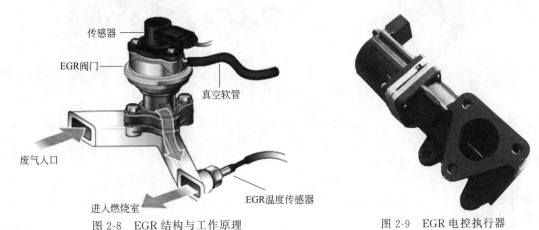

图 2-8　EGR 结构与工作原理　　　　图 2-9　EGR 电控执行器

由于废气的主要成分是惰性二氧化碳气体,导入气缸内不会参与燃烧,但占据了一定比例的空间,因此可燃油混合气的占比空间会变小,气缸吸入的空气变少,需要同时降低燃油量进行修正。

EGR 系统把燃烧后的废气从排气管引入进气歧管,这些废气自身不参加燃烧,但会影响进气歧管内的压力变化,因此发动机控制模块计算进气量时必须考虑这个参数。

需要说明的是,目前许多新款发动机不再配置独立的 EGR 系统(外置 EGR 控制方式),而是通过 VVT 装置来实现 EGR 的相关功能,也就是采用间接方式控制废气再循环量,习惯上称为内置 EGR 控制方式。

典型的双 VVT 装置如图 2-10 所示。

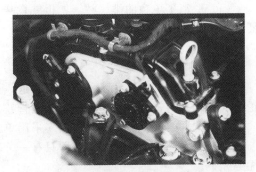

图 2-10　典型的双 VVT 装置

二、涡轮增压系统

发动机的进气增压有多种形式,如机械增压方式、气波增压方式、废气涡轮增压方式。

目前比较常见的是废气涡轮增压方式。废气涡轮增压器实际上是一种空气压缩机，通过压缩空气来增加进气量。它是利用发动机排出的废气惯性冲力来推动涡轮室内的涡轮，涡轮带动同轴的叶轮，叶轮压送由空气滤清器管道送来的空气，使之增压进入气缸。

典型的涡轮增压器结构如图 2-11 所示。

1. 集成排气歧管的气缸盖

目前，新款的国六发动机基本上采用集成排气歧管的气缸盖，这项技术称为内置式气缸盖排气歧管（IEM）技术。典型的集成排气歧管的气缸盖如图 2-12 所示。

图 2-11 典型的涡轮增压器结构

图 2-12 典型的集成排气歧管的气缸盖

这种集成排气歧管的气缸盖其优点可以从以下几个方面进行理解。

（1）取消了单独的排气歧管，集成度提高，节省了空间，简化了零部件布局，机体重量减轻，油耗和排放也会相应得到改善。

（2）在冷启动和暖机过程中，热的废气与气缸盖水套进行热交换，冷却液升温快，发动机快速暖机，内部构件的摩擦减小，可燃混合气雾化更好，燃烧效率提高，不仅节油，而且降低了暖机过程中的污染物排放。

（3）当发动机达到热机状态，或者是处于负荷运行状态时，发动机排出的废气温度很高，涡轮增压器整体的温度也会很高，泵轮泵压后的空气很热，密度低且容易导致爆震。如果采用的内置式气缸盖排气歧管，那么热的废气与气缸盖水套的冷却液进行热交换，在一定程度上可以降低废气温度，涡轮增压器的泵压效率将相应提升。

（4）取消了单独的排气歧管，也就意味着缩短废气侧涡轮增压器的气路长度，涡轮增压器的响应速度会有所提高。

2. 双流道废气管路

涡轮增压器的废气管路采用两个管道，这种结构形式目前国六发动机已普遍采用，即涡轮排气方式采用较为先进的单涡轮双涡管技术。涡轮增压器的两个废气管道如图 2-13 所示。

传统常见的涡轮增压发动机大多采用单涡轮单涡管技术，所有气缸的排气歧管先集合在一起，汇为一管后再吹向涡轮，即只有一条废气流道。现在改进为两条废气流，这种技术的优势如下。

以四缸涡轮增压发动机为例，点火顺序为 1-3-4-2。如果使用一条废气管道，发动机排气时难免会造成气体的脉冲谐振，即排出的废气会"打架"，进而影响缸体与缸体间的排气效率。最主要原因是，气缸工作时有一段重叠时间，进气门和排气门都处于打开状态。如果相邻的两个气缸排气门同时打开，会导致废气回流至前一气缸内，使得它的进气效率降低，下一循环的总功率会受到影响。

为了消除这种各缸排气之间的干扰，将气缸盖排气侧设计成两个管道，使点火相邻两个气缸的排气管道两两分开（1和4一组、2和3一组），这样点火相邻的两个缸的进排气不受干涉影响，各缸的进、排气过程更加顺畅，进而提高发动机的工作效率。

气缸盖排气侧的两个管道（图 2-14）与涡轮增压器废气侧的两个管道对接。

图 2-13　涡轮增压器的两个废气管道　　　　图 2-14　气缸盖排气侧的两个管道

有数据表明，单涡轮双涡管发动机的工作效率比单涡轮单涡管发动机提高 7% 左右，特别是瞬态加速性能提升比较明显。

如图 2-15 所示，发动机在 180N·m 左右进行急加速，至 340N·m 的额定扭矩，双流道的涡轮增压器在 1.78s 即可完成，单流道的涡轮增压器则需要 2.19s 才能完成，发动机瞬态加速性能提升约 20%。

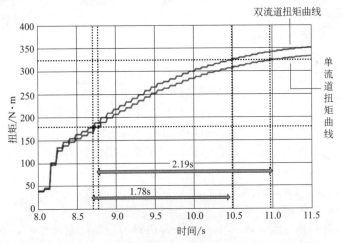

图 2-15　双流道与单流道涡轮增压器的加时间-扭矩曲线对比

3. 电控废气门执行器

涡轮增压器要正常工作，除了废气冲击使涡轮旋转并带动泵轮对进气侧空气进行泵压、实现进气增压外，进气增压的压力还必须能够被调控，以满足目标增压的设计要求，同时防止系统出现过增压而造成发动机损坏。

为此在涡轮增压器的涡轮腔中设置了一个废气旁通阀，它可以使一部分废气被旁通掉而不冲击涡轮，因此只要调整废气旁通阀的开度，涡轮的转速就可调，进气侧增压也就能够调控到目标增压的范围内。涡轮腔内的废气旁通阀如图 2-16 所示。

对于早期的涡轮增压器，一般采用气动方式或真空方式进行控制。相比而言，气动方式应用更为广泛，其结构特点是利用一个三通两位电磁阀（通常称为增压控制电磁阀），通过气压控制一个气动执行器，这个气动执行器与废气旁通阀联动，因此只要控制气动执行器的管路气压，就可以调整废气旁通阀的开度，进而对发动机的进气增压进行调控。

图 2-16 涡轮腔内的废气旁通阀

带有气动执行器的涡轮增压器如图 2-17 所示。

目前新款的国六发动机，涡轮增压器的废气旁通阀已改进为电机控制方式，这个装置在有些资料中称为电子废气门（E-Wastgate）或电动废气旁通阀执行器，如图 2-18 所示。

图 2-17 带有气动执行器的涡轮增压器　　图 2-18 电动废气旁通阀执行器

气动方式改进为电动方式，其优点可以总结如下几点。

（1）电动执行器具有较高的闭合力，不受排气干扰，响应速度快，动态增压快，控制精确且稳定，因此能够提升发动机的低端扭矩和加速响应性。

（2）废气旁通阀的开启不受发动机负荷或增压压力限制，可以在任何工况下开启，因此能够实现全工况下的精细化调控。

（3）在发动机冷启动和暖机过程中，可以让废气尽可能多地通过废气旁通阀，缩短三元催化的起燃时间，降低排放。

废气旁通阀的电动执行器，实际上是一个带位置传感器的直流电机，在工作过程中，直流电机由发动机控制模块控制，由于电机与废气旁通阀通过连杆联动，电机转动的角度与废气旁通阀的开度是对应的，因此发动机控制模块根据位置传感器的反馈信号，能够识别废气旁通阀当前的开度大小，实时进行修正，从而实现整个增压调控的闭环控制过程。

废气旁通阀电动执行器外观结构如图 2-19 所示。

图 2-19 废气旁通阀电动执行器外观结构

废气旁通阀电动执行器通常有 5 根导线，其中 2 根导线用于电机，另外 3 根用于位置传感器。这 5 根导线均连接发动机控制模块，线路连接示意如图 2-20 所示。

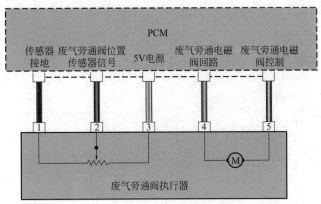

图 2-20　废气旁通阀电动执行器线路连接示意

实际上，发动机控制模块需要利用脉宽调制（PWM）信号来控制直流电机，否则电机转动的角度无法精确定位。

举例说明，某品牌的国六发动机，发动机控制模块利用 1kHz 的占空比信号（一种脉宽调制信号）对直流电机进行控制，控制过程与发动机工况相对应。怠速工况下，直流电机控制信号的占空比较小，废气旁通阀基本处于关闭状态，如图 2-21 所示。

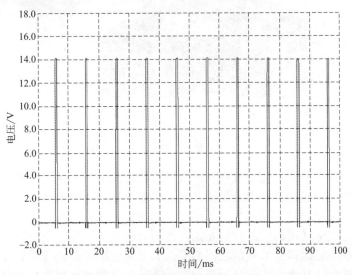

图 2-21　怠速工况下的直流电机控制信号占空比

进行急加速时，直流电机控制信号的占空比会同步增大，如图 2-22 所示。

4. 进气旁通阀

为了使涡轮增压器正常工作，还需要在泵轮进气口与出气口管路之间安装一个旁通阀，用于在特殊工况下将出气口管路中的高压空气泄放掉，防止喘振以及消除急加速后的迟滞现象。因此，这个进气旁通阀又称为喘振控制阀、放泄阀、泄压阀或补偿阀。

进气旁通阀是一个电磁阀元件，由发动机控制模块控制其开启或关闭。常见的进气旁通阀布局形式有两种，一种是进气阀直接安装在涡轮增压器壳体内，涡轮增压器壳体内的泵轮腔设有旁通道，进气旁通阀即安装在旁通道座孔中，如图2-23所示。

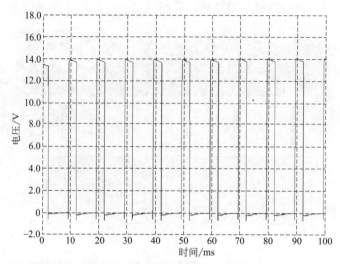

图2-22　急加速工况下的直流电机控制信号占空比

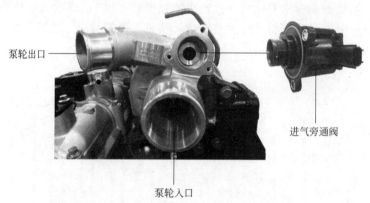

图2-23　安装在涡轮增压器壳体上的进气旁通阀

另一种布局形式是，在泵轮进气口与出气口管路之间布置一条空气管路，进气旁通阀安装在这条空气管路上，通过打开或关闭来实现进气侧高压气体的泄放。目前大部分国六发动机，进气旁通阀均采用这种布局形式，如图2-24所示。

总结一下，进气旁通阀的主要作用是消除加速后的迟滞现象。当急加速收油后，由于节气门突然关闭，在泵轮出口与节气门之间的气压会对泵轮产生制动作用，导致涡轮停滞及产生排气受阻的啸叫声，甚至损坏进气管路和电子节气门。当下次再进行加速时，就会产生加速滞后。解决的办法是，发动机控制模块根据加速踏板行程和速率识别急加速工况，在急加速结束时打开进气旁通阀，使增压气体泄放掉，从而消除以上这些不良因素。

进气旁通阀是一个两针电磁阀，线路连接特点是，电源针脚由主继电器（有的品牌也称为ASD继电器）提供蓄电池电压，控制针脚由发动机控制模块直接控制，电路示意如图2-25所示。

进气旁通阀电信号控制方式视具体品牌而定，一般来说，可以采用两种方式控制：一种是直接利用蓄电池电压进行通断控制，断电时进气旁通阀处于完全关闭位置，通电时进气旁通阀处于完全打开位置；另一种是脉宽调制信号进行控制，进气旁通阀的开度可调，控制过程更加精细。

图 2-24 安装在空气管路上的进气旁通阀

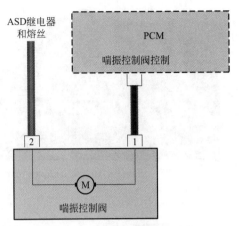

图 2-25 进气旁通阀电路示意
1,2—插头针脚

如某品牌的发动机控制模块利用 100Hz 的 PWM 信号对进气旁通阀进行控制，急加速工况的占空比信号波形如图 2-26 所示。

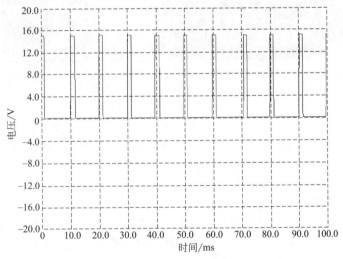

图 2-26 急加速工况的进气旁通阀占空比信号波形

5. 增压压力传感器

增压压力传感器通常安装在涡轮增压器的中冷器出口与电子节气门进口之间的管路上，其作用是测量实际的进气增压压力，发动机控制模块根据传感器信号对涡轮转速进行调节，从而使实际增压与目标增压相吻合。增压压力传感器的安装位置如图 2-27 所示。

需要说明的是，为了更精确地计算实际的增压进气量，还需要安装一个增压空气温度传感器。这个传感器有两个设计方案，一种是单独元件的设计方案，如图 2-28 所示。

另一种是与增压压力传感器集成在一起，如图 2-29 所示。

增压压力与增压温度传感器的基本技术参数如下：增压压力传感器采用 5V 工作电源，传感器信号电压与实际压力呈线性变化特征；增压温度传感器采用负温度系数热敏电阻，信号参考电压为 5V。增压压力与增压温度传感器的电路示意如图 2-30 所示。

图 2-27　增压压力传感器的安装位置

图 2-28　单独的增压空气温度传感器

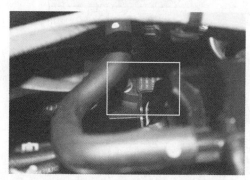

图 2-29　增压压力与增压温度传感器

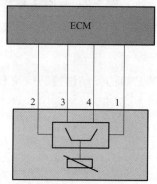

图 2-30　增压压力与增压温度传感器的电路示意
1~4—插头针脚

在实际的维修工作中需要注意，如果增压压力与增压温度传感器损坏、线路中断或信号出现严重偏差时，那么发动机控制模块将设定故障码，同时启用故障运行模式，涡轮增压器电控功能失效，即发动机的进气增压功能失效。

6. 水冷式中冷器

由于涡轮增压器泵轮泵压后的空气是很热的，需要进行冷却，否则空气密度小，实际的进气质量不足，影响发动机动力性能，同时热的空气也会造成发动机的热负荷过高，容易引发爆震。

为此需要在涡轮增压器泵轮出口与电子节气门进口管路之间安装一个冷却装置，即中冷器。中冷器有两种散热方式，一种是通过与空气对流实现散热，这种中冷器通常称为风冷式中冷器，它安装在车辆前方，管路连接的路径较长，如图 2-31 所示。

另一种采用发动机的冷却液进行散热，这种中冷器通常称为水冷式中冷器。就布局而言，水冷式中冷器通常有两种布局形式，一种是与进气歧管集成在一起，集成度高，但进气歧管总成的体积较大，如图 2-32 所示。

如图 2-33 所示，增压的空气由电子节气门控制并进入进气歧管总成的底部，气流经过中冷却器散热片，通过冷却液的热交换使进气温度降低。较低温度的空气与曲轴箱蒸气在进气歧管总成的顶部混合，然后进入进气歧管，实现气缸进气。

另一种是单独的水冷式中冷器布局形式，水冷式中冷器安装在涡轮增压器泵轮出口与电子节气门进口管路之间，集成度较低，但进气歧管体积较小，发动机整体结构设计更加灵活,如图 2-34 所示。

图 2-31 风冷式中冷器

图 2-32 与进气歧管集成的水冷式中冷器

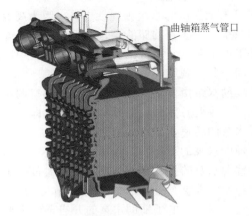

图 2-33 与进气歧管集成的水冷式中冷器内部结构

图 2-34 单独的水冷式中冷器布局形式

目前,新款的国六发动机趋向采用水冷式中冷器,其原因如下:风冷式中冷器虽然也能够使增压的热空气温度降下来,但由于管路较长,存在较大的压力损耗、动力输出反应滞后问题,从踩下油门到车辆加速存在着一定的时间差。相比之下,水冷式中冷器的热交换率更高,而且由于管路布置紧凑,压力损耗小,进气压降更低(意味着进气温度更低、密度更大),对爆震、早燃及燃油加浓状况有所改善,同时在设计层面可降低增压器转速,提升增压器瞬间响应性和发动机动态扭矩输出。

总体而言,水冷式中冷器可降低进气温度 10~15℃,降低部分工况油耗 2%~10%,改善动力性能 3%~5%,低速工况的动力输出提高约 50%。因此,水冷式中冷器的技术优势更为显著。

7. 低温冷却系统

水冷式中冷器虽然在冷却效果方面优势明显,但如何实现冷却液的循环控制,却是一个相对复杂的问题。传统的冷却系统结构无法实现水冷式中冷器的冷却液回路控制,主要原因是机械水泵的泵压水流无法达到水冷式中冷器,因此需要增加一套冷却系统,这套冷却系统与原有的冷却系统相对独立,称为低温冷却系统或副冷却系统,原有的冷却系统则称为高温冷却系统或主冷却系统。

品牌不同,低温冷却系统的设计方案和控制策略略有不同,但基本结构没有太大差异,都需要加装低温散热器、电子辅助水泵及相应的管路。储液罐可以共用,也可以分别配置。

下面举例进行说明。

(1) 品牌 A 的低温冷却系统。冷却系统在原有的结构基础上分为两个循环回路系统：高温冷却系统和低温冷却系统。

高温冷却系统是传统的冷却系统，离心式机械水泵用于该冷却系统的冷却液循环，节温器控制高温冷却系统的大、小循环回路。高温冷却系统通过高温散热器（HT Radiator，即传统的散热器）进行散热。此外，高温冷却系统还提供乘客舱加热、EGR 废气冷却、机油散热等功能。

低温冷却系统用于涡轮增压器、电子节气门和水冷式中冷器的冷却液循环，其冷却液回路流经进气歧管内部的水冷式中冷器、电子节气门体、涡轮增压器，通过低温散热器（LT Radiator，与冷凝器集成一体的结构形式）进行散热。系统配置电子辅助水泵（电动辅助水泵），发动机控制模块按工况需求控制电子辅助水泵，防止涡轮增压器过热和进气温度过高。

(2) 品牌 B 的低温冷却系统。相对于品牌 A 而言，品牌 B 的低温冷却系统独立性更强，因为高温和低温冷却系统使用各自的储液罐，不再共用储液罐。

电子辅助水泵安装在低温散热器与水冷式中冷器的管路之间，其外观结构如图 2-35 所示。

电子辅助水泵由发动机控制模块通过脉宽调制信号进行控制，改变脉宽调制信号的占空比，即可控制电子辅助水泵的转速，如图 2-36 所示。

电子辅助水泵的工作回路如图 2-37 所示。

电子辅助水泵的控制策略如下：在非大负荷工况下，电子辅助水泵会停止工作，以达到节能的目的；在车辆行驶过程中，电子辅助水泵的开启条件主要取

图 2-35　电子辅助水泵的外观结构

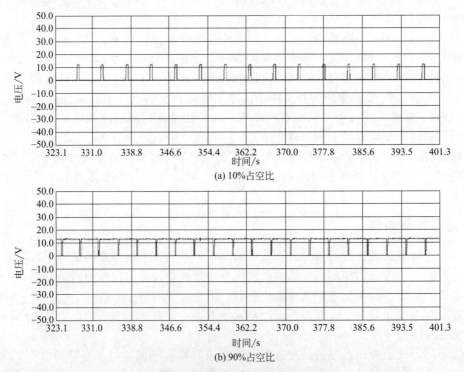

图 2-36　电子辅助水泵的脉宽调制信号

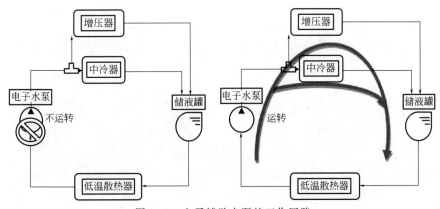

图 2-37　电子辅助水泵的工作回路

决于歧管进气温度＞要求值、发动机扭矩＞要求值、中冷后进气温度进气温度＜要求值，以及有无故障等；当发动机处于中、高负荷运行时，发动机控制模块根据进气温度、发动机负荷控制电子辅助水泵的占空比来控制水泵转速。当发动机停机后，发动机控制模块根据当前的增压器温度，电子辅助水泵会继续运行 0～3min，以降低其温度（此时散热风扇不工作，几乎听不到电子辅助水泵运行的声音，但可以通过观察储液排气管路的液流来判断电子辅助水泵是否运转）。

8. 增压控制策略

（1）目标增压压力。增压控制策略的主要目的是使实际增压压力与目标增压压力接近或吻合。目标增压压力取决于油门开度，这是因为油门开度反映驾驶员的扭矩需求，该需求决定了进气量，进气量取决于节气门开度。因此，节气门开度越大，目标增压压力越高，但当发动机转速提升至一定程度后，由于涡轮背压增加过多，会导致功率下降，目标增压压力需要相应下调。

目标增压压力与油门开度、节气门开度的对应关系如图 2-38 所示。

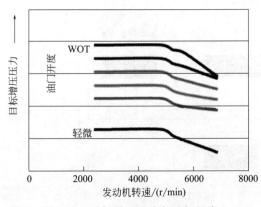

图 2-38　目标增压压力与油门开度、节气门开度的对应关系

此外，目标增压压力还要考虑大气压力与进气温度的影响，因此目标增压压力＝基本目标增压压力×大气压力补偿×进气温度补偿。

（2）实际增压压力。在发动机运行过程中，实际增压压力应与目标增压压力接近或吻合，主要的相关参数包括发动机转速、油门开度（发动机负荷）。实际增压压力与发动机转速、油门开度的对应关系如图 2-39 所示。

在发动机低转速区，突然完全踩下油门踏板，发动机转速上升，涡轮增压压力升高；当到达"截流转速"后，增压压力将迅速升高到目标增压压力，此时将对增压压力进行反馈控制。

此外，对比油门开度与发动机转速曲线，可以看到从油门踏板开始踩下到开始增压，中

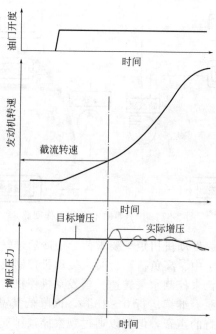

图 2-39 实际增压压力与发动机转速、油门开度的对应关系

间有一段滞后时间,这称为涡流增压滞后现象,是由于叶轮的惯性作用造成的。

(3) 增压工况识别。根据电子废气门与泄压阀之间的作用关系,可以将增压工况细分为以下三种。

① 完全增压工况:在实际增压压力尚未达到目标增压压力期,废气旁通阀与泄压阀均关闭,此时增压器全速进行增压,如图 2-40 所示。

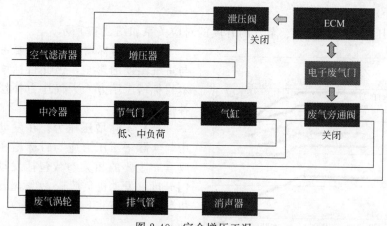

图 2-40 完全增压工况

② 增压调控工况:随着发动机转速的提升,增压压力也会相应增压,当实际的增压压力达到目标增压压力甚至有可能超过目标增压压力时,发动机控制模块将控制电子废气门开启相应的角度,降低涡轮转速,使实际增压压力设定在目标增压压力附近,如图 2-41 所示。

③ 增压泄放工况:当进行急加速后,由于电子节气门迅速关闭,一部分高压空气会堵滞在泵轮之后的进气管道中,发动机控制模块将控制泄压门开启,泄放掉高压空气,消除喘振现象,如图 2-42 所示。

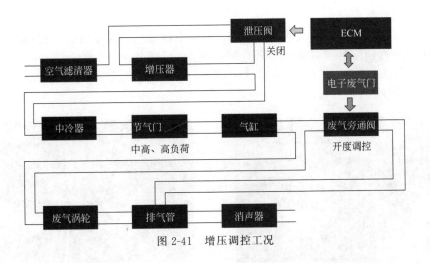

图 2-41　增压调控工况

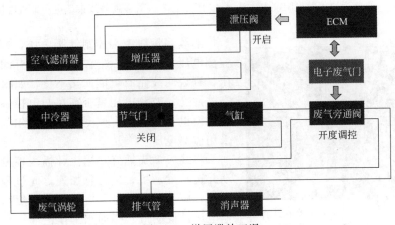

图 2-42　增压泄放工况

9. 部件检测方法

（1）增压压力与增温度传感器。增压压力与增温度传感器损坏或信号中断会导致增压失效，进气旁通阀和废气旁通阀电动执行器都不工作，但不会导致发动机熄火。

可以使用万用表测量增压压力与增温度传感器的针脚电压、线路连接情况，找到故障原因，排除故障。增压压力与增温度传感器的针脚定义如图 2-43 所示。

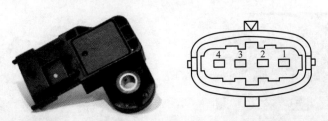

图 2-43　增压压力与增温度传感器的针脚定义
1—接地；2—增压空气温度信号；3—5V 电源；4—增压压力信号

（2）进气旁通阀。进气旁通阀是常闭电磁阀，如果卡滞在常通位置，那么会导致增压漏气，无法实现增压；如果卡滞在常闭位置、线路中断或元件本身损坏（常闭状态），那么会出现急加速后的喘振现象。

可以使用万用表测量进气旁通阀的电阻、针脚电压及线路连接情况，找到故障原因，排除故障。进气旁通阀的电阻测量方法如图2-44所示。

打开点火开关，拔下进气旁通阀的线束插头，测量线束端电源针脚电压，应有蓄电池电压，如图2-45所示。

图2-44 进气旁通阀的电阻测量方法

图2-45 进气旁通阀线束端电源针脚电压测量方法

图2-46 进气旁通阀线束端控制针脚电压测量方法

继续测量线束端控制针脚电压，判断是否存在监测电压，如2.6V左右。如果没有测量到监测电压，则说明线路有可能连接不良，如图2-46所示。

注意：监测电压是否存在与电控系统供应商有关，博世系统通常有监测电压，德尔福系统通常不采用监测电压。

将线束插头插好，用探针插入控制针脚中，启动并运转发动机，进行急加速，此过程中测量探针电压，应从蓄电池电压短暂变低，然后恢复到蓄电池电压，说明进气旁通阀工作正常。

注意：并不是所有品牌的发动机在原地加速过程中，进气旁通阀都会进行泄放动作，测量结果应按实际控制策略而定。

（3）电子废气门。电子废气门损坏或线路中断会导致增压失效。可以使用万用表测量电子废气门的电阻、针脚电压及线路连接情况，找到故障原因，排除故障。

电子废气门的电机电阻测量方法如图2-47所示。

电子废气门的位置传感器电阻测量方法如图2-48所示。

图2-47 电子废气门的电机电阻测量方法

图2-48 电子废气门的位置传感器电阻测量方法

在车上测量电子废气门相关针脚的电压,可以判断电子废气门的工作状态,如当电子废气门全开时,位置传感器信号电压约为0.36V;当电子废气门全闭时,位置传感器信号电压约为3.38V。

10. 系统功能验证

对涡轮增压系统功能进行验证,有助于理解系统功能控制策略及部件之间的相互作用机理,建立整体的逻辑诊断思路,提高检修成功率。

(1) 数据流识别。以某品牌涡轮增压发动机为例,使用诊断仪读取相关数据流,可以看到许多陌生的参数名称,但通过工况验证,即可识别它们的真正含义,如图 2-49 所示。

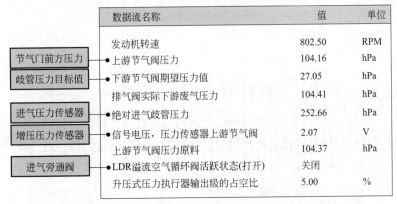

图 2-49　涡轮增压系统相关数据流含义

进行故障模拟,可以得到相关数据的替代值或阈值,这同样利于识别数据流的真实含义,如图 2-50 所示。

数据流名称	值	单位	
发动机转速	1515.50	RPM	
上游节气阀压力	147.98	hPa	此值基本固定,说明机械故障模式限压约为1.5bar
下游节气阀期望压力值	58.92	hPa	
排气阀实际下游废气压力	120.09	hPa	
绝对进气歧管压力	527.97	hPa	
信号电压,压力传感器上游节气阀	5.00	V	此值为增压压力传感器失效的替代值,恒定5.00V
上游节气阀压力原料			
LDR溢流空气循环阀活跃状态(打开)	关闭		进气旁通阀在加速收油后依然处于关闭状态,说明增压系统电控功能失效
升压式压力执行器输出级的占空比	5.00	%	

图 2-50　故障模拟可得到相关数据流的替代值或阈值

(2) 电子废气门的直流电机控制方式。发动机控制模块如何对电子废气门的直流电机进行控制,利用示波器查看信号波形,即可一目了然。采用双通道测量方式,示波器的两个探针分别连接直流电机的针脚 A 和 B,模拟相关工况。

当废气旁通阀进行关闭时,直流电机顺时针旋转,针脚 A 出现 12V 占空比波形,针脚 B 则为 12V 稳压波形,如图 2-51 所示。

当废气旁通阀进行开启时,直流电机逆时针旋转,针脚 A 出现 12V 稳压波形,针脚 B 则为 12V 占空比波形,如图 2-52 所示。

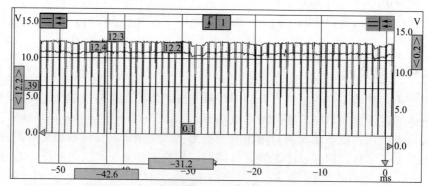

图 2-51 直流电机顺时针旋转时的针脚电压波形

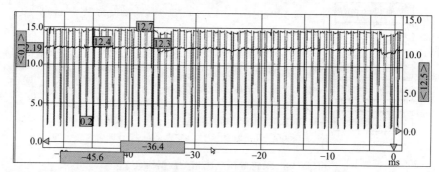

图 2-52 直流电机逆时针旋转时的针脚电压波形

11. 故障码诊断流程

根据涡轮增压系统的故障类型及严重程度,发动机控制模块判断是否设定故障、点亮故障灯及启用故障运行模式。在实际维修工作中,可以使用诊断仪,结合故障码、数据流及具体的故障症状,参照维修手册内容,进行相应的检修工作。下面举例说明。

(1) 增压压力传感器。根据增压压力传感器的故障类型,发动机控制模块生成相应的故障码,典型的故障码检测方法如下。

① 故障码:P023700。故障码定义:增压压力传感器对地短路。

故障码报码条件:增压压力传感器电压低于 0.15V。

故障可能原因:传感器信号端引脚对地短路;ECM 对应的传感器信号端引脚对地短路。

故障码 P023700 的检测方法如表 2-2 所示。

表 2-2 故障码 P023700 的检测方法

序号	操作步骤	检测结果	后续步骤
1	传感器信号端引脚对地短路	是	维修线束
		否	下一步
2	传感器供电端引脚对地短路	是	维修结束
		否	下一步
3	传感器电阻等特性发生偏移或损坏	是	更换传感器
		否	下一步

续表

序号	操作步骤	检测结果	后续步骤
4	ECM 对应的传感器信号端引脚对地短路	是	检修 ECM
		否	诊断帮助

② 故障码：P023800。故障码定义：增压压力传感器对电源短路。

故障码报码条件：增压压力传感器电压高于 4.85V。

故障可能原因：传感器信号端引脚对电源短路或开路；接插件接插不实或脱开；ECM 对应的传感器信号端引脚对电源短路或开路。

故障码 P023800 的检测方法如表 2-3 所示。

表 2-3　故障码 P023800 的检测方法

序号	操作步骤	检测结果	后续步骤
1	接插件接插不实或脱开	是	重新插接
		否	下一步
2	传感器信号端引脚对电源短路或开路	是	维修结束
		否	下一步
3	传感器供电端、接地端引脚开路	是	维修线束
		否	下一步
4	传感器电阻等特性发生偏移或损坏	是	更换传感器
		否	下一步
5	ECM 对应的传感器信号端引脚对电源短路、开路或内部电路损坏	是	检修 ECM
		否	诊断帮助

（2）增压压力不合理。根据增压压力的故障类型，发动机控制模块生成相应的故障码，典型的故障码检测方法如下。

① 故障码：P120400。故障码定义：增压压力超过上限范围故障。

故障码报码条件：增压压力值超过合理性阈值。

故障可能原因：传感器结冰、油污；传感器老化；进气管路脱开或严重漏气。

故障码 P120400 的检测方法如表 2-4 所示。

表 2-4　故障码 P120400 的检测方法

序号	操作步骤	检测结果	后续步骤
1	连接诊断仪，打开点火开关	—	下一步
2	不打开点火开关，检查传感器测量端是否存在结冰、油污等影响正常测量的问题	是	维修、更换传感器
		否	下一步
3	检查是否存在增压压力传感器安装位置错误，进气管路脱开、严重漏气等问题	是	修理进气管路、传感器
		否	诊断帮助

② 故障码：P120500。故障码定义：增压压力超过下限范围故障。

故障码报码条件：增压压力值超过合理性阈值。

故障可能原因：传感器结冰、油污；传感器老化；进气管路脱开或严重漏气。

故障码 P120500 的检测方法如表 2-5 所示。

表 2-5　故障码 P120500 的检测方法

序号	操作步骤	检测结果	后续步骤
1	连接诊断仪，打开点火开关	—	下一步
2	不打开点火开关，检查传感器测量端是否存在结冰、油污等影响正常测量的问题	是	维修、更换传感器
		否	下一步
3	检查是否存在增压压力传感器安装位置错误，进气管路脱开、严重漏气等问题	是	修理进气管路、传感器
		否	诊断帮助

③ 故障码：P023622。故障码定义：增压压力不合理，超过上限范围故障。
故障码报码条件：增压压力值超过合理性阈值。
故障可能原因：传感器结冰、油污；传感器老化；进气管路脱开或严重漏气。
故障码 P023622 的检测方法如表 2-6 所示。

表 2-6　故障码 P023622 的检测方法

序号	操作步骤	检测结果	后续步骤
1	连接诊断仪，打开点火开关	—	下一步
2	不打开点火开关，检查传感器测量端是否存在结冰、油污等影响正常测量的问题	是	维修、更换传感器
		否	下一步
3	检查是否存在增压压力传感器安装位置错误，进气管路脱开、严重漏气等问题	是	修理进气管路、传感器
		否	诊断帮助

④ 故障码：P023621。故障码定义：增压压力不合理，超过下限范围故障。
故障码报码条件：增压压力值超过合理性阈值。
故障可能原因：传感器结冰、油污；传感器老化；进气管路脱开或严重漏气。
故障码 P023621 的检测方法如表 2-7 所示。

表 2-7　故障码 P023621 的检测方法

序号	操作步骤	检测结果	后续步骤
1	连接诊断仪，打开点火开关	—	下一步
2	不打开点火开关，检查传感器测量端是否存在结冰、油污等影响正常测量的问题	是	维修、更换传感器
		否	下一步
3	检查是否存在增压压力传感器安装位置错误，进气管路脱开、严重漏气等问题	是	修理进气管路、传感器
		否	诊断帮助

⑤ 故障码：P029900。故障码定义：增压器增压压力过低。
故障码报码条件：实际增压压力距目标增压压力减去一定偏移量。
故障可能原因：压气机出口到节气门之间管路漏气；涡轮机与排气管间管路漏气；废气旁通阀或泄流阀失效；增压器损坏；压气机叶轮等工作部件过脏或损坏；排气歧管漏气或受阻；空滤脏。
故障码 P029900 的检测方法如表 2-8 所示。

表 2-8　故障码 P029900 的检测方法

序号	操作步骤	检测结果	后续步骤
1	压气机出口到节气门之间管路漏气	是	维修管路
1	压气机出口到节气门之间管路漏气	否	下一步
2	涡轮机与排气管间管路漏气	是	维修管路
2	涡轮机与排气管间管路漏气	否	下一步
3	排气歧管漏气或受阻	是	维修管路
3	排气歧管漏气或受阻	否	下一步
4	空滤脏	是	清洗或更换空滤
4	空滤脏	否	下一步
5	废气旁通阀或泄流阀失效,处于常开状态	是	更换故障件
5	废气旁通阀或泄流阀失效,处于常开状态	否	下一步
6	压气机叶轮等工作部件过脏或损坏	是	清洗或更换故障件
6	压气机叶轮等工作部件过脏或损坏	否	下一步
7	增压器损坏	是	更换增压器
7	增压器损坏	否	诊断帮助

（3）泄流阀（进气旁通阀）。根据泄流阀的故障类型，发动机控制模块生成相应的故障码，典型的故障码检测方法如下。

① 故障码：P226100。故障码定义：涡轮增压器泄流阀机械故障。

故障码报码条件：节气门前压力波动次数大于一定阈值。

故障可能原因：泄流控制阀线束中断；泄流控制阀损坏；ECM 端对应的泄流控制阀引脚或电路损坏。

故障码 P226100 的检测方法如表 2-9 所示。

表 2-9　故障码 P226100 的检测方法

序号	操作步骤	检测结果	后续步骤
1	泄流控制阀线束中断	是	维修线束
1	泄流控制阀线束中断	否	下一步
2	泄流控制阀损坏	是	更换泄流阀
2	泄流控制阀损坏	否	诊断帮助
3	ECM 端对应的泄流控制阀引脚或电路损坏	是	检修 ECM
3	ECM 端对应的泄流控制阀引脚或电路损坏	否	诊断帮助

② 故障码：P003313。故障码定义：增压泄流控制阀驱动电路开路。

故障码报码条件：驱动通道自诊断故障。

故障可能原因：接插件接插不实或接触不良；增压泄流控制阀驱动电路引脚开路；ECM 端对应增压泄流控制阀驱动电路引脚开路或内部电路损坏。

故障码 P003313 的检测方法如表 2-10 所示。

表 2-10　故障码 P003313 的检测方法

序号	操作步骤	检测结果	后续步骤
1	检查接插件是否接插不实或接触不良	是	重新插接
1	检查接插件是否接插不实或接触不良	否	下一步
2	检查增压泄流控制阀驱动电路引脚是否开路	是	维修线束
2	检查增压泄流控制阀驱动电路引脚是否开路	否	下一步
3	ECM 端对应增压泄流控制阀驱动电路引脚是否开路或内部电路损坏	是	检修 ECM
3	ECM 端对应增压泄流控制阀驱动电路引脚是否开路或内部电路损坏	否	诊断帮助

③ 故障码：P003411。故障码定义：增压泄流控制阀驱动电路对地短路。

故障码报码条件：驱动通道自诊断故障。

故障可能原因：增压泄流控制阀驱动电路对地短路；ECM 端对应增压泄流控制阀驱动电路对地短路。

故障码 P003411 的检测方法如表 2-11 所示。

表 2-11　故障码 P003411 的检测方法

序号	操作步骤	检测结果	后续步骤
1	检查增压泄流控制阀驱动电路引脚是否对地短路	是	维修线束
1	检查增压泄流控制阀驱动电路引脚是否对地短路	否	下一步
2	检查 ECU 端对应增压泄流控制阀驱动电路引脚是否对地短路	是	检修 ECM
2	检查 ECU 端对应增压泄流控制阀驱动电路引脚是否对地短路	否	诊断帮助

④ 故障码：P003512。故障码定义：增压泄流控制阀驱动电路对电源短路。

故障码报码条件：驱动通道自诊断故障。

故障可能原因：增压泄流控制阀驱动电路对电源短路；ECU 端对应增压泄流控制阀驱动电路对电源短路。

故障码 P003512 的检测方法如表 2-12 所示。

表 2-12　故障码 P003512 的检测方法

序号	操作步骤	检测结果	后续步骤
1	检查增压泄流控制阀驱动电路引脚是否对电源短路	是	维修线束
1	检查增压泄流控制阀驱动电路引脚是否对电源短路	否	下一步
2	检查 ECM 端对应增压泄流控制阀驱动电路引脚是否对电源短路	是	检修 ECM
2	检查 ECM 端对应增压泄流控制阀驱动电路引脚是否对电源短路	否	诊断帮助

(4) 电子废气门。根据电子废气门的故障类型，发动机控制模块生成相应的故障码，典型的故障码检测方法如下。

① 故障码：P024300。故障码定义：增压废气控制电路开路。

故障码报码条件：驱动通道自诊断故障。

故障可能原因：控制阀驱动电路开路；接插件接插不实或脱开；ECM 对应的引脚开路。

故障 P024300 的检测方法如表 2-13 所示。

表 2-13 故障码 P024300 的检测方法

序号	操作步骤	检测结果	后续步骤
1	接插件接插不实或脱开	是	重新插接
		否	下一步
2	废气控制阀驱动电路引脚开路	是	维修线束
		否	诊断帮助
3	废气控制阀供电端开路	是	维修线束
		否	诊断帮助
4	ECM 端对应的驱动引脚开路或内部电路损坏	是	检修 ECM
		否	诊断帮助

② 故障码：P024600。故障码定义：增压废气控制电路电压过高或过低。

故障码报码条件：驱动通道自诊断故障。

故障可能原因：接插件接插不实或接触不良；废气控制阀驱动电路引脚对电源或对地短路；ECM 对应的驱动引脚对电源或对地短路。

故障 P024600 的检测方法如表 2-14 所示。

表 2-14 故障码 P024600 的检测方法

序号	操作步骤	检测结果	后续步骤
1	接插件接插不实或脱开	是	重新插接
		否	下一步
2	废气控制阀驱动电路引脚对电源或对地短路	是	维修线束
		否	诊断帮助
3	ECM 端对应的驱动引脚对电源短路或对地短路或内部电路损坏	是	检修 ECM
		否	诊断帮助

③ 故障码：P024477。故障码定义：涡轮增压器电子废气门目标位置与实际位置偏差超限故障。

故障码报码条件：涡轮增压器电子废气门目标位置与实际位置偏差超过阈值。

故障可能原因：执行器状态与 SPEC 不一致；执行器关死位置处被异物挡住。

故障码 P024477 的检测方法如表 2-15 所示。

表 2-15 故障码 P024477 的检测方法

序号	操作步骤	检测结果	后续步骤
1	接上诊断仪，打开点火开关	—	下一步
2	读取并保存故障冻结帧信息	—	下一步
3	检查电子废气门是否发生卡滞	是	更换电子废气门
		否	下一步
4	检查线束及接插件是否发生老化	是	结束
		否	诊断帮助

④ 故障码：P024437。故障码定义：涡轮增压器电子废气门占空比超限故障。

故障码报码条件：涡轮增压器电子废气门控制占空比超限值。

故障可能原因：执行器状态与 SPEC 不一致；执行器关死位置处被异物挡住。

故障码 P024437 的检测方法如表 2-16 所示。

表 2-16 故障码 P024437 的检测方法

序号	操作步骤	检测结果	后续步骤
1	接上诊断仪，打开点火开关	—	下一步
2	读取并保存故障冻结帧信息	—	下一步
3	检查电子废气门是否发生卡滞	是	更换电子废气门
		否	下一步
4	检查线束及接插件是否发生老化	是	结束
		否	诊断帮助

⑤ 故障码：P003A22。故障码定义：涡轮增压器电子废气门初次零位自学习超上限故障。

故障码报码条件：初次学习到的零点电压超出上限。

故障码消码条件：零位自学习电压值在合理范围内。

故障可能原因：执行器状态与 SPEC 不一致；执行器关死位置处被异物挡住。

故障码 P003A22 的检测方法如表 2-17 所示。

表 2-17 故障码 P003A22 的检测方法

序号	操作步骤	检测结果	后续步骤
1	将增压器手动推到关死位置，读取位置电压，是否在 SPEC 范围外	是	更换增压器总成
		否	检查是否有偶发卡滞
2	检查增压器关死位置附近是否有异物	是	移除异物
		否	检查是否有偶发卡滞

⑥ 故障码：P003A21。故障码定义：涡轮增压器电子废气门初次零位自学习超下限故障。

故障码报码条件：初次学习到的零点电压超出下限。

故障码消码条件：零位自学习电压值在合理范围内。

故障可能原因：执行器状态与 SPEC 不一致；执行器关死位置处被异物挡住。

故障码 P003A21 的检测方法如表 2-18 所示。

表 2-18 故障码 P003A21 的检测方法

序号	操作步骤	检测结果	后续步骤
1	将增压器手动推到关死位置，读取位置电压，是否在 SPEC 范围外	是	更换增压器总成
		否	检查是否有偶发卡滞
2	检查增压器关死位置附近是否有异物	是	移除异物
		否	检查是否有偶发卡滞

⑦ 故障码：P003A72。故障码定义：涡轮增压器电子废气门零位自学习超上限故障。

故障码报码条件：学习到的零点电压超出上限。

故障码消码条件：零位自学习电压值在合理范围内。

故障可能原因：执行器状态与 SPEC 不一致；执行器关死位置处被异物挡住。

故障码 P003A72 的检测方法如表 2-19 所示。

表 2-19　故障码 P003A72 的检测方法

序号	操作步骤	检测结果	后续步骤
1	将增压器手动推到关死位置,读取位置电压,是否在 SPEC 范围外	是	更换增压器总成
		否	检查是否有偶发卡滞
2	检查增压器关死位置附近是否有异物	是	移除异物
		否	检查是否有偶发卡滞

⑧ 故障码:P003A73。故障码定义:涡轮增压器电子废气门零位自学习超下限故障。

故障码报码条件:学习到的零点电压超出下限。

故障码消码条件:零位自学习电压值在合理范围内。

故障可能原因:执行器状态与 SPEC 不一致;执行器关死位置处被异物挡住。

故障码 P003A73 的检测方法如表 2-20 所示。

表 2-20　故障码 P003A73 的检测方法

序号	操作步骤	检测结果	后续步骤
1	将增压器手动推到关死位置,读取位置电压,是否在 SPEC 范围外	是	更换增压器总成
		否	检查是否有偶发卡滞
2	检查增压器关死位置附近是否有异物	是	移除异物
		否	检查是否有偶发卡滞

⑨ 故障码:P256500。故障码定义:涡轮增压器电子废气门位置传感器电压过高故障。

故障码报码条件:涡轮增压器电子废气门位置传感器电压高于限值。

故障可能原因:传感器电路对电源短路或开路;ECM 对应引脚对电源短路或开路。

故障码 P256500 的检测方法如表 2-21 所示。

表 2-21　故障码 P256500 的检测方法

序号	操作步骤	检测结果	后续步骤
1	接上诊断仪,打开点火开关	—	下一步
2	读取并保存故障冻结帧信息	—	下一步
3	检查电子废气门位置传感器线束是否发生对电源短路或开路	是	结束
		否	诊断帮助

⑩ 故障码:P256400。故障码定义:涡轮增压器电子废气门位置传感器电压过低故障。

故障码报码条件:涡轮增压器电子废气门位置传感器电压低于限值。

故障可能原因:传感器电路对地短路;ECM 对应引脚对地短路。

故障码 P256400 的检测方法如表 2-22 所示。

表 2-22　故障码 P256400 的检测方法

序号	操作步骤	检测结果	后续步骤
1	接上诊断仪,打开点火开关	—	下一步
2	读取并保存故障冻结帧信息	—	下一步
3	检查电子废气门位置传感器线束是否发生对地短路	是	结束
		否	诊断帮助

三、VVT 系统

1. VVT 作用原理

VVT 是 Variable Valve Timing 的英文缩写，中文含义是可变气门正时。

传统发动机的凸轮轴凸轮位置是固定不变的，它与发动机曲轴的相位保持同步，即进气门与排气门之间的开启和关闭角度（正时）是不变化的，因此，最佳的低转速气门正时难以同时获得最佳的高转速性能，也就是说，无法兼顾怠速稳定性、低转速扭矩输出和高转速输出的需求。

为了解决发动机在高转速和低转速区间对于气门正时的不同要求，采用一种可变气门正时（VVT）系统，其液压执行机构（VVT 相位器）安装在凸轮轴前端，通过电控液压方式来改变凸轮轴相对于曲轴的相位，使气门正时提前或者延迟。VVT 相位器与凸轮轴总成见图 2-53。

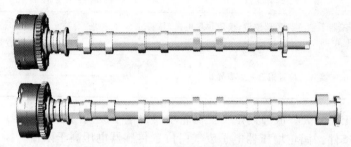

图 2-53 VVT 相位器与凸轮轴总成

目前，绝大多数汽油机都安装了各种类型的 VVT 系统，特别对于排放标准较高的发动机，都配置双 VVT 机构（进、排凸轮轴都带 VVT 相位器）。实际上，VVT 系统是针对不同工况需求，通过改变气门重叠角来达到相应技术指标的，总体来说，具有以下优点。

（1）进、排气凸轮轴相位可调，通过调控来增大气门重叠角，增加发动机进气量。

（2）减小残余废气系数，提高充效率。

（3）提高发动机功率与扭矩，有效升燃油经济性。

（4）明显改善怠速稳定性，从而获得舒适性，降低排放。

VVT 作用原理如图 2-54 所示。

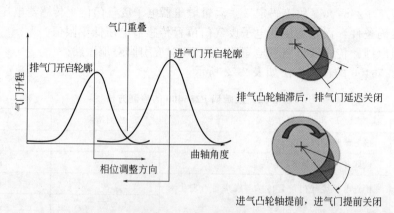

图 2-54 VVT 作用原理

VVT 控制过程比较复杂，气门重叠角的调整时机与角度必须与工况需求相对应，在控制过程中，还需要在运行稳定性、动力性、经济性、排放指标等方面进行调配和取舍。一般来说，VVT 控制目标及效果如表 2-23 所示。

表 2-23 VVT 控制目标及效果

工况	进气门	排气门	控制目标	效果
急速	无变化	无变化	最小的气门重叠角	稳定急速
低负荷	提前	滞后	较小的气门重叠角	稳定发动机的动力输出
中高负荷	提前	滞后	中等气门重叠角，消除泵气损失	在满足低排放要求的情况下，获得更佳的燃油经济性 (1) 提高 EGR 效率，降低氮氧化合物排放 (2) 降低烃类化合物的排放
高负荷、低转速	提前	滞后	较大的气门重叠角	(1) 提高充气效率 (2) 提高中低速扭矩
高负荷、高转速	提前	滞后	最大的气门重叠角	(1) 延迟进气门关闭时间，利用高速气流惯性来提高充气效率 (2) 使发动机在高速、高负荷工况下获得最大功率输出

VVT 系统工作时需要满足一些基本的条件，如发动机系统无故障，包括正时机构、油路和电器元件等。当发动机控制模块进行 VVT 控制时，需要满足发动机启动后运行时间、发动机转速、水温、油温、蓄电池电压等必要条件。与 VVT 系统功能相关的部件及机构，如凸轮轴位置传感器、曲轴位置传感器故障、发动机正时机构、VVT 执行元件（机油控制阀、相位器）等，都必须是正常的。

VVT 系统工作条件如图 2-55 所示。

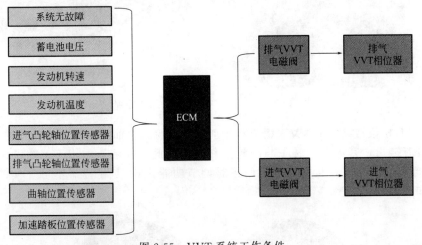

图 2-55 VVT 系统工作条件

2. 侧置式 VVT 机构

按照 VVT 电磁阀（OCV）的布局形式，可以将 VVT 机构分为侧置式和中置式两大类。侧置式是指 VVT 电磁阀安装在气缸盖的侧部，中置式是指 VVT 电磁阀安装在 VVT 相位器（VCT）的轴心。

从功能的角度来看，这两类 VVT 机构没有显示的区别，都能够实现相应的 VVT 功能。

但从结构和技术层级的角度来看，中置式 VVT 机构的工作效能更高。针对国六发动机而言，这两类 VVT 都能够应用，具体情况取决于品牌及供应商的设计方案。

侧置式 VVT 机构的结构原理如图 2-56 所示。

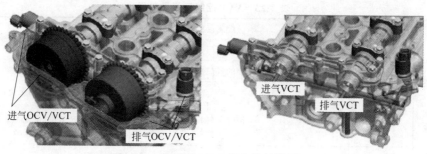

图 2-56 侧置式 VVT 机构的结构原理

3. 中置式 VVT 机构

有数据表明，侧置式 VVT 机构在工作过程中，机油的消耗量较大，约为中置式 VVT 机构的 2 倍，这就会导致机油泵负荷加大，消耗更多的燃油，排放也会有所增加。因此，从而这个角度来看，中置式 VVT 技术更为先进，可降低机油耗约 1%，相应的油耗和排放也会有所改善。

中置式 VVT 机构的结构原理如图 2-57 所示。

图 2-57 中置式 VVT 机构的结构原理

（1）VVT 相位器。两个 VVT 相位器分别与各自的凸轮轴及正时链条相连接。VVT 相位器壳体设有链齿，其内部的转子与凸轮轴相连。因此，在液压作用下，转子能够相对于 VVT 壳体转动某个角度，从而实现气门正时调节功能。VVT 相位器不可互换，壳体有标识记号，如图 2-58 所示。

图 2-58 中置式 VVT 相位器壳体的标识记号

中置式 VVT 相位器油道工作原理如图 2-59 所示。

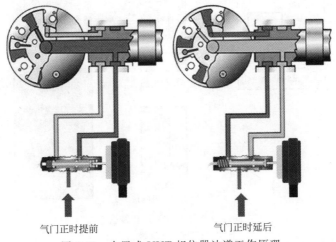

气门正时提前　　　　　气门正时延后

图 2-59　中置式 VVT 相位器油道工作原理

（2）VVT 电磁阀。VVT 电磁阀既是 VVT 机构的液压滑阀，也是 VVT 相位器的安装螺栓。通常来说，进、排气的 VVT 电磁阀在外观和结构方面没有差别，可以互换使用，但要注意，反复拆装有可能造成螺纹损伤。为了防止内部油道泄漏，VVT 电磁阀拆装若干次后应做更换处理。

中置式 VVT 电磁阀如图 2-60 所示。

（3）VVT 电磁铁。VVT 电磁铁安装在进、排气凸轮轴链轮侧链轮室罩盖上，它们接收发动机控制模块的指令信号，对 VVT 电磁阀进行控制，从而实现气门正时调控功能。VVT 电磁铁如图 2-61 所示。

(a) 进气VVT电磁阀　　(b) 排气VVT电磁阀

图 2-60　中置式 VVT 电磁阀

图 2-61　VVT 电磁铁

典型的 VVT 电磁铁电路如图 2-62 所示。

4. 部件检测

（1）侧置式 VVT 电磁阀。由于侧置式 VVT 电磁阀的 VVT 滑阀与电磁线圈集成在一

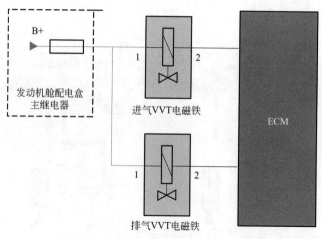

图 2-62 典型的 VVT 电磁铁电路
1,2—插头针脚

起,因此当电磁阀出现故障时,会表现出多种故障症状,如启动困难、急速抖动、加速无力、间歇熄火等。故障类型包括:卡滞、堵塞、异响、漏油等。检测要点如下。

① 外观检查方法。检查侧置式 VVT 电磁阀外观是否良好,重点查看滤网是否堵塞。

② 阻值测量方法。测量电磁阀两个针脚之间的电阻,约 8Ω(实际测量值与标准值对照,参考相关维修手册)。

③ 线束端针脚电压测量方法。电磁阀的电源针脚电压应为蓄电池电压,控制针脚电压约为 3.60V(是否有监测电压,与具体的供应商设计有关)。

图 2-63 侧置式 VVT 电磁阀通电测试方法

④ 工作电压测量方法。急速工况下,电磁阀两个针脚之间的电压降很小,进行加速,电压降随之升高,可达到 5V 左右。

⑤ LED 试灯检测方法。用 LED 试灯测量电磁阀的控制针脚,进行加速,可以看到 LED 试灯同步闪烁,说明发动机控制模块的控制功能正常。

⑥ 通电测试方法。用跨接线对电磁阀进行通电测试,能够感觉到振动,观察内部阀芯,能够相应位移,如图 2-63 所示。

⑦ 示波器检测方法。将示波器的探针连接在电磁阀的控制针脚上,启动发动机,观察波形,可以看到峰值为蓄电池电压的占空比方波(PWM 控制信号)。进行加速,可以看到波形的变化特征是周期不变、占空比相应变化。侧置式 VVT 电磁阀控制信号波形如图 2-64 所示。

(2) 中置式 VVT 电磁铁。中置式 VVT 电磁铁损坏或线路中断会导致 VVT 功能失效,发动机出现运行不稳、加速无力、排放超标等问题。检查与测量方法如下。

① 外观检查方法。检查 VVT 电磁铁的外观是否存在变形、漏油等异常现象。拔下 VVT 电磁铁的插头,检查部件的针脚和线束插头的针脚是否存在弯曲、变形、锈蚀等异常现象,如图 2-65 所示。

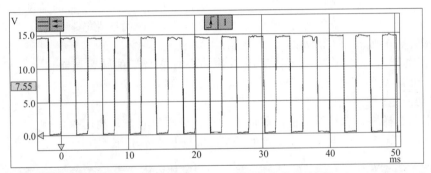

图 2-64 侧置式 VVT 电磁阀控制信号波形

② 电阻测量方法。选择万用表的欧姆挡，测量 VVT 电磁铁两个针脚之间的电阻，如果测量值在标准值范围内，则说明电阻正常；如果测量值超出标准值，则说明部件损坏，应进行更换处理。VVT 电磁铁电阻测量方法如图 2-66 所示。

图 2-65　VVT 电磁铁外观及线束插头检查方法

图 2-66　VVT 电磁铁电阻测量方法

③ 通电测试方法。VVT 电磁铁电阻测量正常，但并不能完全表明性能是良好的，因为有可能存在卡滞、性能老化的问题，有必要做进一步通电测试。

用跨接线向 VVT 电磁铁提供蓄电池电压，将负极接线以间歇方式接触、断开。观察 VVT 电磁铁，如果衔铁动作且伴有"啪啪"声，则表明电磁铁是正常的；如果衔铁不动作，则说明电磁铁卡滞或损坏，应进行更换处理。VVT 电磁铁的通电测试方法如图 2-67 所示。

④ 线束端针脚电压测量方法。拔下 VVT 电磁铁的线束插头，打开点火开关，用万用表分别测量两个针脚的对地电压。测量电源针脚，应有蓄电池电压，否则说明电源中断，需要进一步检查熔丝、继电器及线路连接情况。

VVT 电磁铁线束端电源针脚电压测量方法如图 2-68 所示。

图 2-67　VVT 电磁铁的通电测试方法

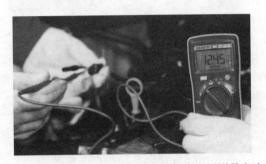

图 2-68　VVT 电磁铁线束端电源针脚电压测量方法

另一个针脚是控制针脚,用万用表测量,正常时应有 3.60V 左右的监测电压(注意,是否有监测电压,与具体的供应商设计方案有关),否则说明线路连接不良。VVT 电磁铁线束端控制针脚电压测量方法如图 2-69 所示。

⑤ 工作电压测量方法。由于 VVT 电磁铁采用的是 12V 的脉宽调制信号,根据不同的工况需求,电磁铁的工作电压会相应变化,因此,测量两个针脚间的电压降,能够判断 VVT 电控功能是否正常。

将线束插头插好,启动发动机,等待发动机达到暖机状态,利用探针测量两个针脚之间的电压,怠速工况的工作电压很小,此时 VVT 机构基本不工作,如图 2-70 所示。

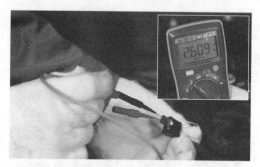 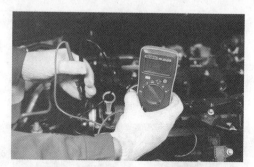

图 2-69　VVT 电磁铁线束端控制针脚电压测量方法　　图 2-70　怠速工况的 VVT 电磁铁工作电压测量方法

进行一个完整的加速动作,工作电压会同步增大,然后下降并保持为怠速工况的电压值,如图 2-71 所示。

⑥ 诊断仪检测方法。连接诊断仪,查看是否有相关故障码。如果有相关故障码,则按照维修手册的诊断流程做进一步的检修。

读取数据流,重点查看 VVT 的实际开度与目标开度是否同步变化并保持一致。进行加速,两个数据应同步变化。此时,可以看到 VVT 占空比信号也会同步变化。

VVT 系统的相关数据流如图 2-72 所示。

名称	结果
进气凸轮轴输出PWM信号	6.25
排气凸轮轴输出PWM信号	6.25
实际进气VVT开度	26
实际排气VVT开度	38
目标进气VVT开度	27.438
目标排气VVT开度	-36.531

图 2-71　加速工况的 VVT 电磁铁工作电压测量方法　　图 2-72　VVT 系统的相关数据流

(3) 凸轮轴位置传感器。进/排气凸轮轴位置传感器通常安装在气门室盖罩盖上,传感器与凸轮轴信号轮相配合,为发动机控制模块提供凸轮轴的相位和转速信号,如图 2-73 所示。

目前,凸轮轴位置传感器多采用霍尔式结构,共有 3 个针脚:电源、信号和接地。传感器的工作电源为 5V,信号电压通常为 2.3~3.2V,具体标准值以维修手册为准。

典型的凸轮轴位置传感器电路如图 2-74 所示。

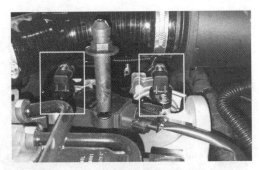

图 2-73 凸轮轴位置传感器的安装位置

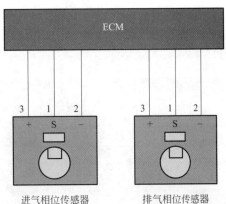

图 2-74 典型的凸轮轴位置传感器电路
1~3—插头针脚

凸轮轴位置传感器损坏、线路中断或信号失效会导致该侧凸轮轴 VVT 功能失效，因此要对该传感器做必要的检测。可以使用万用表测量凸轮轴位置传感器的针脚电压、信号电压、线路连接情况等，找到故障原因，排除故障。

① 线束端针脚电压测量方法。拔下凸轮轴位置传感器的线束插头，打开点火开关，用万用表分别测量线束端的 3 个针脚电压，电源针脚约有 5V 电压，如图 2-75 所示。

接着测量线束端接地针脚电压，应为 0V，如图 2-76 所示。

图 2-75 凸轮轴位置传感器线束端电源
针脚电压测量方法

图 2-76 凸轮轴位置传感器线束端接地
针脚电压测量方法

继续测量线束端信号针脚电压，约为 5.0V，这个电压称为信号参考电压，可以用于判断线路是否存在断路问题。此外需要说明的是，是否有信号参考电压，与具体的供应商设计方案有关。

凸轮轴位置传感器线束端信号针脚电压测量方法如图 2-77 所示。

② 信号电压测量方法。将线束插头插好，启动发动机，用探针测量传感器信号针脚电压，进行加速等多工况模拟，观察信号电压的变化特点，可以发现信号电压的高低与发动机转速没有对应关系。这说明该信号是频率信号，用万用表测量到的电压是直流电压，电压高低与频率是无关的。

凸轮轴位置传感器信号电压测量方法如图 2-78 所示。

如果希望测量到更加直观的凸轮轴位置传感信号的工作状态，可以选择万用表的频率挡位进行测量，进行加速，可以观察到信号频率与发动机转速是对应的。因此，建议在实际工作中采用频率挡位对凸轮轴位置传感器信号进行测量，判断工作状态是否正常。

③ 示波器检测方法。为了更精确地测量到凸轮轴位置传感器的信号，可以使用示波器

测量传感器的信号波形。将示波器的探针连接到传感器的信号针脚,启动发动机,进行加速等工况模拟,观察信号波形变化,可以发现信号特征是频率变化、占空比变化的5V方波信号。

图2-77 凸轮轴位置传感器线束端信号
针脚电压测量方法

图2-78 凸轮轴位置传感器信号
电压测量方法

凸轮轴位置传感器的信号波形如图2-79所示。

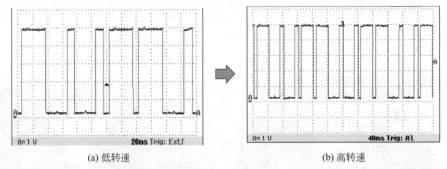

(a) 低转速　　　　　　　　　　　　　　(b) 高转速

图2-79 凸轮轴位置传感器的信号波形

图2-80 VVT相位器总成

(4) VVT相位器。VVT相位器损坏或性能不良会导致发动机启动困难、怠速抖动、易熄火、加速无力、排放超标等问题。故障类型包括:异响、卡滞、泄漏、磨损等。VVT相位器是一个总成件,不允许分解维修,出现问题时只能进行更换处理。

VVT相位器总成如图2-80所示。

5. 系统功能验证

对系统功能进行验证,有助于理解系统功能控制策略及部件之间的相互作用机理,建立整体的逻辑诊断思路,提高检修成功率。

(1) 数据流含义。供应商不同,诊断仪显示的数据流含义也会有所不同。例如供应商A的VVT数据流,怠速工况下的凸轮轴期望相位、实际相位及占空比均为0,进行加速时,这些数据将由0变为相应的数值,如图2-81所示。

如果此时将某个凸轮轴位置传感器插头拔掉,观察数据流,可以发现两个凸轮轴的

数据流名称	值	单位
发动机转速	796.75	RPM
进气CAM Phaser期望相位	0	
排气CAM Phaser期望相位	0	
进气CAM Phaser实际相位	0	
排气CAM Phaser实际相位	0	
进气CAM Phaser占空比	0	E%
排气CAM Phaser占空比	0	E%

(a) 怠速工况

数据流名称	值	单位
发动机转速	3506.25	RPM
进气CAM Phaser期望相位	20	
排气CAM Phaser期望相位	−27	
进气CAM Phaser实际相位	24	
排气CAM Phaser实际相位	−25	
进气CAM Phaser占空比	0.53	E%
排气CAM Phaser占空比	0.42	E%

(b) 加速工况

图 2-81　供应商 A 的 VVT 数据流变化特点

VVT 功能都会失效。此外，如果将某个 VVT 电磁阀的控制线对地短路，可以看到断路的凸轮轴相位数值显示为替代值，发动机则出现熄火现象，如图 2-82 所示。

数据流名称	值	单位
发动机转速	988.25	RPM
进气CAM Phaser期望相位	0	
进气CAM Phaser实际相位	50	
进气CAM Phaser占空比	0	E%

(a) 进气VVT电磁阀控制线对地短路

数据流名称	值	单位
发动机转速	988.25	RPM
排气CAM Phaser实际相位	−50	
排气CAM Phaser期望相位	0	
排气CAM Phaser占空比	0	E%

(b) 排气VVT电磁阀控制线对地短路

图 2-82　VVT 电磁阀的控制线对地短路的数据流特征

供应商 B 的 VVT 数据流显示方式与供应商 A 有所不同，怠速和加速工况都有非 0 的数值显示，而且怠速的 VVT 占空比可达 55% 左右，如图 2-83 所示。

数据流名称	值	单位
发动机转速	702	RPM
角：进气阀开启与LWOT联系	21.60	GradkW
期望进气阀相对于LWOT的开度角	22	GradkW
控制功率进气凸轮轴的占空比	41.66	%
控制功率出气凸轮轴的占空比	53.58	%

图 2-83　供应商 B 的 VVT 数据流变化特点

如果将进气凸轮轴位置传感器的插头拔下来，可以发现只有进气侧的 VVT 占空比变小，排气侧的 VVT 数据不受影响，如图 2-84 所示。

(2) 利用相位波形诊断 VVT 功能。数据流显示的 VVT 相位角度，实际上是相对曲轴相位的转角，如果这个初始值不正确，那么发动机控制模块将设定故障码。此类问题通常出现在大修发动机中由于装配错误造成的，或者是 VVT 相位器本身损坏、卡滞造成的。因此，通过对比曲轴和凸轮轴的波形之间的相位变化，就可以判断是否存在此类故障。

采用示波器的双通道测试方式，对比曲轴和排气凸轮轴的波形相位，正常的怠速工况下，排气 VVT 延迟角为 0°，曲轴和排气凸轮轴波形的下降沿之间相差 15 个齿，如图 2-85 所示。

如果人为将排气 VVT 电磁阀控制线接地，使排气 VVT 延迟角变为 50°，曲轴和排气凸轮轴下降沿之间波形相差则变为 6 个齿，如图 2-86 所示。

故障码	描述
P034300	进气凸轮轴相位传感器信号电路电压过高

数据流名称	值	单位
发动机转速	700	RPM
角：进气阀开启与LWOT联系	22	GradkW
期望进气阀相对于LWOT的开度角	22	GradkW
控制功率进气凸轮轴的占空比	6.25	%
控制功率出气凸轮轴的占空比	52.83	%

图 2-84　供应商 B 的进气凸轮轴位置传感器断路 VVT 数据流特征

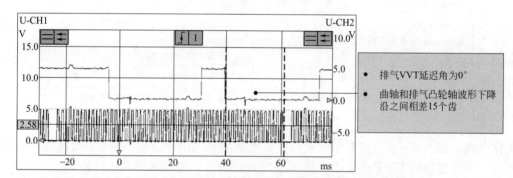

图 2-85　正常急速工况下的曲轴和排气凸轮轴波形之间的相位关系

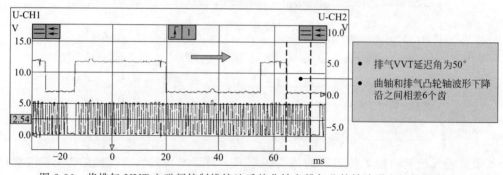

图 2-86　将排气 VVT 电磁阀控制线接地后的曲轴和排气凸轮轴波形之间的相位关系

采用同样的测试方法，对比曲轴和进气凸轮轴的波形相位，正常的急速工况下，进气 VVT 提前角为 0°，曲轴和进气凸轮轴波形下降沿之间相差 6 个齿，如图 2-87 所示。

如果人为将进气 VVT 电磁阀控制线接地，使排气 VVT 延迟角变为 0°，曲轴和进气凸轮轴波形下降沿之间波形相差则变为 15 个齿，如图 2-88 所示。

6. 故障诊断流程

根据 VVT 系统的故障类型及严重程度，发动机控制模块判断是否设定故障、点亮故障灯及启用故障运行模式。在实际维修工作中，可以使用诊断仪，结合故障码、数据流及具体

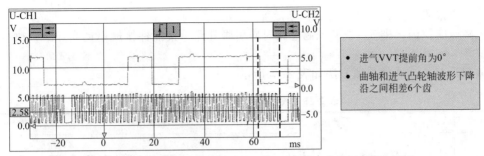

图 2-87　正常怠速工况下的曲轴和进气凸轮轴波形之间的相位关系

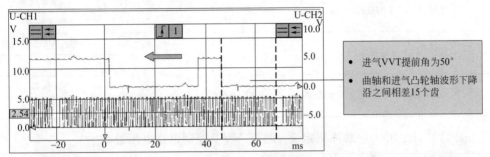

图 2-88　将进气 VVT 电磁阀控制线接地后的曲轴和进气凸轮轴波形之间的相位关系

的故障症状，参照维修手册内容，进行相应的检修工作。下面举例说明。

（1）冷启动加热过程中 VVT 实际位置偏离监测。根据冷启动加热过程中 VVT 实际位置偏离监测的故障类型，发动机控制模块生成相应的故障码，如 P052A00、P054A00，具体内容参见第一章的冷启动减排监测策略。

（2）VVT 控制电路监测。根据 VVT 控制电路监测的故障类型，发动机控制模块生成相应的故障码，典型的故障码检测方法如下。

① 故障码：P001000。故障码定义：进气 VVT 控制电磁阀电路开路。

故障码报码条件：驱动通道自诊断故障。

故障可能原因：进气 VVT 控制电路对应引脚开路；接插件接触不良或开路；执行器侧电路损坏。

故障码 P001000 的检测方法如表 2-24 所示。

表 2-24　故障码 P001000 的检测方法

序号	操作步骤	检测结果	后续步骤
1	进气 VVT 控制电路对应引脚开路	是	修复、更换线束
		否	下一步
2	接插件接插不实或接触不良	是	重新接插
		否	下一步
3	进气 VVT 电路损坏	是	更换 VVT 执行器
		否	下一步
4	ECM 对应 VVT 的控制引脚故障	是	检修 ECM
		否	诊断帮助

② 故障码：P001300。故障码定义：排气 VVT 控制电磁阀电路开路。

故障码报码条件：驱动通道自诊断故障。

故障可能原因：排气 VVT 控制电路对应引脚开路；接插件接触不良或开路；执行器侧电路损坏。

故障码 P001300 的检测方法如表 2-25 所示。

表 2-25　故障码 P001300 的检测方法

序号	操作步骤	检测结果	后续步骤
1	排气 VVT 控制电路对应引脚开路	是	修复、更换线束
		否	下一步
2	接插件接插不实或接触不良	是	重新接插
		否	下一步
3	排气 VVT 电路损坏	是	更换 VVT 执行器
		否	下一步
4	ECM 对应 VVT 的控制引脚故障	是	检修 ECM
		否	诊断帮助

③ 故障码：P208900。故障码定义：进气 VVT 控制电路电压过高。

故障码报码条件：驱动通道自诊断故障。

故障可能原因：进气 VVT 控制电磁阀信号端对电源短路；ECM 端对应的进气 VVT 控制电磁阀信号端引脚对电源短路。

故障码 P208900 的检测方法如表 2-26 所示。

表 2-26　故障码 P208900 的检测方法

序号	操作步骤	检测结果	后续步骤
1	进气 VVT 控制电磁阀信号端对电源短路	是	维修线束
		否	下一步
2	ECM 端对应的进气 VVT 控制电磁阀信号端引脚对电源短路	是	检修 ECM
		否	诊断帮助

④ 故障码：P209000。故障码定义：排气 VVT 控制电路电压过低。

故障码报码条件：驱动通道自诊断故障。

故障可能原因：排气 VVT 控制电磁阀信号端对地短路；排气 VVT 控制电磁阀供电端对地短路；ECM 对应排气 VVT 控制电磁阀信号端引脚对地短路。

故障码 P209000 的检测方法如表 2-27 所示。

表 2-27　故障码 P209000 的检测方法

序号	操作步骤	检测结果	后续步骤
1	排气 VVT 控制电磁阀信号端对地短路	是	维修线束
		否	下一步
2	排气 VVT 控制电磁阀供电端对地短路	是	维修线束
		否	下一步
3	ECM 对应排气 VVT 控制电磁阀信号端引脚对地短路	是	检修 ECM
		否	诊断帮助

⑤ 故障码：P209100。故障码定义：排气 VVT 控制电路电压过高。

故障码报码条件：驱动通道自诊断故障。

故障可能原因：排气 VVT 控制电磁阀信号端对电源短路；ECU 端对应的排气 VVT 控制电磁阀信号端引脚对电源短路。

故障码 P209100 的检测方法如表 2-28 所示。

表 2-28　故障码 P209100 的检测方法

序号	操作步骤	检测结果	后续步骤
1	排气 VVT 控制电磁阀信号端对电源短路	是	维修线束
		否	下一步
2	ECM 端对应的排气 VVT 控制电磁阀信号端引脚对电源短路	是	检修 ECM
		否	诊断帮助

⑥ 故障码：P208800。故障码定义：进气 VVT 控制电路电压过低。

故障码报码条件：驱动通道自诊断故障。

故障可能原因：进气 VVT 控制电磁阀信号端对地短路；进气 VVT 控制电磁阀供电端对地短路；ECU 对应进气 VVT 控制电磁阀信号端引脚对地短路。

故障码 P208800 的检测方法如表 2-29 所示。

表 2-29　故障码 P208800 的检测方法

序号	操作步骤	检测结果	后续步骤
1	进气 VVT 控制电磁阀信号端对地短路	是	维修线束
		否	下一步
2	进气 VVT 控制电磁阀供电端对地短路	是	维修线束
		否	下一步
3	ECM 对应进气 VVT 控制电磁阀信号端引脚对地短路	是	检修 ECM
		否	诊断帮助

（3）VVT 运行监测。根据 VVT 运行监测的故障类型，发动机控制模块生成相应的故障码，典型的故障码检测方法如下。

① 故障码：P000A00。故障码定义：进气 VVT 运行故障（迟缓）。

故障码报码条件：VVT 实际位置对目标位置跟随性差。

故障可能原因：OCV 机油阀压力不足；OCV 机油阀阻塞、泄漏。

故障码 P000A00 的检测方法如表 2-30 所示。

表 2-30　故障码 P000A00 的检测方法

序号	操作步骤	检测结果	后续步骤
1	检查凸轮相位调节器工作状况是否正常（污物堵塞，机油泄漏，卡死）	是	下一步
		否	进行必要的检修、保养
2	检查 OCV 机油控制阀工作状况是否正常	是	诊断帮助
		否	进行必要的检修、保养

② 故障码：P003C00。故障码定义：进气 VVT 运行故障（卡死）。

故障码报码条件：VVT 实际位置无法运动至目标位置附近。

故障可能原因：OCV 机油阀压力不足；OCV 机油阀阻塞、泄漏。
故障码 P003C00 的检测方法如表 2-31 所示。

表 2-31　故障码 P003C00 的检测方法

序号	操作步骤	检测结果	后续步骤
1	检查凸轮相位调节器工作状况是否正常（污物堵塞，机油泄漏，卡死）	是	下一步
		否	进行必要的检修、保养
2	检查 OCV 机油控制阀工作状况是否正常	是	诊断帮助
		否	进行必要的检修、保养

③ 故障码：P000B00。故障码定义：排气 VVT 运行故障（迟缓）。
故障码报码条件：VVT 实际位置对目标位置跟随性差。
故障可能原因：OCV 机油阀压力不足；OCV 机油阀阻塞、泄漏。
故障码 P000B00 的检测方法如表 2-32 所示。

表 2-32　故障码 P000B00 的检测方法

序号	操作步骤	检测结果	后续步骤
1	检查凸轮相位调节器工作状况是否正常（污物堵塞，机油泄漏，卡死）	是	下一步
		否	进行必要的检修、保养
2	检查 OCV 机油控制阀工作状况是否正常	是	诊断帮助
		否	进行必要的检修、保养

④ 故障码：P005A00。故障码定义：排气 VVT 运行故障（卡死）。
故障码报码条件：VVT 实际位置无法运动至目标位置附近。
故障可能原因：OCV 机油阀压力不足；OCV 机油阀阻塞、泄漏。
故障码 P005A00 的检测方法如表 2-33 所示。

表 2-33　故障码 P005A00 的检测方法

序号	操作步骤	检测结果	后续步骤
1	检查凸轮相位调节器工作状况是否正常（污物堵塞，机油泄漏，卡死）	是	下一步
		否	进行必要的检修、保养
2	检查 OCV 机油控制阀工作状况是否正常	是	诊断帮助
		否	进行必要的检修、保养

第三章 燃油系统技术改进与故障检修

一、燃油系统的整体结构

1. 燃油系统的整体结构与作用

燃油系统的整体结构如图 3-1 所示。

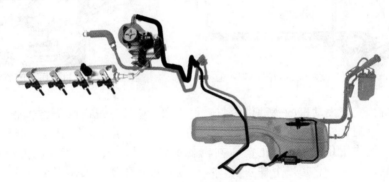

图 3-1 燃油系统的整体结构

燃油系统可分为个两部分：燃油供给系统和燃油喷射系统。

燃油供给系统包括燃油箱加油口盖总成、加油管总成、燃油箱总成、燃油泵及支架总成、燃油供给管路及连接件等，用于储存、输送及清洁燃油。

燃油供给管路包含供油连接管总成、燃油箱加油软管总成，用于连接油泵及发动机油轨，以实现燃油输送。连接件包含管卡及固定支架，用于将燃油供油管路固定在车体上。燃油管路与燃油蒸气管路通常并排布置，共用连接件。

燃油喷射系统的作用是精确控制燃油喷射量、喷射时间、喷射压力，使喷入气缸内的燃油达到最佳燃烧状态，从而满足动力性、经济性及排放法规的要求。

2. 燃油系统的结构分类

按照燃油喷方式划分，可以将燃油系统分为两种类型：进气歧管喷射燃油系统和缸内直接喷射（简称缸内直喷）燃油系统。

（1）进气歧管喷射燃油系统。该系统的结构特征是喷油器安装在进气歧管上，燃油系统的喷油器采用低压方式进行喷射，一般来说，喷射压力为 350～400kPa，喷入进气歧管的燃油与空气进行混合后,通过进气门进入燃烧室,经过点火、燃烧、做功等工作过程,将燃料的化学能转换为机械能,推动曲柄连杆机构运行,从而使发动机输出动力。

汽油机进气歧管燃油喷射原理示意如图 3-2 所示。

进气歧管喷射燃油系统是一种早期的燃油系统,随着缸内直喷技术的普及与国六排放法规的实施,这种燃油系统逐步被缸内直喷燃油系统取代。

(2)缸内直喷燃油系统。缸内直喷(GDI)是指直接将燃油喷入气缸内与进气混合的技术。优点是油耗量低,升功率大,压缩比高达 12,与同排量的一般发动机相比功率与扭矩都提高 10% 左右。

燃油喷射压力进一步提高,使燃油雾化更加细致,真正实现了精准地按比例控制喷油并与进气混合,并且消除了缸外喷射的缺点。同时,喷嘴位置、喷雾形状、进气气流控制,以及活塞顶形状等特别的设计,使油气能够在整个气缸内充分、均匀地混合,从而使燃油充分燃烧,能量转化效率更高。汽油机缸内直喷原理示意如图 3-3 所示。

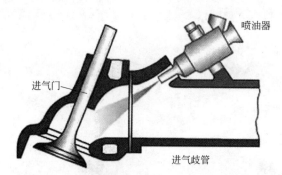

图 3-2 汽油机进气歧管燃油喷射原理示意

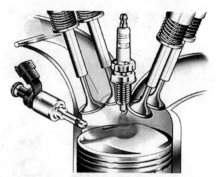

图 3-3 汽油机缸内直喷原理示意

为了满足缸内直喷发动机的燃油供给与喷射要求,燃油系统由两个燃油泵进行供油:一个是低压燃油泵(通常安装在燃油箱内部),它是一个电动泵,由发动机控制模块通过燃油泵继电器控制,其作用是向发动机的高压共轨装置提供低压燃油,燃油压力一般为 600kPa 左右;另一个高压油泵,它是一个柱塞泵,由凸轮轴进行驱动,其作用是对低压侧燃油进行泵压,形成压力可调的高压燃油,为安装在油轨上的喷油器提供高压燃油。

因此,按照燃油泵油压的作用范围,可以将缸内直喷发动机的燃油系统分为两个部分:低压侧燃油系统和高压侧燃油系统,如图 3-4 所示。

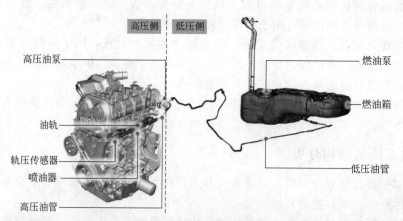

图 3-4 缸内直喷发动机燃油系统的结构特点

在国六排放法规推出之前，汽油机缸内直喷发动机一般采用200bar的高压燃油系统。此后为了满足国六排放法规要求，高压燃油系统的燃油压力提升至350bar。

实际上，无论是国六之前的200bar高压燃油系统，还是国六之后的350bar高压燃油系统，燃油系统组成和高压共轨装置结构基本上是相同的，提升的主要是材质选用、制造工艺、布局设计、控制技术等方面。

因此，结合本书的国六新技术应用特点，接下来重要讲解国六发动机燃油系统的技术优势、结构原理、控制策略及故障检修方法。

二、低压燃油系统

1. 低压燃油系统的整体结构组成

虽然品牌或发动机型号有所不同，但低压燃油系统的整体结构组成基本上是相同的。通常来说，低压燃油系统主要由燃油箱、低压燃油泵（包括油位传感器、燃油泵滤清器）、燃油加注管路与油箱盖、燃油输送管路、燃油蒸发系统部件及管路组成，如图3-5所示。

2. 燃油箱

燃油箱的外观结构如图3-6所示。

图3-5 低压燃油系统的整体结构组成

图3-6 燃油箱的外观结构

燃油箱除了具有加注、储存、输送燃油的基本功能外，针对国六排放法规要求，进行以下工艺改进和新技术应用。

（1）对燃油系统的硬件进行技术升级，如材质改变，避免燃油蒸气渗透泄漏。

（2）需要采用车载油气回收（ORVR）系统，收集加油过程中从油箱中挥发出来的燃油蒸气，减少油气蒸发量。此部分内容将在第六章做详细介绍。

（3）采用油箱压力传感器对燃油箱系统的燃油蒸气压力进行检测，判断是否存在燃油蒸气泄漏问题。此部分内容将在第六章做详细介绍。

（4）采用文丘里管、脱附压力传感器及相关组件，形成高、低负荷脱附管路，对脱附过程中的燃油蒸气压力进行检测，判断是否存在冲洗泄漏问题。此部分内容将在第六章做详细介绍。

燃油箱系统结构如图3-7所示。

3. 低压燃油泵

目前国六发动机的低压燃油泵都安装在燃油箱内部，低压燃油泵总成集成了低压燃油

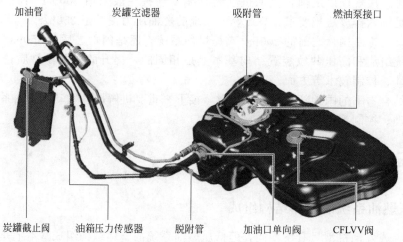

图 3-7　燃油箱系统结构

泵、燃油滤清器、燃油液位传感器等部件。由于燃油滤清器需要定期更换（更换周期参考相关车型的维修保养计划表，如 100000km 或 4 年，以先到为准），因此采用的方法通常是将低压燃油泵总成更换掉。

安装在燃油箱内部的低压燃油泵总成如图 3-8 所示。

低压燃油泵总成的外观结构如图 3-9 所示。

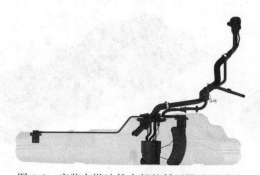
图 3-8　安装在燃油箱内部的低压燃油泵总成

图 3-9　低压燃油泵总成的外观结构

低压燃油泵是一个电动泵，由发动机控制模块控制，具体的控制方式与品牌及发动机型号有关，通常有两种控制方式：一种是采用燃油泵继电器向低压燃油泵供电，燃油泵的转速和燃油流量不可调；另一种是采用燃油泵控制模块向低压燃油泵提供脉宽调制（PWM）电流，燃油泵的转速和燃油流量可调。

（1）采用燃油泵继电器的低压燃油泵控制方式。一般情况下，当打开点火开关时，发动机控制模块接通燃油泵继电器，使燃油泵继电器向低压燃油泵供电，低压燃油泵运转并建立低压侧的燃油压力。如果发动机控制模块进一步收到发动机转速信号（来自曲轴位置传感器或凸轮轴位置传感器），那么燃油泵继电器将持续向低压燃油泵供电，从而使发动机能够运转起来。

燃油泵继电器通常安装在发动机舱的熔丝/继电器盒内，如图 3-10 所示。

（2）采用燃油泵控制模块的低压燃油泵控制方式。发动机控制模块根据工况需求向燃油泵控制模块（FPCM）发出指令信号，然后由燃油泵控制模块通过脉宽调制电流对低压燃油泵转速进行控制，从而控制燃油流量。

品牌及发动机型号不同,燃油泵控制模块的安装位置也有所不同。通常该模块安装在距离燃油箱较近的部位,如后备厢装饰板内侧,如图3-11所示。

图3-10 燃油泵继电器的安装位置

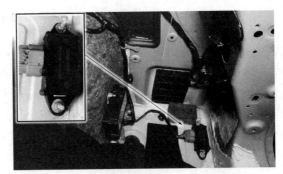

图3-11 燃油泵控制模块的安装位置

由于低压燃油泵的脉宽调制电流大小可调,因此低压燃油泵的转速也是可调的。该脉宽调制电流的电信号特征是占空比(正触发)越大,低压燃油泵得到的平均电流越大,转速越高,燃油流量越大。

燃油泵控制模块由发动机控制模块控制,两者之间通过两根信号线相连,分别是FPCM PWM 指令信号线和 FPCM PWM 反馈信号线。为了进一步说明低压燃油泵的脉宽调制电流控制原理,先了解一下低压燃油泵的线路,如图3-12所示。

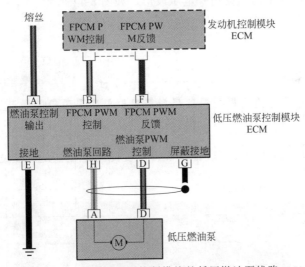

图3-12 采用燃油泵控制模块的低压燃油泵线路

从图3-12的线路连接方式可以看出,低压燃油泵的电路控制包括两个方面:一方面是发动机控制模块根据工况需求向燃油泵控制模块发出脉宽调制指令信号,同时接收燃油泵控制模块的反馈信号;另一方面是燃油泵控制模块根据发动机控制模块的脉宽调制指令信号向低压燃油泵发送脉宽调制控制电流,通过调整脉宽调制电流的占空比来控制低压燃油泵的转速,从而调整低压侧燃油流量。在控制过程中,低压燃油泵同时向燃油泵控制模块发送反馈信号,从而实现电路监控功能。

利用示波器的信号波形，可以清晰地看到低压燃油泵工作电压信号波形，如图 3-13 所示。

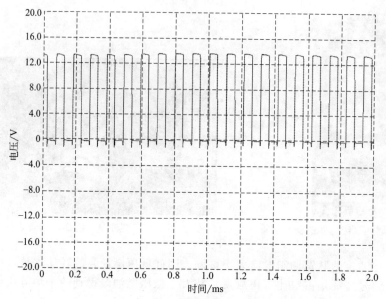

图 3-13　低压燃油泵工作电压信号波形

可以看到，低压燃油泵工作电压波形的特点是蓄电池电压脉宽方波。进行加速，该波形的占空比将同步增大，使低压燃油泵转得更快，输送更多的低压燃油。

接下来测量低压燃油泵的反馈信号电压波形，如图 3-14 所示。

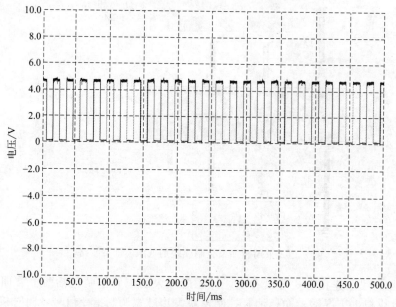

图 3-14　低压燃油泵的反馈信号电压波形

可以看到，低压燃油泵反馈信号电压波形的特点是 5V 脉宽方波，周期与低压燃油泵工作电压信号波形相同。进行加速，低压燃油泵的反馈信号电压与工作电压占空比同步增大，从而实现低压燃油泵电路监控功能。

接下来采用双通道测量方式，对发动机控制模块的低压燃油泵脉宽调制指令信号和反馈信号进行测量，波形如图 3-15 所示。

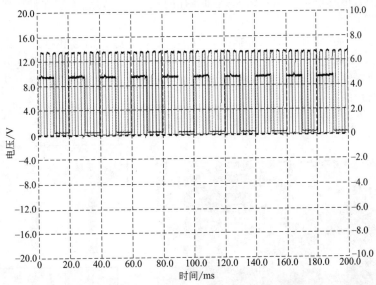

图 3-15　发动机控制模块的低压燃油泵脉宽调制指令信号和反馈信号波形

可以看到，低压燃油泵脉宽调制指令信号波形的特点是蓄电池电压脉宽方波，反馈信号波形是 5V 脉宽方波。这两个脉宽方波信号的周期是不同的，但占空比能够同步变化。也就是说，进行加速时，低压燃油泵脉宽调制指令信号波形与反馈信号波形的占空比同步增大，周期则不变，这样就能够完成低压燃油泵转速调控功能和电路监控功能。

假如此时将燃油泵线束插头拔下来，可以看到低压燃油泵脉宽调制指令信号波形与反馈信号波形的占空比都变为最大，这说明当发动机控制模块监测到低压燃油泵调控功能出现故障时，将启动故障运行模式，低压燃油泵将以最高转速运转，保证发动机有足够的燃油供给。

燃油泵线束插头断路的脉宽调制指令信号波形与反馈信号波形如图 3-16 所示。

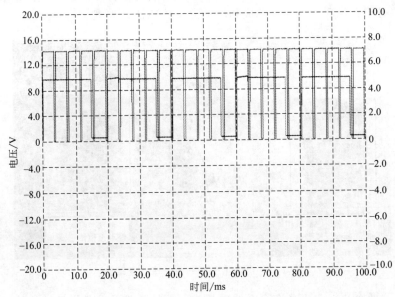

图 3-16　燃油泵线束插头断路的脉宽调制指令信号波形与反馈信号波形

4. 低压燃油压力传感器

低压燃油压力传感器用于测量低压燃油系统的燃油压力，它安装在低压燃油管路上，如图 3-17 所示。

低压燃油压力传感器有一个三针插头，分别为 5V 电源、信号和接地回路针脚。这 3 个针脚线路都与 PCM 相连，传感器信号电压范围为 0~5V。发动机控制模块根据该传感器信号识别低压燃油系统的燃油压力，向燃油泵控制模块发送相应的指令信号，从而实现低压燃油压力闭环控制功能。

低压燃油压力传感器线路连接如图 3-18 所示。

图 3-17 低压燃油压力传感器

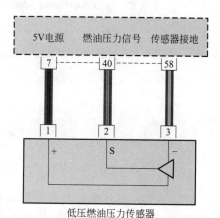

图 3-18 低压燃油压力传感器线路连接

5. 燃油液位传感器

燃油液位传感器与低压燃油泵总成集成在一起，用于测量燃油箱内的燃油液位。对于普通的竖置式燃油箱，只需使用一个燃油液位传感器即可。但对于横置式马鞍形燃油箱，由于燃油箱内部左、右侧各有一个储油室，因此需要配备燃油液位传感器，燃油箱上部相应设计两个法兰盘，用于安装低压燃油泵总成和燃油液位传感器，如图 3-19 所示。

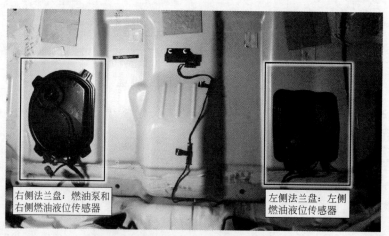

图 3-19 燃油箱上部的两个法兰盘结构

可以看到这两个法兰盘上各有一个线束插头。左侧的是单独的燃油液位传感器插头，右侧的燃油液位传感器与低压燃油泵插头集成在一起。

左侧和右侧燃油液位传感器的线路连接方式基本相同，它们都通过两条导线与车身控制模块（BCM）相连：一条导线为燃油液位信号线；另一条导线为检测回路线。BCM 接收两个燃油液位传感器的信号，处理后将燃油液位信号通过 CAN 总线传送至组合仪表，从而使燃油表工作。燃油液位传感器线路如图 3-20 所示。

通常情况下，燃油液位传感器采用普通的模拟电压信号。比较特殊的是某些品牌采用脉宽调制（PWM）信号，如图 3-21 所示。

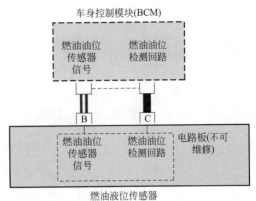

图 3-20　燃油液位传感器线路

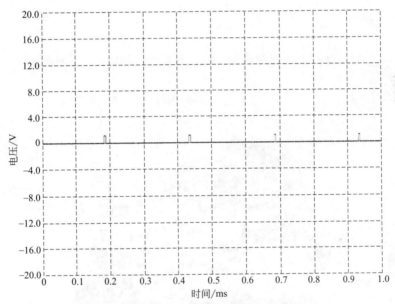

图 3-21　燃油液位传感器的脉宽调制信号波形

该信号由 BCM 发出，信号特征是频率（4Hz）和占空比不变，幅值与燃油液位高度相对应。如果拔下燃油液位传感器插头，那么信号波形的幅值将变为最大，为 12V，如图 3-22 所示。

三、高压燃油系统

1. 国六高压燃油系统改进项及优势

高压燃油系统的主要部件都集成在高压燃油共轨装置上，如图 3-23 所示。

为了满足国六法规要求，高压燃油系统进行了改进和完善，具体改进项及优势如下。

（1）高压燃油系统的额定油压提高到 350bar，更高的燃油压力有利于雾状燃油蒸气化，燃烧室内空气温度随之降低，发动机的防爆震性能得到相应提高。

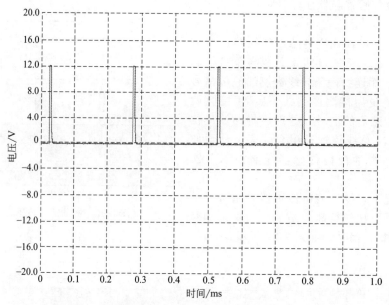

图 3-22　燃油液位传感器插头断路的脉宽调制信号波形

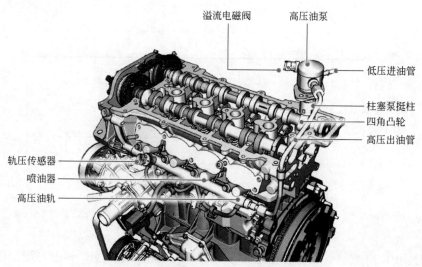

图 3-23　高压燃油系统的整体结构组成

（2）更高的燃油压力可获得更快的喷射速度，从燃油喷射开始至喷入燃烧室无时间滞后，可获得较高的发动机响应性。

（3）利用多孔喷油器进行喷射，喷射角度精确定位。多孔式喷孔直径相对较小，流经孔径时节流增强，对喷油压力和喷射质量要求较高。多孔式启阀压力高，雾化质量较好，雾化细度和均匀度高，喷油锥角大，射程短，能够使混合气燃烧更充分。

（4）燃料燃烧效率较高，可获得更高的压缩比和发动机输出功率，同时起到节油减排的作用。

（5）采用优化降噪设计方案，高压油泵的工作噪声得到明显改善。早期缸内直喷发动机的高压油泵工作噪声很大，用手触摸高压油泵壳体，能够明显感觉到振手，为此在壳体上安装一个厚厚的泡沫隔声罩，以阻隔噪声。现在的国六缸内直喷发动机，其高压油泵工作噪声极小，用手触摸壳体，几乎感觉不到振手，说明制造工艺有了较大的提升。

典型的高压共轨装置总成如图3-24所示。

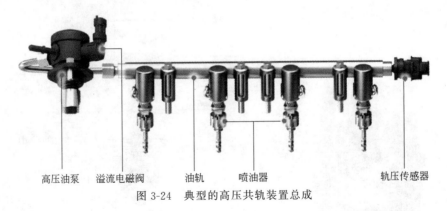

图3-24 典型的高压共轨装置总成

2. 高压油泵

（1）高压油泵的驱动方式。高压油泵是一个柱塞泵，它是连接低压油路与高压油路的关键部件，由凸轮轴的高压油泵凸轮驱动，其外观结构如图3-25所示。

一般来说，四缸发动机的凸轮轴采用四角凸轮驱动高压油泵，至于使用进气凸轮轴还是排气凸轮轴，与具体的品牌及发动机型号相关。

凸轮轴的高压油泵驱动凸轮如图3-26所示。

当发动机运转时，凸轮轴的高压油泵驱动凸轮需要利用一个挺柱与高压油泵的柱塞啮合，使柱塞上下反复运动，实现燃油泵压功能。高压油泵的挺柱如图3-27所示。

图3-25 高压油泵的外观结构

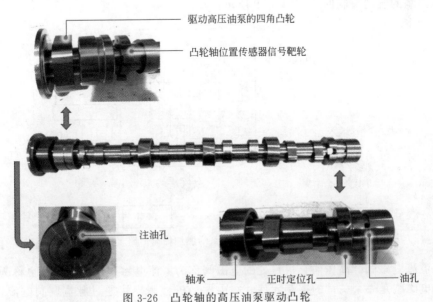

图3-26 凸轮轴的高压油泵驱动凸轮

第三章 燃油系统技术改进与故障检修

(2) 高压油泵的结构原理。高压油泵的内部结构如图 3-28 所示。

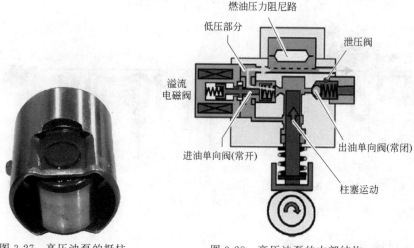

图 3-27 高压油泵的挺柱　　图 3-28 高压油泵的内部结构

高压油泵经过特殊设计，在其内部的进油口和出油口分别设置一个单向阀，进油单向阀是一个常开型单向阀，它由一个电磁阀控制，当电磁阀断电时，进油单向阀处于开启状态，低压侧燃油能够进入高压油泵的工作腔；当电磁阀通电时，进油单向阀处于关闭状态，进油口关闭，高压油泵工作腔内的燃油能够被泵压。

出油单向阀是一个完全机械形式的常闭单向阀，当高压油泵工作腔内的燃油压力达到一定值时，常闭单向阀开启，高压燃油从出油口泵出。

泄压阀的作用是防止燃油压力过高，当燃油压力超过 350bar 时，泄压阀开启，一部分高压侧燃油回流至高压油泵的进油口，从而达到限制油压的目的。

燃油压力阻尼器的作用是消除低压燃油的压力脉动现象，同时能够储存一定的燃油，从而使高压油泵能够泵压出持续稳定的高压燃油。

高压油泵的燃油控制回路如图 3-29 所示。

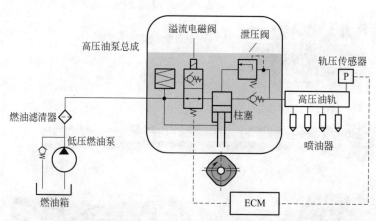

图 3-29 高压油泵的燃油控制回路

(3) 溢流电磁阀。高压油泵进口处的电磁阀称为溢流电磁阀，有的品牌也称为流量控制阀。这个电磁阀是一个关键的控制元件，它由发动机控制模块通过脉宽调制电流进行控制，如图 3-30 所示。

这里需要特别注意的是,发动机控制模块必须精确地控制溢流电磁阀的通电时刻及通电时长,否则高压油泵无法泵压出高压燃油。这个道理就好像点火系统和配气机构一样,必须满足正确的正时相位才能正常工作。

因此,要理解高压油泵电控基本原理:高压燃油压力的建立取决于溢流电磁阀的通电时刻(即凸轮轴正时),高压燃油的流量(油压)调整取决于溢流电磁阀的通电时长。高压油泵流量控制原理如图3-31所示。

高压油泵的工作循环包括以下三个工况。

① 溢流工况:当四角凸轮开始从下止点向上运行时,溢流电磁阀处于断电状态,由于柱塞上行,高压油泵工作腔内的燃油从进油口被挤压出去,形成溢流状态,高压油泵无法泵压燃油,因此高压油轨的压力保持为低压侧燃油压力。

图3-30 高压油泵的溢流电磁阀

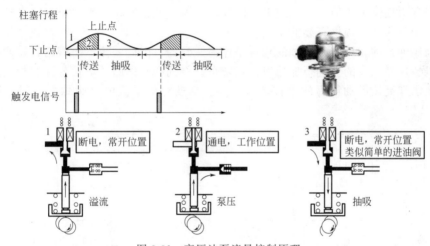

图3-31 高压油泵流量控制原理

② 泵压工况:四角凸轮继续上向运行,当到达某一相位角度时,溢流电磁阀通电,高压油泵的进油口关闭,柱塞上行,对高压油泵工作腔内的燃油进行泵压,当达到一定压力时,出油口的单向阀开启,高压燃油被泵送至高压油轨。

③ 抽吸工况:当四角凸轮到达上止点时,溢流电磁阀断电,高压油泵的进油口开启,柱塞经过上止点后下行,对低压侧的燃油进行抽吸,以补充工作腔内的燃油,为接下来的工况做好准备。

由此可知,发动机控制模块只要调整溢流电磁阀的通电时刻以及通电时长,就能够根据车辆工况需求实际调节高压燃油的压力,实现高压燃油输送功能。

下面介绍溢流电磁阀的电路控制特点。溢流电磁阀有一个两针插头,两个针脚分别为控制(高边回路)针脚和接地(低边回路)针脚,这两个针脚的导线都连接至发动机控制模块,如图3-32所示。

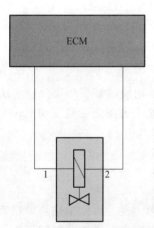

图3-32 溢流电磁阀的线路连接
1,2—针脚

发动机控制模块采用脉宽调制电流对溢流电磁阀进行控制，脉宽调制电流的波形特点如图 3-33 所示。

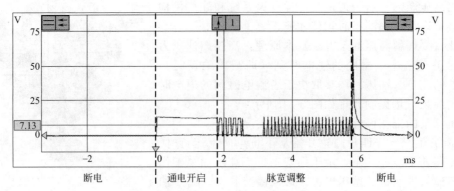

图 3-33　溢流电磁阀的脉宽调制电流波形特点

可以看出溢流电磁阀的电路控制特点是：高边回路采用蓄电池电压，控制方式为脉宽调制方式，当高边回路电压消失（溢流电磁阀断电）时，低边回路产生一个反向电动势，释放残留电荷，为下次通电提供必要的条件。

由于高压油泵的相位与凸轮轴的相位是保持一致的，因此溢流电磁阀的脉宽调制信号频率与发动机转速是同步的。进行加速或减速，可以看到高边回路的电信号脉宽相应地增加或缩短，从而实现高压燃油压力的电控调节功能。加速时的溢流电磁阀脉宽调制电流波形如图 3-34 所示。

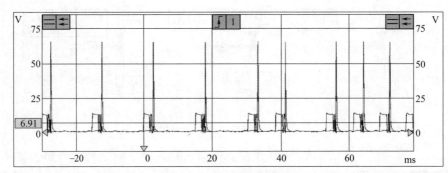

图 3-34　加速时的溢流电磁阀脉宽调制电流波形

3. 高压油轨

高压油轨安装在气缸盖上，它储存来自高压油泵的高压燃油并向喷油器提供燃油喷射所用的燃油，其优点是将燃油喷射和油压产生过程完全分开，使供油压力不会受到发动机转速的影响。

典型的高压油轨如图 3-35 所示。

4. 轨压传感器

轨压传感器安装在高压油轨上，用于测量高压油轨的燃油压力。发动机控制模块根据轨压传感器识别实际的油轨压力，对喷油器的喷油脉宽进行调整，实现高压燃油喷射闭环控制功能。轨压传感器的安装位置如图 3-36 所示。

轨压传感器通常采用三针结构形式，这 3 个针脚分别为电源、信号和接地针脚，传感器

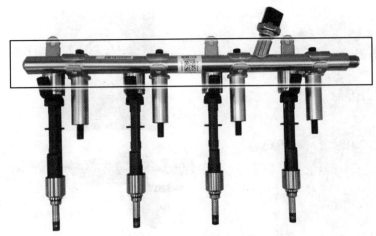

图 3-35 典型的高压油轨

工作电源为 5V,由发动机控制模块直接提供。典型的轨压传感器电路如图 3-37 所示。

图 3-36 轨压传感器的安装位置

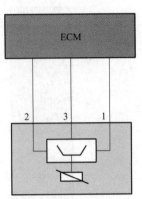

图 3-37 典型的轨压传感器电路
1~3—插头针脚

5. 喷油器

喷油器是精密部件,它通过锁销固定在高压油轨上,然后安装在气缸盖上,相应的部位由密封圈进行密封,防止漏油或漏气。目前,国六缸内直喷发动机基本上采用多孔式喷油器,以形成更好的喷射角度和雾化效果。喷油器的喷孔具体有几个,与品牌及发动机型号有关,比较常见的是五孔喷油器和六孔喷油器。

喷油器的结构特点如图 3-38 所示。

需要说明的是,缸内直喷发动机的喷油器与歧管喷射发动机的喷油器是两种不同类型的喷油器,缸内直喷发动机的喷油器是电流驱动型喷油器,由发动机控制模块提供脉宽调制电流进行控制,其电阻较小,通常为 2Ω 左右。歧管喷射发动机的喷油器是电压驱动型喷油器,由主继电器提供蓄电池电压进行控制,其电阻较大,通常为 16Ω 左右。

缸内直喷发动机的喷油器电路如图 3-39 所示。

缸内直喷发动机的喷油器电路控制方式与溢流电磁阀类似,都采用脉宽调制电流进行控制,而且也是高边驱动和低边回路协同进行控制。不同的是,由于高压燃油的燃油压力非常高,喷油器内部的电磁线圈需要在极短时间内产生足够电磁力,否则阀芯无法迅速开启或关

第三章 燃油系统技术改进与故障检修

图 3-38 喷油器的结构特点

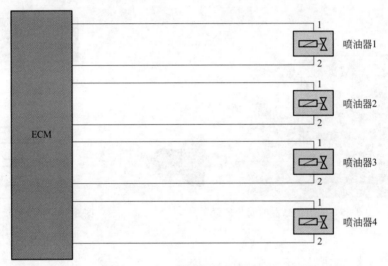

图 3-39 缸内直喷发动机的喷油器电路
1,2—插头针脚

闭,因此喷油器采用比较特殊的峰保电流脉宽调制方式,其控制原理是:在通电开始期间,发动机控制模块为电磁线圈提供较大的电流(峰值电流),使喷油器内部的电磁阀线圈产生足够的电磁力,迅速使针阀打开并能够保持在开启状态,当针阀开启后则不需要大电流,此时发动机控制模块采用较小的电流(保持电流)对喷油器进行控制,以控制喷油器的喷油脉宽,即喷油量。

这种控制方式类似于起动机磁力开关的吸拉线圈和保持线圈,当磁力开关没有吸合时,吸拉线圈和保持线圈都通电,以产生较大的电磁力来推动衔铁;当磁力开关吸合时,吸拉线圈断电,衔铁只利用保持线圈的电磁力便可保持在吸合位置。

缸内直喷发动机的喷油器工作电流控制原理如图 3-40 所示。

如图 3-40 所示,峰值电流由激励电流与吸合电流两部分组成,用于迅速打开并保持针阀的开启状态,保持电流用于维持针阀开启的状态,其通电时长相当于喷油脉宽。具体的工作电流控制原理说明如下。

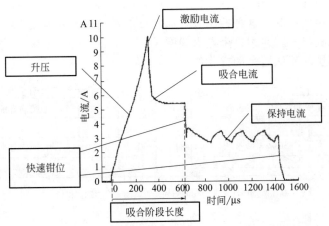

图 3-40 缸内直喷发动机的喷油器工作电流控制原理

(1) 升压阶段：利用高压驱动器快速增加电流，以迅速增加喷油器电枢（电磁线圈）的电磁力。

(2) 快速钳位：利用高压负极驱动回路，使电流快速达到设定标准，迅速降低喷油器电枢磁力。

(3) 激励电流：产生足够高的电流使针阀迅速开启，同时也尽可能降低电源消耗。

(4) 吸合电流：在电枢通电时期确保针阀能够保持足够的开启时间。

(5) 保持电流：维持针阀处于开启状态。

(6) 吸合阶段长度：激励电流与吸合电流的时长，可保证足够长的喷油器针阀开启时间，同时使电枢保持稳定。

使用示波器测量喷油器的高边回路和低边回路的电信号波形，可以进一步理解喷油器的电路控制特点，如图 3-41 所示。

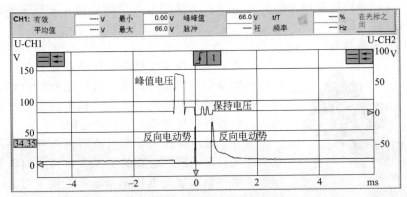

图 3-41 喷油器的高边回路和低边回路电信号波形

如图 3-41 所示，示波器界面显示两个电信号波形，其中上部的波形是高边回路电信号波形，峰值电流的峰值电压通常为 65V 左右，保持电流的峰值电压通常为蓄电池电压。下部的波形是低边回路电信号波形，可以看到当高边回路电流断电瞬间，低边回路会相应产生反向电动势，以消除残留电荷，为下个周期通电提供必要的条件。

此外，通过对比各缸喷油器的电信号相位，可以进一步了解发动机控制模块的喷油器驱动方式。目前许多品牌的四缸机，4 个喷油器采用分组驱动方式，即一缸与四缸的喷油器共用一个驱动器（集成在发动机控制模块内部），二缸与三缸的喷油器共用一个驱动器（集成在发动机控制模块内部），驱动特点是每个驱动器同时为两个喷油器提供高边驱动电压，低边回路则分别进行接地控制。这种控制方式如同早期发动机的双点火系统，一缸与四缸共用一个点火线圈，二缸与三缸共用一个点火线圈。

发动机控制模块的喷油器驱动方式如图3-42所示。

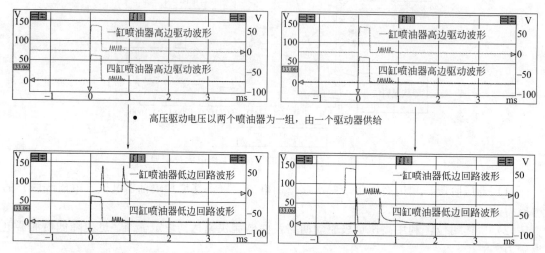

图3-42 发动机控制模块的喷油器驱动方式

6. 部件检测方法

（1）轨压传感器。一般来说，轨压传感器出现损坏、线路断路或短路等类型故障，不会造成发动机无法启动运转的故障现象，但会造成启动困难、运转不稳和加速不良。

对于严重的轨压传感器信号偏差故障，则有可能造成发动机熄火甚至无法再次启动，其原因是发动机控制模块根据偏差的轨压信号控制喷油器的喷油脉宽，导致喷油量过少或过多，无法形成浓度合适的可燃混合气，结果导致发动机无法着车。

典型的轨压传感器如图3-43所示。

图3-43 典型的轨压传感器

因此，当出现发动机无法启动着车的故障时，应考虑轨压传感器信号偏差的影响，可以把轨压传感器插头拔下来，消除信号偏差因素，使发动机电控系统启用故障运行模式，检查发动机是否能够启动运转。

此外，还可以使用诊断仪查看高压油轨油压，在打开点火开关且发动机不运转的情况下，高压油轨油压应为低压燃油泵初始建立的低压侧油压，若偏差过大，则考虑继续检查低压燃油泵或更换轨压传感器。

① 线束端针脚电压测量方法。拔下轨压传感器的线束插头，打开点火开关，用万用表测量线束端电源针脚电压，约为5V，如图3-44所示。

用万用表测量线束端信号针脚电压，约为5V的信号参考电压（是否有信号参考电压，与具体的供应商设计方案有关），如图3-45所示。

用万用表测量线束端接地针脚电压，约为0V，如图3-46所示。

② 轨压传感器信号测量方法。关闭点火开关，将轨压传感器的线束插头插好，重新打

开点火开关，使低压燃油泵建立初始油压。利用探针测量此时的轨压传感器信号针脚电压，约为0.6V，如图3-47所示。

图3-44　轨压传感器线束端电源针脚电压测量方法

图3-45　轨压传感器线束端信号针脚电压测量方法

图3-46　轨压传感器线束端接地针脚电压测量方法

图3-47　打开点火开关且发动机不运转时的轨压传感器信号针脚电压测量方法

启动发动机，发动机保持怠速运转平稳后，测量轨压传感器信号电压，约为2.3V，如图3-48所示。

进行加速，可以看到轨压传感器信号电压迅速上升，可达3.9V以上，说明高压油轨的油压与发动机运转、负荷是相匹配的，如图3-49所示。

图3-48　怠速工况的轨压传感器信号电压测量方法

图3-49　加速工况的轨压传感器信号电压测量方法

（2）流量控制阀（溢流电磁阀）。流量控制阀损坏、线路断路会导致燃油高压无法建立，发动机出现运转抖动、加速不良、排放恶化等故障症状，但一般情况下，流量控制阀故障不会造成发动机无法启动。

① 流量控制阀电阻测量方法。拔下流量控制阀的线束插头,用万用表测量流量控制阀的两个针脚之间的电阻,一般为 0.5~0.8Ω,具体标准值参考维修手册的相关内容。

流量控制阀电阻的测量方法如图 3-50 所示。

需要特别说明的是,流量控制阀是一个大功率电磁阀,电阻较小,不要用蓄电池对流量控制阀进行通电控制,否则有可能造成流量控制阀损坏。

② 流量控制阀线束端针脚电压测量方法。拔下流量控制阀的线束插头,打开点火开关,用万用表测量线束端控制针脚电压,约有 5V 的监测电压(是否有监测电压,与供应商的具体设计方案有关),如图 3-51 所示。

图 3-50　流量控制阀电阻的测量方法

图 3-51　流量控制阀线束端控制针脚电压测量方法

用万用表测量线束端接地回路针脚电压,约有 0V 的监测电压(是否有监测电压,与供应商的具体设计方案有关),如图 3-52 所示。

③ 流量控制阀工作电压测量方法。关闭点火开关,将流量控制阀的线束插头插好,启动发动机,等待怠速稳定后,利用探针测量流量控制阀两个针脚之间的电压,约为 0.4V,如图 3-53 所示。

图 3-52　流量控制阀线束端接地回路
　　　　　针脚电压测量方法

图 3-53　怠速工况的流量控制阀
　　　　　工作电压测量方法

进行加速,同时测量流量控制阀两个针脚之间的电压,可以看到升至 0.7V 以上,说明流量控制脉宽加长,轨压同步升高,如图 3-54 所示。

当加速完成后收油时,可以看到流量控制阀的工作电压短暂变为约 0V,然后回到怠速工况的工作电压,这说明在加速完成后,发动机控制模块进行断油控制,暂时使流量控制阀断电,释放燃油高压,如图 3-55 所示。

(3)高压油泵。高压油泵的失效模式包括:磨损、泄漏、卡滞、电磁线圈损坏等。一般来说,高压油泵损坏不会导致发动机无法启动运转,但会导致发动机启动困难、加速无力或间歇性熄火。

图 3-54 加速时的流量控制阀工作电压测量方法

图 3-55 加速完成后收油时的流量控制阀工作电压测量方法

在检查过程中,还要注意高压油泵之外的故障因素,如低压燃油泵性能是否良好,凸轮轴的四角凸轮是否磨损,挺柱是否漏装、装反、磨损、卡滞等,如图 3-56 所示。

在实际维修工作中还会遇到一种特殊的故障,就是凸轮轴断裂,导致高压油泵无法泵压燃油,而且没有相关故障。对于此类故障应打开气缸室罩盖,检查发动机是否存在机械损坏问题,如图 3-57 所示。

图 3-56 检查凸轮轴的四角凸轮和挺柱

图 3-57 检查发动机是否存在机械损坏问题

高压油泵是一个精密部件,拆装时要按规范方法操作,防止出现人为损坏,具体注意事项如下。

① 拆卸高压油泵之前,必须对燃油系统进行泄压。可采用拔下燃油泵继电器或熔丝的方法,启动发动机并运转,直到发动机自然熄火,这样就可以完成油压泄放工作。

② 拆卸高压油泵的螺栓时,要交替松开两个螺栓,防止高压油泵卡滞、损伤。

③ 安装高压油泵之前,确认安装座孔、高压油泵挺柱内表面和高压油泵清洁且无异物,高压油泵的密封圈是否完好,如图 3-58 所示。

④ 安装高压油泵之前,确认四角凸轮基圆面朝向高压油泵安装孔,否则需要通过盘动曲轴,使四角凸轮基圆面朝向高压油泵安装孔。

⑤ 安装高压油泵之前,用机油对四角凸轮和挺柱进行必要的润滑。挺柱装入座孔后,用手提拉并松开挺柱,确认挺柱能否顺畅落座,如图 3-59 所示。

⑥ 安装高压油泵时,先用手交替安装两个螺栓,然后用工具依次拧紧两个螺栓,拧紧力矩参考维修手册相应内容,如图 3-60 所示。

(4) 喷油器。喷油器的失效模式包括:泄漏,堵塞,启动困难,急速抖动,加速不良,缺缸失火,尾气刺鼻,燃油修正闭环控制功能失效等。故障主要原因为缺少保养,导致喷油器内部出现胶质堆积而失效。喷油器的常规检修方法如下。

图 3-58　确认高压油泵的密封圈是否完好

图 3-59　确认挺柱能否顺畅落座

① 外观检查。检查喷油器外部是否有燃油泄漏痕迹，或者发动机附近是否有明显的燃油味。如果在加速过程中喷油器座孔处出现尖锐的噪声，表明有可能出现漏气故障。

注意，无论是喷孔处漏油（针阀磨损或堵塞）、油道座孔处漏油（密封圈老化或损坏）还是安装座孔处漏气（密封圈老化或损坏），喷油器都需要更换处理，因为这些问题都无法进行修复，如图 3-61 所示。

图 3-60　安装高压油泵的两个螺栓

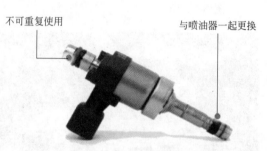

图 3-61　喷油器密封圈的更换要求

② 电阻测量。使用万用表对喷油器的电阻进行测量，将测量结果与标准值进行对比，判断喷油器是否正常，如图 3-62 所示。

③ 使用诊断仪对发动机系统进行自诊断，查看是否有与喷油器相关的故障码，观察与喷油器相关的数据流是否正常。

④ 替换试验。对于缺缸失火的故障现象，如果怀疑喷油器性能不良，那么可以进行替换试验，以排除喷油器的故障因素。但是需要说明的是，喷油器能否单独更换，与各品牌具体的维修技术方案有关。

7. 系统功能验证

图 3-62　喷油器的电阻测量方法

对高压燃油系统功能进行验证，有助于理解系统功能控制策略及部件之间的相互作用机理，建立整体的逻辑诊断思路，提高检修成功率。

（1）轨压传感器功能验证与数据解析。下面举例说明轨压传感器故障对高压油泵控制和燃油修正功能的影响，但需要注意，供应商不同，是否影响及影响程度会有所不同。

品牌 A 某款缸内直喷发动机，人为将高压油轨的轨压传感器信号线对地短路或断路，使用诊断仪进行检测，可得到以下故障码，具体含义如图 3-63 所示。

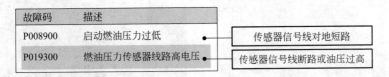

图 3-63　品牌 A 某款缸内直喷发动机的轨压传感器信号线对地短路或断路故障码含义

使用诊断仪，读取数据流，对比正常工况与轨压传感器信号线对地短路或断路工况的数据流变化，可以发现高压油泵泵油功能和燃油修正闭环控制功能失效，如图 3-64 所示。

数据流名称	值	单位
Bank1燃油	闭环	
燃油1项(组1)	-3.91	%
发动机转速	847.25	RPM
油轨压力	4590	kPa

(a) 轨压传感器正常

数据流名称	值	单位
Bank1燃油	开环，系统故障	
燃油1项(组1)	0	%
发动机转速	1032.50	RPM
油轨压力	500	kPa

(b) 轨压传感器短路或断路

图 3-64　轨压传感器正常与短路或断路故障的数据流对比

对比关键数据流，当油轨压力正常时，油轨压力数值与发动机转速和负荷呈正比变化，如图 3-65 所示。

数据流名称	值	单位
发动机转速	3102.25	RPM
油轨压力	5990	kPa
喷油脉宽	0	ms
油门踏板开度	10.76	%
节气门开度	11.73	%

(a) 怠速工况

数据流名称	值	单位
发动机转速	4003.75	RPM
油轨压力	7750	kPa
喷油脉宽	0	ms
油门踏板开度	44.03	%
节气门开度	13.48	%

(b) 加速工况

图 3-65　油轨压力正常时的关键数据流

当轨压传感器信号中断时，油轨压力参数显示为替代值且保持不变，如图 3-66 所示。

数据流名称	值	单位
发动机转速	1113.50	RPM
油轨压力	500	kPa
喷油脉宽	0	ms
油门踏板开度	1.16	%
节气门开度	5.71	%

(a) 怠速工况

数据流名称	值	单位
发动机转速	3962.75	RPM
油轨压力	500	kPa
喷油脉宽	0	ms
油门踏板开度	100	%
节气门开度	13.56	%

(b) 加速工况

图 3-66　油轨压力异常时的关键数据流

接下来，选择品牌 B 某款缸内直喷发动机，使用万用表来检测轨压传感器故障对流量控制阀的影响。启动并运转发动机，测量流量控制阀的工作电压，约为 0.34V，如图 3-67 所示。

将轨压传感器拔下来，此时发现流量控制阀工作电压立即变为 0V，说明流量控制阀断电，高压油泵泵油功能失效，如图 3-68 所示。

图 3-67 轨压传感器正常时的流量
控制阀工作电压

图 3-68 轨压传感器断路时的流量
控制阀工作电压

综合上述验证结果,可以得到以下结论:当轨压传感器失效时,流量控制阀将断电,高压油泵处于溢流状态,高压泵油功能失效,同时会造成燃油修正闭环控制功能失效,发动机系统处于故障运行模式,排放恶化,因此此类故障会导致发动机故障警告灯点亮。

这里需要特别说明的是,不同品牌、不同款式的缸内直喷发动机,轨压传感器失效模式并不相同,有的会导致流量控制阀断电和燃油修正闭环功能失效,有的则允许流量控制阀继续工作(但脉宽控制相对固定),燃油修正依然能够进行闭环控制。

因此,在实际维修工作中,对于具体车型、款式的发动机,必须经过实际验证,才能正确理解相关功能的控制策略和故障启用模式,而不是泛泛而谈。也只有做到深入、细致的验证和分析,才能够扩展诊断思路,提升逻辑判断能力,进而达到提高检修技能的目的。

(2)流量控制阀功能验证与数据解析。品牌不同,数据流中的流量控制阀参数名称也会有所不同。如某品牌 A 款缸内直喷发动机,流量控制阀参数称为"控制阀质量状态",当发动机处于平缓运行工况时,流量控制阀处于脉宽调制工作状态,"控制阀质量状态"显示为"打开",如图 3-69 所示。

数据流名称	值	单位
LDR溢流空气循环阀活跃状态(打开)	关闭	
升压式压力执行器输出级的占空比	5.00	%
控制阀质量状态	打开	

图 3-69 流量控制阀的数据流

此时若进行急加速,可以看到收油时的"控制阀质量状态"短暂显示为"关闭",然后恢复为"打开",说明高压燃油系统在收油后有一个断油控制过程。如果流量控制阀损坏或线路断路,那么"控制阀质量状态"保持为"关闭",说明流量控制阀断电,高压油泵处于溢流状态,高压泵油功能失效。

再如某品牌 B 款缸内直喷发动机,由于供应商不同,高压燃油系统的数据流参数也会有所不同。将油轨压力相关的数据筛选出来,可以看到正常情况下,滤轨压力值(实际轨压)与轨压设定值接近且同步变化,如图 3-70 所示。

此时若将流量控制阀插头拔下来,使用诊断仪读取故障信息,则结果显示如图 3-71 所示。

在此故障状态下,读取与油轨压力相关的数据流,可以看到滤轨压力值(实际轨压)已变为低压燃油泵的油压值,说明高压泵油功能失效,而轨压设定值不受影响,这是因为轨压

数据流名称	值	单位
发动机转速	758.50	RPM
滤轨压力值(绝对压力下)	5.51	
轨道压力最大设定值	20	MPa
轨压设定值	5.47	

图 3-70　正常情况下的油轨压力相关数据流

故障码	描述
P025113	流量控制阀高边或低边控制电路开路

图 3-71　流量控制阀断路的故障码

设定值是根据发动机工况需求计算出来的期望值。实际轨压与期望值偏离极大，进一步说明故障与高压油泵性能不良有直接关系。流量控制阀断路的滤轨压力相关数据流如图 3-72 所示。

数据流名称	值	单位
发动机转速	785.50	RPM
滤轨压力值(绝对压力下)	0.70	
轨道压力最大设定值	20	MPa
轨压设定值	5.60	

图 3-72　流量控制阀断路的滤轨压力相关数据流

接下来验证流量控制阀故障对燃油修正功能及燃油脉宽控制功能的影响。正常怠速工况下，滤轨压力值（实际轨压）为 5.29MPa，短期燃油调整值为 30，喷油时间（脉宽）为 0.94ms，说明高压燃油系统工作正常，燃油修正功能处于闭环控制状态，如图 3-73 所示。

数据流名称	值	单位
发动机转速	780	RPM
滤轨压力值(绝对压力下)	5.29	
燃油流量	0.000218	L/s
短期燃油调整	30	
喷油时间	0.94	ms

图 3-73　正常怠速工况下的实际轨压与燃油修正、燃油脉宽数据对应关系

此时若拔下流量控制阀，可以看到实际轨压变为只有 0.70MPa，说明高压泵油功能失效；短期燃油修正值延长为 114，喷油时间（脉宽）延长为 3.58ms，说明油轨压力过低导致混合气浓度偏稀，发动机控制模块对燃油修正进行加浓调整，并且延长喷油时间，以补偿轨压过低造成的喷油量不足。

流量控制阀的实际轨压与燃油修正、燃油脉宽数据对应关系如图 3-74 所示。

通过以上数据流分析，就可以理解流量控制阀失效时的燃油喷射控制策略：高压燃油系统将通过调整燃油修正和燃油脉宽来确保发动机能够启动运转，特别是燃油脉宽，比正常工况延长数倍，这极大地弥补了油轨压力不足造成的影响，即便如此，发动机运行稳定性和加速性能还是会受到明显影响。

数据流名称	值	单位
发动机转速	784.50	RPM
滤轨压力值(绝对压力下)	0.70	
燃油流量	0.000218	L/s
短期燃油调整	114	
喷油时间	3.58	ms

图 3-74　流量控制阀的实际轨压与燃油修正、燃油脉宽数据对应关系

下面用万用表验证流量控制阀故障对油轨压力造成的影响。启动并运转发动机，用万用表测量轨压传感器的信号电压，约为 2.4V，如图 3-75 所示。

将流量控制阀插头拔下来，此时可以看到轨压传感器信号电压立即变为 0.6V 左右，说明流量控制阀断电，高压泵油功能失效，高压油轨只剩下低压燃油泵建立的油压，如图 3-76 所示。

图 3-75　流量控制阀正常时的轨压传感器信号电压

图 3-76　流量控制阀断电时的轨压传感器信号电压

通过以上验证工作，还能推导出一种新的低压燃油泵检测方法：低压燃油泵损坏或性能不良会造成发动机无法启动或无法正常运转，以往的检测方法是使用燃油压力表测量低压侧管路油压，判断低压燃油泵是否正常，这种方法虽然是常规检测方法，但比较麻烦。现在只需要将流量控制阀插头拔下来，直接测量轨压传感器的信号电压，此时测量的结果便是低压燃油泵产生的油压，用正常车的数值对比一下，即可判断低压燃油泵性能是否正常。

8. 故障诊断流程

根据高压燃油系统的故障类型及严重程度，发动机控制模块判断是否设定故障、点亮故障灯及启用故障运行模式。在实际维修工作中，可以使用诊断仪，结合故障码、数据流及具体的故障症状，参照维修手册内容，进行相应的检修工作。下面举例说明。

（1）轨压传感器。根据轨压传感器的故障类型，发动机控制模块生成相应的故障码，典型的故障码检测方法如下。

① 故障码：P019000。故障码定义：高压油路油轨压力传感器电压信号不合理。

故障码报码条件：油轨压力传感器电路电压低于 0.2V 或高于 4.8V。

故障可能原因：油轨压力传感器信号端对地或对电源短路；ECM 的油轨压力传感器线束针脚对电源或对地短路。

故障码 P019000 的检测方法如表 3-1 所示。

表 3-1 故障码 P019000 的检测方法

序号	操作步骤	检测结果	后续步骤
1	连接诊断仪,打开点火开关	—	下一步
2	读取并保存故障冻结帧信息	—	下一步
3	检查传感器信号端是否对电源短路或对地短路	是	维修线束
		否	下一步
4	检查传感器是否损坏	是	更换传感器
		否	下一步
5	检查ECM端对应的油轨压力传感器信号引脚是否对电源或对地短路或内部电路损坏	是	检修 ECM
		否	诊断帮助

② 故障码：P019128。故障码定义：高压油路油轨压力传感器特性曲线负向偏移。

故障码报码条件：充分冷浸后启动油轨压力高于阈值，该次驾驶循环报出油路自学习故障。

故障可能原因：油轨压力传感器内部电路发生老化、线束老化。

故障码 P019128 的检测方法如表 3-2 所示。

表 3-2 故障码 P019128 的检测方法

序号	操作步骤	检测结果	后续步骤
1	连接诊断仪,打开点火开关	—	下一步
2	读取并保存故障冻结帧信息	—	下一步
3	检查油轨中是否有气体存在,导致油轨压力无法快速建立	是	检查油轨
		否	更换油轨压力传感器
4	更换油轨压力传感器,车辆交还客户,并跟踪是否会再报出该故障	是	诊断帮助
		否	结束

③ 故障码：P019200。故障码定义：高压油路油轨压力传感器电路电压偏低。

故障码报码条件：油轨压力传感器电路电压低于 0.2V。

故障可能原因：油轨压力传感器电路对地短路；ECM 油轨压力传感器线束针脚对地短路。

故障码 P019200 的检测方法如表 3-3 所示。

表 3-3 故障码 P019200 的检测方法

序号	操作步骤	检测结果	后续步骤
1	检查传感器信号端是否对地短路	是	维修线束
		否	下一步
2	检查传感器是否损坏	是	更换传感器
		否	下一步
3	检查ECM端对应的油轨压力传感器信号引脚是否对地短路或内部电路损坏	是	检修 ECM
		否	诊断帮助

④ 故障码：P019300。故障码定义：油轨压力传感器电路对电源短路。

故障码报码条件：油轨压力传感器电路电压高于 4.8V。

故障可能原因：油轨压力传感器电路对电源短路；ECM 油轨压力传感器线束针脚对电源短路。

故障码 P019300 的检测方法如表 3-4 所示。

表 3-4 故障码 P019300 的检测方法

序号	操作步骤	检测结果	后续步骤
1	检查传感器信号端是否对电源短路或开路	是	维修线束
		否	下一步
2	检查传感器是否损坏	是	更换传感器
		否	下一步
3	检查 ECM 端对应的油轨压力传感器信号引脚是否对电源短路、开路或内部电路损坏	是	检修 ECM
		否	诊断帮助

⑤ 故障码：P019400。故障码定义：高压油路油轨压力传感器信号停滞故障。

故障码报码条件：喷油前后的油轨压力传感器信号电压最大波动值低于阈值。

故障可能原因：油轨压力传感器损坏；喷油器堵塞等损坏；高压油轨异常。

故障码 P019400 的检测方法如表 3-5 所示。

表 3-5 故障码 P019400 的检测方法

序号	操作步骤	检测结果	后续步骤
1	连接诊断仪,打开点火开关	—	下一步
2	读取并保存故障冻结帧信息	—	下一步
3	更换油轨压力传感器,着车 10min,故障是否复现	是	下一步
		否	结束
4	更换喷油器,着车 10min,故障是否复现	是	下一步
		否	结束
5	检查高压油轨系统,是否有异常	是	下一步
		否	诊断帮助
6	维修或更换相关零部件,着车 10min,故障是否复现	是	诊断帮助
		否	结束

(2) 喷油器。根据喷油器的故障类型，发动机控制模块生成相应的故障码，典型的故障码检测方法如下。

① 故障码：P020113。故障码定义：一缸喷油器高边或低边控制电路开路。

故障码报码条件：驱动通道自诊断故障。

故障可能原因：接插件接插不实或接触不良；喷油器电路开路；喷油器供电端开路或喷油器损坏；ECU 相对应的喷油器控制引脚开路或内部电路损坏。

故障码 P020113 的检测方法如表 3-6 所示。

表 3-6 故障码 P020113 的检测方法

序号	操作步骤	检测结果	后续步骤
1	检查接插件是否接插不实或接触不良	是	重新接插
		否	下一步

续表

序号	操作步骤	检测结果	后续步骤
2	检查对应的喷油器电路是否开路	是	修复、更换线束或喷油器
2	检查对应的喷油器电路是否开路	否	下一步
3	检查高压油轨系统,是否有异常	是	修复、更换线束或喷油器
3	检查高压油轨系统,是否有异常	否	下一步
4	检查 ECU 相对应的喷油器控制引脚是否开路或内部电路损坏	是	检修 ECU
4	检查 ECU 相对应的喷油器控制引脚是否开路或内部电路损坏	否	诊断帮助

② 故障码：P214800。故障码定义：一缸或四缸喷油器高边控制电路对电源短路。

故障码报码条件：驱动通道自诊断故障。

故障可能原因：喷油器高边控制电路对电源短路；ECM 相对应的喷油器高边控制引脚对电源短路。

故障码 P214800 的检测方法如表 3-7 所示。

表 3-7 故障码 P214800 的检测方法

序号	操作步骤	检测结果	后续步骤
1	检查对应的喷油器高边控制电路是否对电源短路	是	修复线束
1	检查对应的喷油器高边控制电路是否对电源短路	否	下一步
2	检查 ECM 相对应的喷油器高边控制电路引脚是否对电源短路	是	检修 ECM
2	检查 ECM 相对应的喷油器高边控制电路引脚是否对电源短路	否	诊断帮助

③ 故障码：P026200。故障码定义：一缸喷油器低边控制电路对电源短路。

故障码报码条件：驱动通道自诊断故障。

故障可能原因：喷油器电路对电源短路；喷油器供电端对电源短路；ECM 相对应的喷油器控制引脚对电源短路。

故障码 P026200 的检测方法如表 3-8 所示。

表 3-8 故障码 P026200 的检测方法

序号	操作步骤	检测结果	后续步骤
1	检查对应的喷油器电路是否对电源短路	是	修复线束
1	检查对应的喷油器电路是否对电源短路	否	下一步
2	检查 ECM 相对应的喷油器控制引脚是否对电源短路	是	检修 ECM
2	检查 ECM 相对应的喷油器控制引脚是否对电源短路	否	诊断帮助

④ 故障码：P02EE00。故障码定义：一缸喷油器高边和低边控制电路短路。

故障码报码条件：驱动通道自诊断故障。

故障可能原因：喷油器高边控制电路与低边控制电路短路。

故障码 P02EE00 的检测方法如表 3-9 所示。

表 3-9 故障码 P02EE00 的检测方法

操作步骤	检测结果	后续步骤
检查对应的喷油器高边控制电路是否与低边控制电路短路	是	修复线束
检查对应的喷油器高边控制电路是否与低边控制电路短路	否	诊断帮助

第三章 燃油系统技术改进与故障检修

（3）流量控制阀。根据流量控制阀的故障类型，发动机控制模块生成相应的故障码，典型的故障码检测方法如下。

① 故障码：P025100。故障码定义：流量控制阀正极或负极控制电路开路。

故障码报码条件：硬件电路自诊断。

故障可能原因：流量控制阀正极或负极控制电路开路；ECU 对于流量控制阀正极或负极控制电路开路。

故障码 P025100 的检测方法如表 3-10 所示。

表 3-10　故障码 **P025100** 的检测方法

序号	操作步骤	检测结果	后续步骤
1	检查执行器端是否开路	是	维修线束
		否	下一步
2	检查 ECU 端对应的执行器引脚是否开路或内部电路损坏	是	检修 ECM
		否	诊断帮助
		否	诊断帮助

② 故障码：P025400。故障码定义：流量控制阀高边控制电路电压过高或过低。

故障码报码条件：硬件电路自诊断。

故障可能原因：流量控制阀高边控制电路对电源或对地短路；ECM 流量控制阀高边控制电路对电源或对地短路。

故障码 P025400 的检测方法如表 3-11 所示。

表 3-11　故障码 **P025400** 的检测方法

序号	操作步骤	检测结果	后续步骤
1	检查执行器端是否对电源或对地短路	是	维修线束
		否	下一步
2	检查 ECM 端对应的执行器引脚是否对电源或对地短路	是	检修 ECM
		否	诊断帮助

③ 故障码：P025900。故障码定义：流量控制阀低边控制电路电压过高或过低。

故障码报码条件：硬件电路自诊断。

故障可能原因：流量控制阀低边控制电路对电源或对地短路；ECM 流量控制阀低边控制电路对电源或对地短路。

故障码 P025900 的检测方法如表 3-12 所示。

表 3-12　**P025900** 的检测方法

序号	操作步骤	检测结果	后续步骤
1	检查执行器端是否对电源或对地短路	是	维修线束
		否	下一步
2	检查 ECU 端对应的执行器引脚是否对电源或对地短路	是	检修 ECM
		否	诊断帮助

④ 故障码：P009000。故障码定义：流量控制阀高边和低边控制电路短路。

故障码报码条件：硬件电路自诊断。

故障可能原因：流量控制阀高边和低边控制电路短路。

故障码 P009000 的检测方法如表 3-13 所示。

表 3-13　故障码 P009000 的检测方法

操作步骤	检测结果	后续步骤
检查流量控制阀高边和低边控制电路是否短路	是	维修线束
	否	诊断帮助

第四章
冷却系统技术改进与故障检修

一、冷却系统整体结构

1. 冷却系统的作用

冷却系统的主要作用是将发动机工作时的热量散发到空气中,以防止发动机过热。冷却系统的另一项重要作用是使发动机尽快升温,并使其保持恒温。这是因为发动机在适当的高温状态下运行状况是最好的,如果发动机变冷,不仅会加快组件的磨损,而且还会导致发动机效率降低,排放出更多污染物。

2. 冷却系统的基本组成

传统的冷却系统主要包括水泵、散热器、散热风扇、节温器、冷却液温度传感器、储液罐等组件,整体系统通过冷却液循环实现发动机温度调控。冷却系统的基本组成结构如图 4-1 所示。

(1)水泵。水泵的作用是对冷却液加压,保证其在冷却系统中循环流动。发动机通过皮带轮带动水泵轴承及叶轮转动,水泵中的冷却液被叶轮带动一起旋转,在离心力作用下被泵压,同时产生一定的压力,然后从出水道或水管流出。叶轮的中心处由于冷却液被甩出而压力降低,散热器中的冷却液在水泵进口与叶轮中心的压差作用下经水管被吸入叶轮中,实现冷却液的往复循环。水泵的外观结构如图 4-2 所示。

图 4-1 冷却系统的基本组成结构

图 4-2 水泵的外观结构

(2)散热器。汽车散热器由进水室、出水室及散热器芯三部分构成。冷却液在散热器芯内流动,空气在散热器外通过。热的冷却液由于向空气散热而变冷,冷空气则因为吸收冷却液散出的热量而升温。散热器的外观结构如图 4-3 所示。

散热器上还有一个重要的小零件，就是散热器盖，这个小零件很容易被忽略。随着温度变化，冷却液会"热胀冷缩"，散热器因冷却液的膨胀而内压增大，当内压达到一定时，散热器盖开启，冷却液流到蓄液罐；当温度降低时，冷却液回流入散热器。散热器盖的外观结构如图 4-4 所示。

图 4-3 散热器的外观结构　　　　　图 4-4 散热器盖的外观结构

（3）散热风扇。散热风扇用于加快散热器的空气对流，加强散热效果，防止发动机过热。当车辆正常行驶时，高速气流足以散热，散热风扇一般不会在这时候工作；但发动机在慢速和原地运行时，散热风扇就可能转动来帮助散热器散热。散热风扇的外观结构如图 4-5 所示。

（4）节温器。节温器可根据冷却液温度的高低自动调节进入散热器的水量，改变冷却液的循环范围，以调节冷却系统的散热能力，保证发动机在合适的温度范围内工作。节温器的外观结构如图 4-6 所示。

图 4-5 散热风扇的外观结构　　　　图 4-6 节温器的外观结构

节温器通常内部填充石蜡，石蜡热胀冷缩，使节温器开启或关闭，这样就能够控制冷却系统的大、小循环回路，节温器必须保持良好的技术状态，否则会严重影响发动机的正常工作。如节温器主阀门开启过迟，就会引起发动机过热；主阀门开启过早，则使发动机预热时间延长，造成发动机工作温度过低。

（5）冷却液温度传感器（水温传感器）。目前发动机基本采用负温度系数热敏电阻型水温传感器，当温度较低时传感器电阻较大，当温度较高时传感器电阻较小。冷却液温度传感器的外观结构如图 4-7 所示。

发动机控制模块根据该传感器信号来识别冷却液温度，控制散热风扇转速，从而使发动机保持在正常

图 4-7 冷却液温度传感器的外观结构

第四章　冷却系统技术改进与故障检修　109

的工作温度范围内。

（6）储液罐。储液罐又称为溢水罐，其作用是补充冷却液和缓冲"热胀冷缩"的变化，所以不要加液过满，液位应在标准高度范围内。储液罐的外观结构如图 4-8 所示。

（7）冷却液。冷却液又称防冻液，是由防冻添加剂及防止金属产生锈蚀的添加剂和水组成的液体，具有防冻性、防蚀性、热传导性和不变质的性能。冷却液如图 4-9 所示。

图 4-8 储液罐的外观结构

图 4-9 冷却液

冷却液由水、防冻剂、添加剂三部分组成，按防冻剂成分不同可分为酒精型、甘油型、乙二醇型等类型的冷却液，目前使用比较广泛的是乙二醇型冷却液。

二、电控热管理模块冷却系统

1. 电控热管理模块的先进性

目前在许多性能先进的发动机上，冷却系统不再使用原有的机械式调温装置（如调温器、石蜡型电加热式调温器、温控阀等），改为完全电控的执行器，该执行器是一个球阀装置，发动机控制模块利用一个电机控制球阀的角度，根据相关控制策略精确地控制冷却系统的管道开度，从而实现大小循环、空调暖风循环、机油冷却器循环等控制功能。

典型的电控热管理模块如图 4-10 所示。

与传统的冷却系统相比，采用电控热管理模块的冷却系统具诸多优势：如能够实现更多工况下的冷却液的循环回路，根据多种参数精确调节冷却液流量，缩短冷启动预热过程，提高发动机热效率，从而达到节能减排的作用。

目前，许多品牌的国六发动机，其冷却系统改进为电控热管理模块类型，在整体的热效率和节能减排上效果显著。品牌及发动机型号不同，具体的热管理模块的结构及控制策略会有所不同，下面举例说明相关内容。

图 4-10 典型的电控热管理模块

2. 品牌 A 电控热管理模块冷却系统

（1）电控热管理模块冷却系统整体结构及性能特点。品牌 A 国六发动机冷却系统是在传统的冷却系统结构基础上增加了智能热管理模块循环回路。为了更好地描述，这里将冷却系统分为两个部分：发动机外围冷却系统和发动机机体冷却系统。

品牌 A 国六发动机外围冷却系统结构如图 4-11 所示。

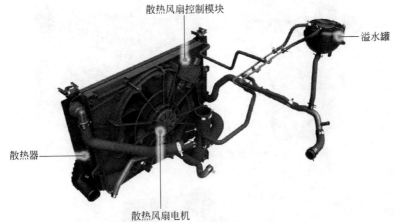

图 4-11　品牌 A 国六发动机外围冷却系统结构

品牌 A 国六发动机机体冷却系统结构如图 4-12 所示。

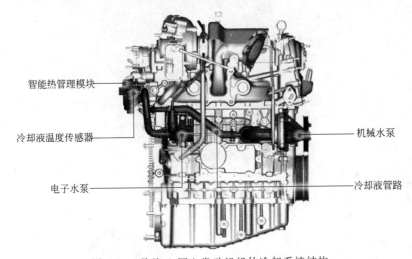

图 4-12　品牌 A 国六发动机机体冷却系统结构

品牌 A 国六发动机机体冷却系统的先进性在于采用了智能热管理模块技术，通过水滴形可变截面球阀结构，能够对多通道进行全 MAP（控制策略图谱）控制。智能热管理模块安装在气缸盖后部，如图 4-13 所示。

由于采用了全电控方式，因此智能热管理模块响应速度极快，实现了基于目标水温的精确闭环控制。智能热管理模块控制策略图谱如图 4-14 所示。

智能热管理模块具有多种控制模式智能切换功能，能够使发动机工作于最优水温下。发动机冷却液允许最高温度为 115℃，冷却液报警温度为 118℃，在降低整机油耗 2.5% 的同时，提高了整机可靠性和用户驾驶舒适性。

（2）智能热管理模块结构原理。实际上，智能热管理模块是一个由电机带动的球阀装置，球阀在阀腔内转动，不仅能够打开或关闭相应的管道，而且能够控制管道的开度。智能热管理模块内部结构示意如图 4-15 所示。

图 4-13　智能热管理模块的安装位置

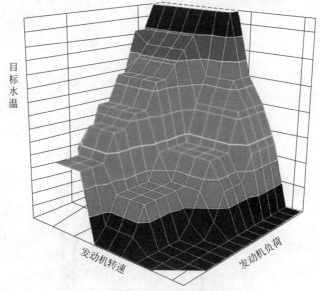

图 4-14　智能热管理模块控制策略图谱

图 4-15　智能热管理模块内部结构示意

由智能热管理模块的冷却液管路连接可知,该模块主要有两种冷却液循环回路控制功能:

① 控制冷却系统的大小循环回路。
② 控制机油和变速器油冷却器的冷却液循环回路。

智能热管理模块的冷却液管路回路结构如图4-16所示。

图4-16 智能热管理模块的冷却液管路回路结构

发动机根据多种参数如环境温度、发动机水温、发动机机油温度、发动机扭矩、发动机转速等,控制智能热管理模块电机的角度,从而控制散热器、发动机机油冷却器、变速器油冷却器等冷却液的循环回路,如图4-17所示。

图4-17 智能热管理模块的电控流程

(3) 冷却系统循环回路控制流程。冷却系统需要对发动机机体、涡轮增压器、发动机机油冷却器、变速器油冷却器和空调暖风系统进行冷却液循环控制,其整体循环原理如图4-18所示。

对图4-18进行分析,可以看出在整体结构上与传统冷却系统大致相同,只是大循环回路和两个油冷却器回路由智能热管理模块控制。

空调暖风系统的冷却液来自气缸盖,循环回路由一个电控暖风水阀控制,因此与智能热管理模块无关。

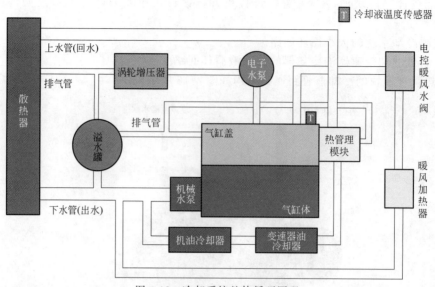

图 4-18 冷却系统整体循环原理

此外,冷却系统在相应的部位设置了 3 个排气管,分别为散热器排气管、气缸盖排气管和智能热管理模块排气管。这样,在整体结构上就能够消除气阻现象。

① 小循环与涡轮增压器循环回路控制流程。智能热管理模块内部的球阀有一个初始位置,当发动机关闭时,球阀完全关闭,即通往散热器上水管和变速器油冷却器进水管的管口都是密封的。

因此,当发动机启动后,在冷态下,冷却液大循环和两个油冷却器循环的回路都是关闭,此时整体冷却系统处于小循环回路和涡轮增压器回路循环状态。

品牌 A 国六发动机冷却系统小循环与增压器循环回路控制流程如图 4-19 所示。

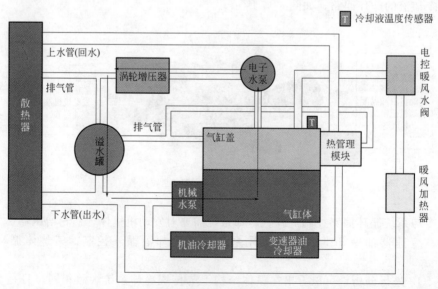

图 4-19 品牌 A 国六发动机冷却系统小循环与增压器循环回路控制流程

② 小循环、涡轮增压器、油冷却器循环回路控制流程。随着发动机运转,水温将不断升高,当达到某个设定温度时,智能热管理模块内部的球阀转动一个角度,使油冷却器的冷

却液管口开启，冷却液流过两个油冷却器并进行散热，同时小循环、涡轮增压器的循环回路依然保持开启状态。

品牌 A 国六发动机冷却系统小循环、涡轮增压器、油冷却器循环回路控制流程如图 4-20 所示。

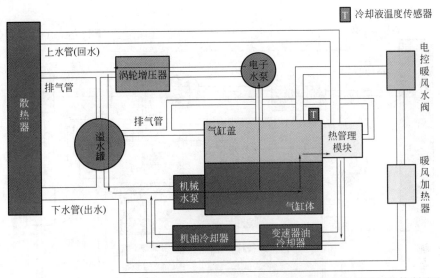

图 4-20　品牌 A 国六发动机冷却系统小循环、涡轮增压器、油冷却器循环回路控制流程

③ 小循环、增压器、油冷却器、大循环循环回路控制流程。随着发动机运转，水温继续升高，当达到某个更高的设定温度时，智能热管理模块内部的球阀继续转动一个角度，油冷却器循环回路的管口依然保持开启，同时大循环回路的管口也开启，冷却液由智能热管理模块流经向散热器，实现大循环回路控制流程。同时，小循环、两个油冷却器涡轮增压器的循环回路依然保持开启状态。

品牌 A 国六发动机冷却系统小循环、涡轮增压器、油冷却器、大循环循环回路控制流程如图 4-21 所示。

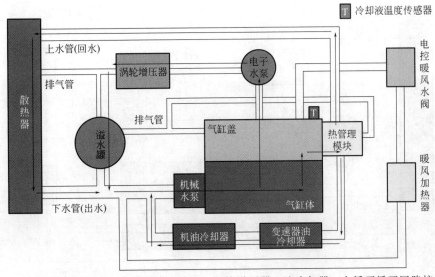

图 4-21　品牌 A 国六发动机冷却系统小循环、涡轮增压器、油冷却器、大循环循环回路控制流程

④ 小循环、涡轮增压器、暖风水循环回路控制流程。暖风水循环回路由空调系统的电控暖风水阀控制，因此与智能热管理模块无关。当开启空调暖风时，空调控制模块根据相关控制策略控制电控暖风水阀开启，使冷却液流经暖风加热器，从而实现空调暖风控制功能。

品牌 A 国六发动机冷却系统小循环、涡轮增压器、暖风水循环回路控制流程如图 4-22 所示。

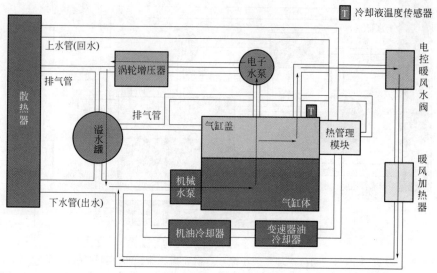

图 4-22　品牌 A 国六发动机冷却系统小循环、涡轮增压器、暖风水循环回路控制流程

⑤ 冷却系统排气循环回路控制流程。冷却系统在工作过程中需要不断进行排气，否则会因气阻出现高温"开锅"的现象。

整体冷却系统有三条排气管路，分别为散热器、气缸盖和智能热管理模块的管路。这些管路都比较细，而且为优化冷却液流速，防止空气倒流，在相关的管路中设置喉管和单向阀。在实际维修工作中，切勿将单向阀的管路接反，否则有可能人为导致气阻故障。

品牌 A 国六发动机冷却系统排气循环回路控制流程如图 4-23 所示。

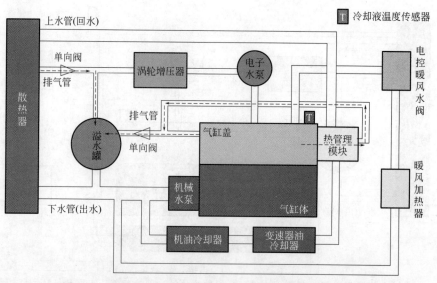

图 4-23　品牌 A 国六发动机冷却系统排气循环回路控制流程

(4)智能热管理模块电路连接。智能热管理模块内部的电机装置由直流电机和位置传感器组成,发动机控制模块利用脉宽调制信号控制直流电机,电机转动的角度信息由位置传感器反馈回发动机控制模块,从而实现智能热管理模块管路闭环控制功能。

品牌 A 国六发动机冷却系统的智能热管理模块电路如图 4-24 所示。

(5)电子水泵。为了在车辆停机后对涡轮增压器余热进行散热,在涡轮增压器的冷却液循环管路中设置一个由发动机控制模块控制的电子水泵。

该电子水泵能够在发动机停机后持续运转一段时间,防止涡轮增压器管路中的机油因过热而焦化,造成涡轮增压器过早损坏。

品牌 A 国六发动机冷却系统的电子水泵安装在排气侧气缸体下部,如图 4-25 所示。

电子水泵由发动机通过电子水泵继电器提供蓄电池电压进行工作,电子水泵继电器设置在发动机舱的熔丝/继电器盒中,如图 4-26 所示。

品牌 A 国六发动机冷却系统的电子水泵电路连接如图 4-27 所示。

(6)机械水泵。在发动机运转过程中,冷却液通过机械水泵的泵压实现液流的循环,这与传统冷却系统是相同的。机械水泵安装在气缸体前

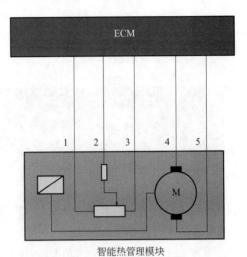

图 4-24 品牌 A 国六发动机冷却系统的智能热管理模块电路
1~5—插头针脚

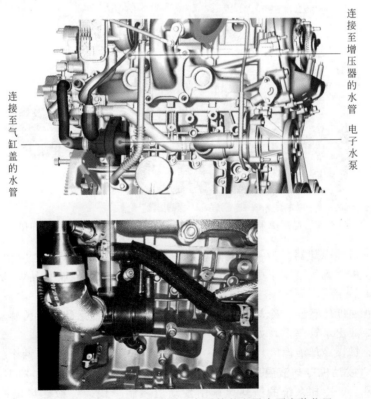

图 4-25 品牌 A 国六发动机冷却系统的电子水泵安装位置

部的水道入口处，其后部接有一个弯头，弯头有两个管口，粗的管口与机械水泵入水孔相连，中等精细的管口与散热器下水管相连，细的管口与发动机机油冷却器的出水管相连，如图 4-28 所示。

图 4-26　电子水泵继电器的安装位置

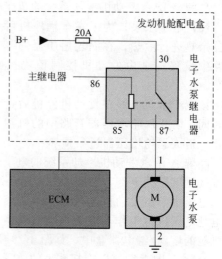

图 4-27　品牌 A 国六发动机冷却系统的电子水泵电路连接

1，2—针脚

图 4-28　品牌 A 国六发动机冷却系统的机械水泵结构及管路连接

（7）发动机机油冷却器。为了加强散热，在冷却系统中安装了一个发动机机油冷却器，该冷却器安装在进气侧气缸体下方，其循环回路由热管理模块控制。品牌 A 国六发动机机油冷却器如图 4-29 所示。

（8）冷却液温度传感器。冷却液温度传感器是一个负温度系数热敏传感器，它安装在气缸盖后部的冷却液出水管座上，如图 4-30 所示。

需要注意的是，冷却液温度传感器有三个针脚，其中只使用 A、C 两个针脚，B 针脚空置。品牌 A 国六发动机冷却液温度传感器针脚排列及线路连接图如图 4-31 所示。

（9）散热风扇。冷却系统的散热风扇由发动机控制模块通过散热风扇控制模块进行控制，散热风扇控制模块安装在散热器支架上，如图 4-32 所示。

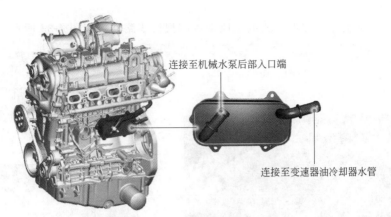

图 4-29　品牌 A 国六发动机机油冷却器

图 4-30　品牌 A 国六发动机冷却液温度传感器的安装位置

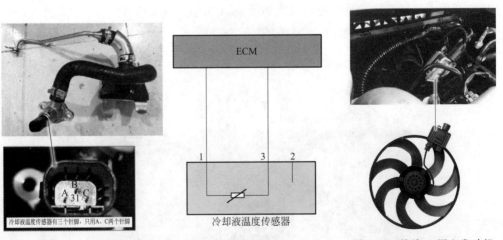

图 4-31　品牌 A 国六发动机冷却液温度传感器
针脚排列及线路连接
1～3—插头针脚

图 4-32　品牌 A 国六发动机
冷却系统的散热风扇
及其控制模块

根据发动机温度、负荷、转速、制冷等工况需求，发动机控制模块通过脉宽调制信号向散热风扇控制模块发出指令，然后由散热风扇控制模块控制散热风扇电机的工作电流，从而

第四章　冷却系统技术改进与故障检修　119

控制散热风扇转速。

品牌 A 国六发动机冷却系统的散热风扇控制模块线路连接如图 4-33 所示。

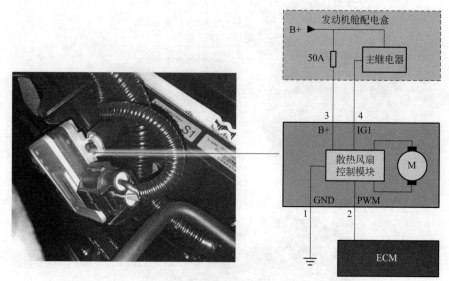

图 4-33　品牌 A 国六发动机冷却系统的散热风扇控制模块线路连接
1～4—插头针脚

3. 品牌 B 电控热管理模块冷却系统

（1）电控热管理模块冷却系统整体结构及性能特点。品牌 B 国六发动机冷却系统是在原来传统节温器控制大、小循环的基础上采用电控旋转阀组件创新型热量管理系统。

创新型热量管理系统是针对发动机和变速器的一项智能冷启动暖机程序，它可实现全变发动机温度调节，对冷却液液流进行目标控制。

品牌 B 国六发动机冷却系统左侧视图如图 4-34 所示。

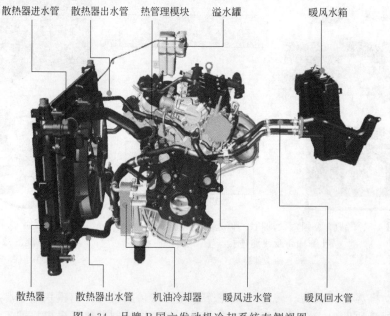

图 4-34　品牌 B 国六发动机冷却系统左侧视图

品牌 B 国六发动机冷却系统右侧视图如图 4-35 所示。

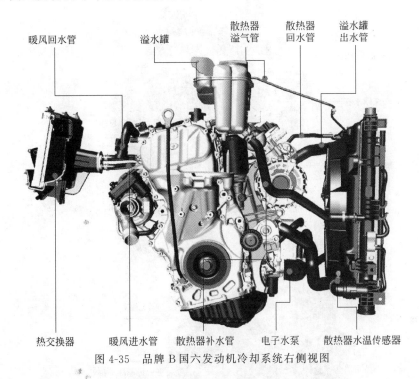

图 4-35　品牌 B 国六发动机冷却系统右侧视图

（2）热管理模块。热管理模块安装气缸体的侧部，如图 4-36 所示。

热管理模块是一个由电机驱动的球阀（旋转滑阀）装置，发动机控制模块通过热管理模块的电动执行器驱动其内部的旋转滑阀，打开或关闭相应的管口，控制冷却液的流动方向，实现工况下快速暖机、降低摩擦及油耗等功能。

品牌 B 国六发动机热管理模块结构说明（一）如图 4-37 所示。

品牌 B 国六发动机热管理模块结构说明（二）如图 4-38 所示。

品牌 B 国六发动机热管理模块分解如图 4-39 所示。

热管理模块对内部球阀的角度进行精准控制，依据参考主要包括发动机转速、负荷、水温等。发动机控制模块向电动执行器发送脉宽调制信号，电机驱动球阀旋转至相应位置，控制相应的冷却液管口。电动执行器的位置传感器向发动机控制模块反馈球阀的实时位置，从而形成整个控制过程的闭环控制。

图 4-36　品牌 B 国六发动机热管理模块的安装位置

品牌 B 国六发动机热管理模块的电动执行器线路连接如图 4-40 所示。

品牌 B 国六发动机热管理模块线束插头针脚排列如图 4-41 所示。

第四章　冷却系统技术改进与故障检修

图 4-37　品牌 B 国六发动机热管理模块结构说明（一）

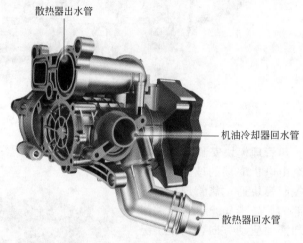

图 4-38　品牌 B 国六发动机热管理模块结构说明（二）

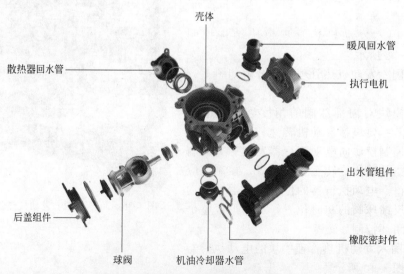

图 4-39　品牌 B 国六发动机热管理模块分解

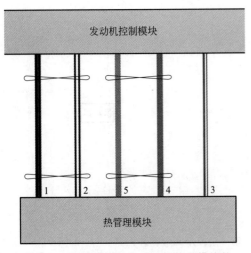

图 4-40 品牌 B 国六发动机热管理模块的电动执行器线路连接

1~5—插头针脚

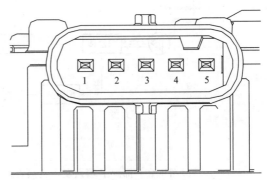

图 4-41 品牌 B 国六发动机热管理模块线束插头针脚排列

1~5—插头针脚

品牌 B 国六发动机热管理模块线束插头针脚定义如表 4-1 所示。

表 4-1 品牌 B 国六发动机热管理模块线束插头针脚定义

针脚号	定义
1	控制电机正极/负极
2	控制电机正极/负极
3	输入电压
4	信号输出
5	接地

(3) 冷却系统循环回路控制流程。热管理模块对冷却系统循环回路进行四个阶段的控制，其各阶段主要冷却管路工作情况如表 4-2 所示。

表 4-2 品牌 B 国六发动机热管理模块各阶段主要冷却管路工作情况

阶段	增压器	小循环	机油冷却器	大循环
第一阶段	常通	关	关	关
第二阶段	常通	开度 40%	关	关
第三阶段	常通	开度 100%	开度 100%	关
第四阶段	常通	关	开度 100%	开度 100%

① 第一阶段：当发动机启动后，为了尽快预热，热管理模块采用旋转滑阀使缸盖实现零流量。此时，增压器循环回路常通，冷却液在水泵、缸体、增压器之间进行循环，如图 4-42 所示。

第一阶段的水温范围为 -40~65℃，球阀不动作，转角约为 20°，如图 4-43 所示。

② 第二阶段：随着温度上升，同时为了避免局部温度过高，开启 40% 小循环通路。冷却液在水泵、增压器、缸体、缸盖之间循环，如图 4-44 所示。

第二阶段的水温范围为 65~75℃ 球阀转角为 20°~40°，如图 4-45 所示。

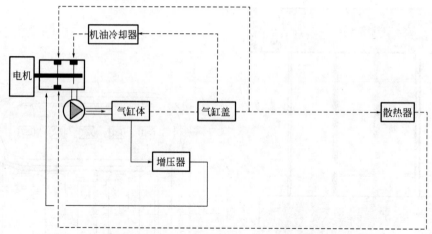

图 4-42 品牌 B 国六发动机热管理模块第一阶段冷却液循环回路

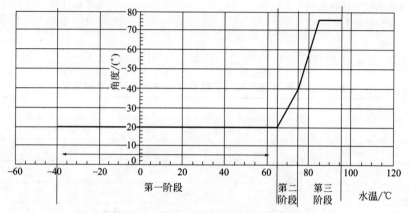

图 4-43 第一阶段的水温范围与球阀转角对应关系

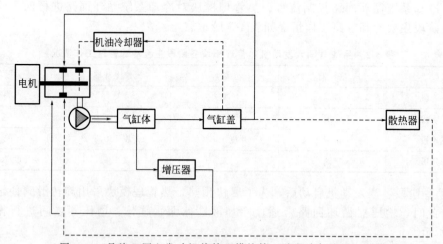

图 4-44 品牌 B 国六发动机热管理模块第二阶段冷却液循环回路

③ 第三阶段：随着温度继续上升，当热机完成后，热管理模块将开启机油冷却器的循环回路，冷却液在水泵、涡轮增压器、缸体、缸盖、机油冷却器之间循环，如图 4-46 所示。

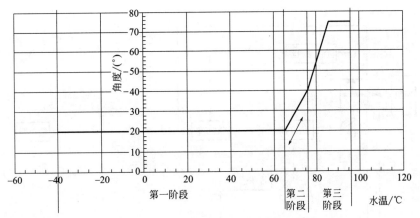

图 4-45 第二阶段的水温范围与球阀转角对应关系

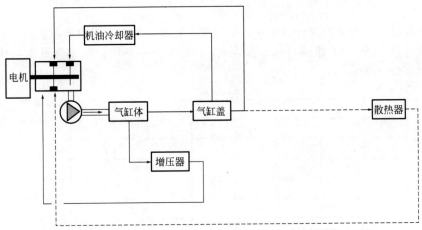

图 4-46 品牌 B 国六发动机热管理模块第三阶段冷却液循环回路

第三阶段的水温范围为 75~95℃，球阀转角为 40°~75°，如图 4-47 所示。

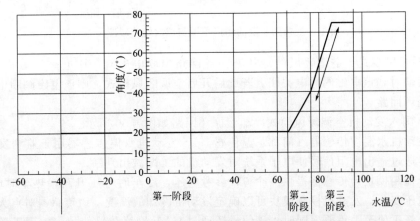

图 4-47 第三阶段的水温范围与球阀转角对应关系

④ 第四阶段：随着温度继续上升，热管理模块打开散热器循环回路，启用大循环散热模式，冷却液在水泵、增压器、缸体、缸盖、机油冷却器、散热器之间循环，如图 4-48

所示。

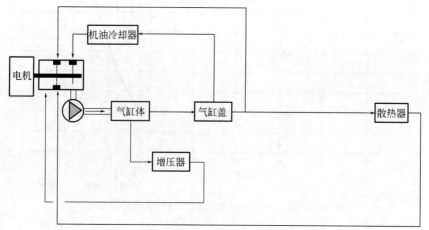

图 4-48　品牌 B 国六发动机热管理模块第四阶段冷却液循环回路

在第四阶段，发动机控制模块根据环境温度、转速、负荷、水温等参数信号调整大循环球阀的开度（75°～155°），维持目标水温为 85～105℃。第四阶段的水温范围与球阀转角对应关系如图 4-49 所示。

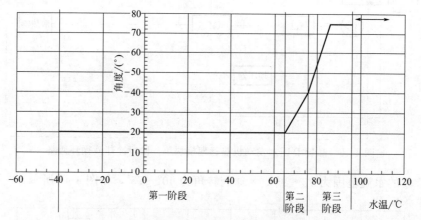

图 4-49　第四阶段的水温范围与球阀转角对应关系

⑤ 空调暖风模式。空调暖风的冷却液循环回路串联电磁阀，该电磁阀为断电常通阀，当发动机启动时，该电磁阀通电关闭。若此后开启空调暖风模式，则该电磁阀断电开启，接通冷却液循环回路。

品牌 B 国六发动机空调暖风模式冷却液循环回路如图 4-50 所示。

（4）发动机水温度传感器（简称水温传感器）。发动机水温传感器用于监测发动机冷却液的温度，通过输出电阻信号使电子系统对发动机的工况做出判断。

发动机控制模块为传感器提供一个 5V 参考电压，冷车时电压升高，热车时电压降低。通过测量电压变化，发动机控制模块可以确定发动机冷却液温度。该传感器对点火正时及燃油喷射量的修正值至关重要。同时，该信号还通过 CAN 网络传输给仪表，用于显示当前发动机的工作温度。

发动机水温传感器常见故障现象：水温指示异常、启动困难、风扇常转等。

发动机水温传感器常见故障原因：使用过程中有不正常高压或大电流；维修过程中使传

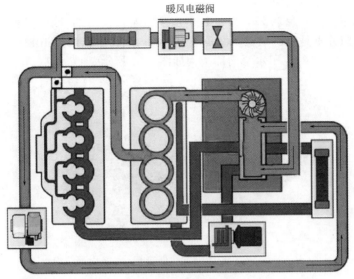

图 4-50　品牌 B 国六发动机空调暖风模式冷却液循环回路

感器壳体受损，内部进水。

发动机水温传感器维修注意事项：发现故障更换发动机水温传感器的时候注意检查电压和电流是否正常。

（5）散热器水温传感器。发动机控制模块向散热器水温传感器提供 5V 参考电压，并监视其电压的变化，发动机冷却液温度越低，传感器的电阻越大，测量电压越高；发动机冷却液温度越高，传感器的电阻越小，测量电压越低。

发动机控制模块通过检测该电阻电压值的变化，将电压信号转换为温度值进行识别。

（6）散热风扇。散热风扇采用的是无刷电机带 PWM 无级调速功能的电动风扇，发动机控制模块通过调整 PWM 信号来调节风扇转速。散热风扇控制模块具有故障反馈功能，若电路出现故障，则发动机控制模块能够根据反馈信号识别故障类型。

品牌 B 国六发动机散热风扇线路连接如图 4-51 所示。

4. 部件检测方法

（1）热管理模块。热管理模块的故障类型包括：外部泄漏、内部球阀卡滞或密封不严、电动执行器性能不良或损坏、线路连接不良等。根据实际产生的故障现象，进行相应的检修工作。

使用万用表对热管理模块电动执行器进行电阻测量，可以初步判断断路、短路等问题。如品牌 A 国六发动机的热管理模块，电机的两个针脚之间电阻为 9～13Ω，位置传感器各针脚之间的电阻为 50～200Ω。

此外需要注意，热管理模块密封圈为一次性零部件，拆下热管理模块后，为防

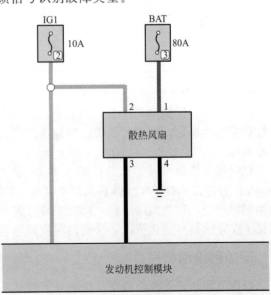

图 4-51　品牌 B 国六发动机散热风扇线路连接
1～4—插头针脚

第四章　冷却系统技术改进与故障检修

止冷却液泄漏，必须更换该密封圈。

（2）电子水泵。如品牌 A 国六发动机的电子水泵，其内部设有电路板，因此电子水泵的两个针脚间电阻并不是电机电阻，而是电路板的内阻，阻值约为 $10\mathrm{k}\Omega$。

品牌 A 国六发动机的电子水泵内部结构如图 4-52 所示。

图 4-52　品牌 A 国六发动机的电子水泵内部结构

此外需要注意，电子水泵的后盖容易脱落，导致内部电路板腐蚀，在实际检修过程中要重点检查外观完好性，如果后盖缺失，应更换电子水泵。

（3）散热风扇。散热风扇基本检查工作如下：检查 PWM 信号线是否短路或断路；检查空调压力及水温传感器是否存在故障；检查蓄电池电压是否正常；检查散热风扇保险是否损坏；检查线束端插接件是否插接到位；检查线束端插接件是否有电；确认空调压力、变速器油温及水温传感器是否存在故障；确认是否有周边件与扇叶干涉；确认风扇内是否有异物，扇叶是否损坏；确认扇叶是否与风罩、电机运动干涉等。

对散热风扇控制模块线束插头的针脚电压进行测量，可以初步判断故障类型及可能原因。如品牌 A 国六发动机的散热风扇控制模块，其线束插头针脚定义如表 4-3 所示。

表 4-3　品牌 A 国六发动机的散热风扇控制模块的线束插头针脚定义

针脚号	定义
1	接地
2	PWM 信号
3	常火电源
4	KEY ON 电源

从表 4-3 的针脚定义来看，当打开点火开关后，3 号和 4 号针脚都应有蓄电池电压，1 号针脚应接地良好，这几个针脚比较容易测量，因此，重点是通过测量 2 号针脚电压来判断故障原因。

此时拔下线束插头，2 号针脚电压约为 0.51V；插上线束插头，2 号针脚电压约为 2.06V。启动发动机后，当散热风扇不转时，2 号针脚电压约为 2.02V。在急速工况下开启空调制冷功能，散热风扇运转，此时 2 号针脚电为 5.4～6.3V。此外，还可以通过频率挡来测量 PWM 的信号变化情况，从而判断故障原因，查找故障点，排除故障。

5. 故障诊断流程

根据电控热管理模块冷却系统的故障类型及严重程度，发动机控制模块判断是否设定故障、点亮故障灯及启用故障运行模式。在实际维修工作中，可以使用诊断仪，结合故障码、数据流及具体的故障症状，参照维修手册内容，进行相应的检修工作，下面举例说明。

（1）热管理模块。根据热管理模块的故障类型，发动机控制模块生成相应的故障码，典型的故障码检测方法如下。

① 故障码：P138E00。故障码定义：TMM阀体卡滞。

故障码报码条件：TMM目标位置和实际位置偏差绝对值过大。

故障可能原因：TMM阀体卡滞。

故障码P138E00的检测方法如表4-4所示。

表4-4 故障码P138E00的检测方法

步骤	操作	是	否
1	把点火开关置于"ON"位置	转第2步	—
2	用诊断仪读取ECM是否有该故障码	转第3步	排查其他故障码
3	TMM位置传感器信号电路是否有接触电阻	维修线束	转第4步
4	将点火开关置于"ON"位置，连接诊断仪，发送故障码清除指令，启动发动机并达到检测启动条件，观察故障码是否再次报出	诊断帮助	系统正常

② 故障码：P139E00。故障码定义：TMM位置传感器关闭位置自学习超限。

故障码报码条件：TMM止点默认位置和自学习位置偏差绝对值过大。

故障可能原因：TMM位置传感器电路有接触电阻；TMM位置传感器特性老化偏移；TMM止点位置偏移。

故障码P139E00的检测方法如表4-5所示。

表4-5 故障码P139E00的检测方法

步骤	操作	是	否
1	把点火开关置于"ON"位置	转第2步	—
2	用诊断仪读取ECM是否有该故障码	转第3步	排查其他故障码
3	TMM位置传感器信号电路是否有接触电阻	维修线束	转第4步
4	更换传感器，故障是否消除	更换传感器	转第5步
5	TMM止点是否发生偏移	维修故障点（TMM）	转第6步
6	将点火开关置于"ON"位置，连接诊断仪，发送故障码清除指令，启动发动机达到检测启动条件，观察故障码是否再次报出	诊断帮助	系统正常

③ 故障码：P170100。故障码定义：TMM控制电路过流。

故障码报码条件：TMM控制电路电流超限。

故障可能原因：TMM控制电路对地短路或对电源短路。

故障码P170100的检测方法如表4-6所示。

表4-6 故障码P170100的检测方法

步骤	操作	是	否
1	把点火开关置于"ON"位置	转第2步	—
2	用诊断仪读取ECM是否有该故障码	转第3步	排查其他故障码
3	检查TMM控制电路是否短路	维修线束	转第4步
4	ECM对应的TMM控制电路引脚是否短路	维修故障点（TMM）	转第5步

步骤	操作	是	否
5	将点火开关置于"ON"位置,连接诊断仪,发送故障码清除指令,启动发动机达到检测启动条件,观察故障码是否再次报出	诊断帮助	系统正常

④ 故障码:P170200。故障码定义:TMM 控制电路通信故障。

故障码报码条件:TMM 控制电路 SPI 故障状态为"True"。

故障可能原因:TMM 控制电路通信故障。

故障码 P170200 的检测方法如表 4-7 所示。

表 4-7　故障码 P170200 的检测方法

步骤	操作	是	否
1	把点火开关置于"ON"位置	转第 2 步	—
2	用诊断仪读取 ECM 是否有该故障码	转第 3 步	排查其他故障码
3	检查 TMM 控制电路通信是否存在故障	维修通信线路	转第 4 步
4	将点火开关置于"ON"位置,连接诊断仪,发送故障码清除指令,启动发动机并达到检测启动条件,观察故障码是否再次报出	诊断帮助	系统正常

⑤ 故障码:P26A387。故障码定义:TMM 位置传感器信号故障(通信协议不满足)。

故障码报码条件:SENT 信号状态为通信协议不满足。

故障可能原因:TMM 位置传感器信号对地短路;ECM 端对应的 TMM 位置传感器信号引脚对地短路。

故障码 P26A387 的检测方法如表 4-8 所示。

表 4-8　故障码 P26A387 的检测方法

步骤	操作	是	否
1	把点火开关置于"ON"位置	转第 2 步	—
2	用诊断仪读取 ECM 是否有该故障码	转第 3 步	排查其他故障码
3	检查 TMM 位置传感器通信是否存在故障	维修故障点	转第 4 步
4	将点火开关置于"ON"位置,连接诊断仪,发送故障码清除指令,启动发动机并达到检测启动条件,观察故障码是否再次报出	诊断帮助	系统正常

⑥ 故障码:P26A581。故障码定义:TMM 位置传感器信号数值超范围(SENT 输入)。

故障码报码条件:SENT 信号状态为数值超范围。

故障可能原因:TMM 位置传感器损坏。

故障码 P26A581 的检测方法如表 4-9 所示。

表 4-9　故障码 P26A581 的检测方法

步骤	操作	是	否
1	把点火开关置于"ON"位置	转第 2 步	—
2	用诊断仪读取 ECM 是否有该故障码	转第 3 步	排查其他故障码
3	检查 TMM 位置传感器是否损坏	维修故障点	转第 4 步

步骤	操作	是	否
4	将点火开关置于"ON"位置,连接诊断仪,发送故障码清除指令,启动发动机并达到检测启动条件,观察故障码是否再次报出	诊断帮助	系统正常

⑦ 故障码:P26A600。故障码定义:TMM 位置传感器信号故障(SENT 信号线对地短路)。

故障码报码条件:SENT 信号状态为对地短路。

故障可能原因:TMM 位置传感器信号对地短路;ECM 端对应的 TMM 位置传感器信号引脚对地短路。

故障码 P26A600 的检测方法如表 4-10 所示。

表 4-10 故障码 P26A600 的检测方法

步骤	操作	是	否
1	把点火开关置于"ON"位置	转第 2 步	—
2	用诊断仪读取 ECM 是否有该故障码	转第 3 步	排查其他故障码
3	检查 TMM 位置传感器电路是否对地短路	维修线束	转第 4 步
4	检查 ECM 端对应的 TMM 位置传感器信号引脚是否对地短路	维修故障点(ECM)	转第 5 步
5	将点火开关置于"ON"位置,连接诊断仪,发送故障码清除指令,启动发动机并达到检测启动条件,观察故障码是否再次报出	诊断帮助	系统正常

⑧ 故障码:P26A700。故障码定义:TMM 位置传感器信号故障(SENT 信号线对电源短路)。

故障码报码条件:SENT 信号状态为对电源短路。

故障可能原因:TMM 位置传感器信号对电源短路;ECM 端对应的 TMM 位置传感器信号引脚对电源短路。

故障码 P26A700 的检测方法如表 4-11 所示。

表 4-11 故障码 P26A700 的检测方法

步骤	操作	是	否
1	把点火开关置于"ON"位置	转第 2 步	—
2	用诊断仪读取 ECM 是否有该故障码	转第 3 步	排查其他故障码
3	检查 TMM 位置传感器电路是否对电源短路	维修线束	转第 4 步
4	检查 ECM 端对应的 TMM 位置传感器信号引脚是否对电源短路	维修故障点(ECM)	转第 5 步
5	将点火开关置于"ON"位置,连接诊断仪,发送故障码清除指令,启动发动机并达到检测启动条件,观察故障码是否再次报出	诊断帮助	系统正常

⑨ 故障码:P26CA00。故障码定义:TMM 控制电路开路。

故障码报码条件:TMM 控制电路阻抗超限。

故障可能原因:TMM 控制电路线束开路;ECM 对应的 TMM 控制电路引脚开路。

故障码 P26CA00 的检测方法如表 4-12 所示。

表 4-12　故障码 P26CA00 的检测方法

步骤	操作	是	否
1	把点火开关置于"ON"位置	转第 2 步	—
2	用诊断仪读取 ECM 是否有该故障码	转第 3 步	排查其他故障码
3	TMM 控制电路线束是否开路	维修线束	转第 4 步
4	ECM 对应的 TMM 控制电路引脚是否开路	维修故障点（ECM）	转第 5 步
5	将点火开关置于"ON"位置，连接诊断仪，发送故障码清除指令，启动发动机并达到检测启动条件，观察故障码是否再次报出	诊断帮助	系统正常

⑩ 故障码：P26CD00。故障码定义：TMM 控制电路电压过高或过低。

故障码报码条件：TMM 控制电路电压超限。

故障可能原因：TMM 控制电路对地短路或对电源短路。

故障码 P26CD00 的检测方法如表 4-13 所示。

表 4-13　故障码 P26CD00 的检测方法

步骤	操作	是	否
1	把点火开关置于"ON"位置	转第 2 步	—
2	用诊断仪读取 ECM 是否有该故障码	转第 3 步	排查其他故障码
3	检查 TMM 控制电路是否短路	维修线束	转第 4 步
4	ECM 对应的 TMM 控制电路引脚是否短路	维修故障点（ECM）	转第 5 步
5	将点火开关置于"ON"位置，连接诊断仪，发送故障码清除指令，启动发动机达到检测启动条件，观察故障码是否再次报出	诊断帮助	系统正常

（2）水温传感器。根据水温传感器的故障类型，发动机控制模块生成相应的故障码，典型的故障码检测方法如下。

① 故障码：P050C23。故障码定义：水温传感器冷启动校验不合理（负偏差）。

故障码报码条件：水温传感器冷启动与模型值偏差过大。

故障可能原因：水温传感器内阻不合理。

故障码 P050C23 的检测方法如表 4-14 所示。

表 4-14　故障码 P050C23 的检测方法

步骤	操作	是	否
1	把点火开关置于"ON"位置	转第 2 步	—
2	用诊断仪读取 ECM 是否有该故障码	转第 3 步	排查其他故障码
3	检查线束是否存在接触电阻	维修线束	转第 4 步
4	检查水温传感器内阻值是否与正常值偏移很大	更换水温传感器	转第 5 步
5	将点火开关置于"ON"位置，连接诊断仪，发送故障码清除指令，启动发动机并达到检测启动条件，观察故障码是否再次报出	诊断帮助	系统正常

② 故障码：P050C24。故障码定义：水温传感器冷启动校验不合理（正偏差）。

故障码报码条件：水温传感器冷启动与模型值偏差过大。
故障可能原因：水温传感器内阻不合理。
故障码 P050C24 的检测方法如表 4-14 所示。

③ 故障码：P011623。故障码定义：水温传感器信号不合理（低边）。
故障码报码条件：水温传感器信号低于最低模型值 30℃。
故障可能原因：水温传感器内阻不合理。
故障码 P011623 的检测方法如表 4-14 所示。

④ 故障码：P011700。故障码定义：水温传感器信号电压过低。
故障码报码条件：水温传感器信号电压低于 0.09V。
故障可能原因：水温传感器信号电路对地短路；水温传感器信号异常。
故障码 P011700 的检测方法如表 4-15 所示。

表 4-15 故障码 P011700 的检测方法

步骤	操作	是	否
1	把点火开关置于"ON"位置	转第 2 步	—
2	用诊断仪读取 ECM 是否有该故障码	转第 3 步	排查其他故障码
3	不启动发动机，观察水温传感器数据流是否远高于合理温度范围；也可用万用表测量水温传感器信号端电压，是否接近或等于 0V	转第 4 步	—
4	点火开关置于"OFF"位置，检查水温传感器信号电路是否对地短路	维修线束	转第 5 步
5	检查水温传感器是否损坏	更换水温传感器	转第 6 步
6	将点火开关置于"ON"位置，连接诊断仪，发送故障码清除指令，启动发动机达到检测启动条件，观察故障码是否再次报出	诊断帮助	系统正常

⑤ 故障码：P011800。故障码定义：水温传感器信号电压过高。
故障码报码条件：水温传感器信号电压高于 4.9V。
故障可能原因：接插件接插不实或接触不良；水温传感器信号电路对电源短路或开路；水温传感器信号损坏。
故障码 P011800 的检测方法如表 4-16 所示。

表 4-16 故障码 P011800 的检测方法

步骤	操作	是	否
1	把点火开关置于"ON"位置	转第 2 步	—
2	用诊断仪读取 ECM 是否有该故障码	转第 3 步	排查其他故障码
3	不启动发动机，观察水温传感器数据是否远低于当前环境温度；也可用万用表测量水温传感器信号电路电压是否接近或等于 5V	转第 4 步	—
4	点火开关置于"OFF"位置，检查接插件是否接插不实或接触不良	重新接插	转第 5 步
5	检查水温传感器信号电路是否对电源短路或断路	维修线束	转第 6 步
6	检查水温传感器参考电路是否断路	维修线束	转第 7 步
7	检查水温传感器是否损坏	更换水温传感器	转第 8 步
8	将点火开关置于"ON"位置，连接诊断仪，发送故障码清除指令，启动发动机达到检测启动条件，观察故障码是否再次报出	诊断帮助	系统正常

⑥ 故障码：P011900。故障码定义：水温传感器电路电压不合理。
故障码报码条件：水温传感器电压跳动。
故障可能原因：水温传感器信号电路接触不良。
故障码 P011900 的检测方法如表 4-17 所示。

表 4-17 故障码 P011900 的检测方法

步骤	操作	是	否
1	把点火开关置于"ON"位置	转第 2 步	—
2	用诊断仪读取 ECM 是否有该故障码	转第 3 步	排查其他故障码
3	检查水温传感器信号电路是否接触不良	维修线束	转第 4 步
4	将点火开关置于"ON"位置，连接诊断仪，发送故障码清除指令，启动发动机并达到检测启动条件，观察故障码是否再次报出	诊断帮助	系统正常

（3）散热器水温传感器。根据散热器水温传感器的故障类型，发动机控制模块生成相应的故障码，典型的故障码检测方法如下。

① 故障码：P218323。故障码定义：散热器水温传感器冷启动校验不合理（正偏差）。
故障码报码条件：散热器水温传感器冷启动与模型值偏差过大。
故障可能原因：散热器水温传感器内阻不合理。
故障码 P218323 的检测方法如表 4-18 所示。

表 4-18 故障码 P218323 的检测方法

步骤	操作	是	否
1	把点火开关置于"ON"位置	转第 2 步	—
2	用诊断仪读取 ECM 是否有该故障码	转第 3 步	排查其他故障码
3	检查线束是否存在接触电阻	维修线束	转第 4 步
4	检查散热器水温传感器内阻值是否与正常值偏移很大	更换散热器水温传感器	转第 5 步
5	将点火开关置于"ON"位置，连接诊断仪，发送故障码清除指令，启动发动机达到检测启动条件，观察故障码是否再次报出	诊断帮助	系统正常

② 故障码：P218324。故障码定义：散热器水温传感器冷启动校验不合理（负偏差）。
故障码报码条件：散热器水温传感器冷启动与模型值偏差过大。
故障可能原因：散热器水温传感器内阻不合理。
故障码 P218324 的检测方法如表 4-18 所示。

③ 故障码：P218400。故障码定义：散热器水温传感器信号电压过低。
故障码报码条件：散热器水温传感器信号电压低于 0.09V。
故障可能原因：散热器水温传感器信号电路对地短路；散热器水温传感器信号异常。
故障码 P218400 的检测方法如表 4-19 所示。

表 4-19 故障码 P218400 的检测方法

步骤	操作	是	否
1	把点火开关置于"ON"位置	转第 2 步	—
2	用诊断仪读取 ECM 是否有该故障码	转第 3 步	排查其他故障码

步骤	操作	是	否
3	不启动发动机,观察散热器水温传感器数据流是否远高于合理温度范围;也可用万用表测量散热器水温传感器信号端电压,是否接近或等于0V	转第4步	—
4	点火开关置于"OFF"位置,检查散热器水温传感器信号电路是否对地短路	维修线束	转第5步
5	检查散热器水温传感器是否损坏	更换散热器水温传感器	转第6步
6	将点火开关置于"ON"位置,连接诊断仪,发送故障码清除指令,启动发动机并达到检测启动条件,观察故障码是否再次报出	诊断帮助	系统正常

④ 故障码:P218500。故障码定义:散热器水温传感器信号电压过高。

故障码报码条件:散热器水温传感器信号电压高于4.9V。

故障可能原因:接插件接插不实或接触不良;散热器水温传感器信号电路对电源短路或开路;散热器水温传感器信号损坏。

故障码 P218500 的检测方法如表 4-20 所示。

表 4-20 故障码 P218500 的检测方法

步骤	操作	是	否
1	把点火开关置于"ON"位置	转第2步	—
2	用诊断仪读取ECM是否有该故障码	转第3步	排查其他故障码
3	不启动发动机,观察散热器水温传感器数据是否远低于当前环境温度;也可用万用表测量散热器水温传感器信号电路电压是否接近或等于5V	转第4步	—
4	点火开关置于"OFF"位置,检查接插件接插不实或接触不良	重新插接	转第5步
5	检查散热器水温传感器信号电路是否对电源短路或断路	维修线束	转第6步
6	检查散热器水温传感器参考电路是否断路	维修线束	转第7步
7	检查散热器水温传感器是否损坏	更换散热器水温传感器	转第8步
8	将点火开关置于"ON"位置,连接诊断仪,发送故障码清除指令,启动发动机并达到检测启动条件,观察故障码是否再次报出	诊断帮助	系统正常

(4) 冷却风扇(散热风扇)。根据冷却风扇的故障类型,发动机控制模块生成相应的故障码,典型的故障码检测方法如下。

① 故障码:P048000。故障码定义:冷却风扇继电器控制电路故障。

故障码报码条件:驱动通道自诊断故障。

故障可能原因:冷却风扇继电器控制电路开路;ECM端对应的冷却风扇继电器控制电路引脚开路。

故障码 P048000 的检测方法如表 4-21 所示。

表 4-21 故障码 P048000 的检测方法

步骤	操作	是	否
1	把点火开关置于"ON"位置	转第2步	—

步骤	操作	是	否
2	用诊断仪读取 ECM 是否有该故障码	转第 3 步	排查其他故障码
3	检查接插件是否接插不实或接触不良	重新接插	转第 4 步
4	检查冷却风扇继电器电路信号端是否开路	维修线束	转第 5 步
5	检查冷却风扇继电器是否故障(熔丝熔断或损坏)	排查故障	转第 6 步
6	检查 ECM 端对应的冷却风扇继电器引脚是否开路或内部电路损坏	排查故障(ECM)	转第 6 步
7	将点火开关置于"ON"位置,连接诊断仪,发送故障码清除指令,启动发动机并达到检测启动条件,观察故障码是否再次报出	诊断帮助	系统正常

② 故障码:P048371。故障码定义:冷却风扇合理性第 1 类型故障。

故障码报码条件:风扇反馈信号类型为故障类型 1。

故障可能原因:风扇堵转。

故障码 P048371 的检测方法如表 4-22 所示。

表 4-22　故障码 P048371 的检测方法

步骤	操作	是	否
1	把点火开关置于"ON"位置	转第 2 步	—
2	用诊断仪读取 ECM 是否有该故障码	转第 3 步	排查其他故障码
3	检查冷却风扇是否被堵住	排查故障	转第 4 步
4	将点火开关置于"ON"位置,连接诊断仪,发送故障码清除指令,启动发动机并达到检测启动条件,观察故障码是否再次报出	诊断帮助	系统正常

③ 故障码:P048372。故障码定义:冷却风扇合理性第 2 类型故障。

故障码报码条件:风扇反馈信号类型为故障类型 2。

故障可能原因:风扇过载。

故障码 P048372 的检测方法如表 4-23 所示。

表 4-23　故障码 P048372 的检测方法

步骤	操作	是	否
1	把点火开关置于"ON"位置	转第 2 步	—
2	用诊断仪读取 ECM 是否有该故障码	转第 3 步	排查其他故障码
3	检查冷却风扇负载过高	排查故障	转第 4 步
4	将点火开关置于"ON"位置,连接诊断仪,发送故障码清除指令,启动发动机并达到检测启动条件,观察故障码是否再次报出	诊断帮助	系统正常

④ 故障码:P048373。故障码定义:冷却风扇合理性第 3 类型故障。

故障码报码条件:风扇反馈信号类型为故障类型 3。

故障可能原因:风扇供电电压过高或过低。

故障码 P048373 的检测方法如表 4-24 所示。

表 4-24 故障码 P048373 的检测方法

步骤	操作	是	否
1	把点火开关置于"ON"位置	转第 2 步	—
2	用诊断仪读取 ECM 是否有该故障码	转第 3 步	排查其他故障码
3	检查冷却风扇供电电压是否过高或过低	排查故障	转第 4 步
4	将点火开关置于"ON"位置,连接诊断仪,发送故障码清除指令,启动发动机并达到检测启动条件,观察故障码是否再次报出	诊断帮助	系统正常

⑤ 故障码：P048374。故障码定义：冷却风扇合理性第 4 类型故障。

故障码报码条件：风扇反馈信号类型为故障类型 4。

故障可能原因：风扇控制电路过温。

故障码 P048374 的检测方法如表 4-25 所示。

表 4-25 故障码 P048374 的检测方法

步骤	操作	是	否
1	把点火开关置于"ON"位置	转第 2 步	—
2	用诊断仪读取 ECM 是否有该故障码	转第 3 步	排查其他故障码
3	检查冷却风扇控制电路电压是否短路或过载	排查故障	转第 4 步
4	将点火开关置于"ON"位置,连接诊断仪,发送故障码清除指令,启动发动机并达到检测启动条件,观察故障码是否再次报出	诊断帮助	系统正常

⑥ 故障码：P048375。故障码定义：冷却风扇合理性第 5 类型故障。

故障码报码条件：风扇反馈信号类型为故障类型 5。

故障可能原因：风扇内部故障。

故障码 P048375 的检测方法如表 4-26 所示。

表 4-26 故障码 P048375 的检测方法

步骤	操作	是	否
1	把点火开关置于"ON"位置	转第 2 步	—
2	用诊断仪读取 ECM 是否有该故障码	转第 3 步	排查其他故障码
3	更换冷却风扇	转第 4 步	—
4	将点火开关置于"ON"位置,连接诊断仪,发送故障码清除指令,启动发动机达到检测启动条件,观察故障码是否再次报出	诊断帮助	系统正常

三、双冷却系统

1. 品牌 A 双冷却系统

（1）整体结构特点。品牌 A 双冷却系统是加压型，配有储液罐。离心式机械水泵用于整个系统中的冷却液循环，节温器用于控制冷却系统的大、小循环回路。

由于该车型的发动机采用水冷式中冷器，因此冷却系统在原有的结构基础上分为两个工作系统：高温冷却系统和低温冷却系统，其整体结构如下图 4-53 所示。

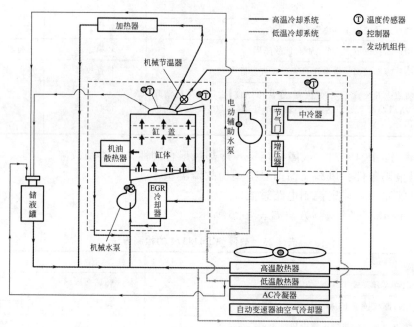

图 4-53　品牌 A 双冷却系统整体结构

高温冷却系统是传统的冷却系统，主要用于调节发动机的工作温度，使发动机能够尽快达到并保持正常的运行温度，防止过热。系统通过高温散热器（HT Radiator，即传统的散热器）进行散热。

低温冷却系统是涡轮增压器的温度控制系统，其回路流经进气歧管内部的水冷式中冷器、电子节气门体、涡轮增压器，通过低温散热器（LT Radiator，与冷凝器集成一体的结构形式）进行散热。系统配置电动辅助水泵，可防止发动机关闭后因废气涡轮增压器温度过高造成的机油焦化。

此外，冷却系统还提供了乘客舱加热、EGR 废气冷却、发动机机油冷却等功能。

（2）冷却液储液罐。冷却液储液罐位于发动机舱前围板左侧支架上，如图 4-54 所示。

冷却液储液罐用于加注冷却液、检查冷却液位、储存冷却液和密封冷却系统，以及起到提供冷却液膨胀空间等作用。高温冷却系统和低温冷却系统共用该冷却液储液罐。

注意：发动机热态时冷却系统带有压力。为避免烫伤，发动机热态时不可打开储液罐盖。

（3）机械水泵。机械水泵安装在发动机前部，由附件皮带驱动，如图 4-55 所示。

该水泵将冷却液从散热器底部吸出并加压输送到气缸体水套，冷却液吸收热量后温度升高，继而流到气缸盖水套，对气缸盖进行冷却，然后从气缸盖顶部的节温器流回散热器（大循环），由此维持发动机正常的工作温度。

（4）节温器。该节温器是传统的石蜡式，它安装在气缸盖顶部与散热器之间的铝制管道中，如图 4-56 所示。

当发动机温度较低时，节温器处于关闭状态，冷却液流经发动机、发动机机油冷却器、水泵、EGR 冷却器、空调加热器、水冷式中冷器、节气门体等部件，但不流经高温散热器，由此形成小循环回路。当发动机热机温度达到 90℃ 时，节温器开启，冷却液流经高温散热器，由此形成大循环回路。

图 4-54　品牌 A 双冷却系统的冷却液储液罐　　图 4-55　品牌 A 双冷却系统的机械水泵

（5）高温散热器。高温散热器也就是传统的散热器，它安装在发动机舱的前围板支架内侧，冷凝器总成的后方，如图 4-57 所示。

图 4-56　品牌 A 双冷却系统的节温器　　图 4-57　品牌 A 双冷却系统的高温散热器

当冷却系统处于小循环工况时，冷却液不流经高温散热器。当冷却系统处于大循环时，冷却液流经高温散热器，从而加强对冷却液的散热效果。

（6）气缸盖出口冷却液温度传感器。气缸盖出口冷却液温度传感器是一个两针热敏电阻传感器，它安装在节温器的铝制管道上，即位于节温器的进口侧，如图 4-58 所示。

发动机控制模块根据该传感器信号识别气缸盖出口冷却流温度，从而对冷却系统进行精确控制。

（7）气缸盖冷却液温度传感器。气缸盖冷却液温度传感器是一个两针热敏电阻传感器，它安装在气缸盖排气侧的机体上，如图 4-59 所示。

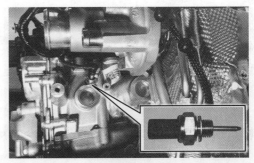

图 4-58　品牌 A 双冷却系统的气缸盖　　图 4-59　品牌 A 双冷却系统的气缸盖
　　　　　出口冷却液温度传感器　　　　　　　　　　冷却液温度传感器

发动机控制模块根据该传感器信号识别气缸盖温度，从而对冷却系统进行精确控制。

第四章　冷却系统技术改进与故障检修

(8) 中冷器出口冷却液温度传感器。中冷器出口冷却液温度传感器是一个两针热敏传感器，它安装中冷器出口的塑料管道上，如图4-60所示。

发动机控制模块根据该传感器信号识别中冷器出口温度，从而对冷却系统进行精确控制。

(9) 低温散热器。低温散热器是一个新型部件，它采用与AC冷凝器集成的结构形式，其外观与AC冷凝器总成浑然一体，如图4-61所示。

图4-60 品牌A双冷却系统的中冷器出口
冷却液温度传感器

图4-61 品牌A双冷却系统的低温散热器

该总成件的结构特点是：上部用于AC制冷剂散热，即冷凝器，有两根金属管与空调制冷系统相连；下部用于低温冷却系统的冷却液散热，有两根软管与低温冷却系统相连。

(10) 电动辅助水泵。电动辅助水泵位于发动机左前下方，从车底可以清楚地看到它的安装位置，如图4-62所示。

电动辅助水泵有两条管路，其中一条与低温散热器（与AC冷凝器集成在一起）相连，另一条与涡轮增压器的冷却液管路相连。

PCM根据冷却液温度特性曲线数据对电动辅助水泵进行控制，避免涡轮增压器涡轮轴上的机油焦化结炭。

当发动机热机关闭后，电动辅助水泵继续工作一段时间，将较凉的冷却液逆着发动机运转时的流动方向进行泵送，被泵吸的冷却液经过涡轮增压器，然后流回低温散热器，从而带走残余的热量。

(11) 电动散热风扇。冷却系统配置两个电动散热风扇，它们位于散热器后部的支架上，从车底能够清楚地看到安装位置，如图4-63所示。

图4-62 品牌A双冷却系统的电动辅助水泵

图4-63 品牌A双冷却系统的电动散热风扇

发动机控制模块根据发动机工况及其他系统的热负荷需求（如空调制冷剂压力）对电动散热风扇进行控制，从而确保车辆运行工况正常。

(12) 主动闭合式进气格栅。主动闭合进气格栅具有发动机进气与散热两大功能,它安装在前保险杠内侧,如图4-64所示。

作为发动机舱的"窗户",普通进气格栅是固定开启状态下的百叶窗,主动闭合式进气格栅则是可以调节开合度的百叶窗。能够调节开合度,也就意味着可以控制进气与散热,其优势主要体现在以下两个方面。

① 更短的热车时间。当车辆启动之后,主动闭合式进气格栅根据发动机的温度自动调节开合度,从而达到快速热车的效果。这种优势尤其在寒冷的冬季显得更为突出,发动机能够尽快地达到正常工作,同时缩短空调系统吹出热风的时间,提高了乘用舒适性。

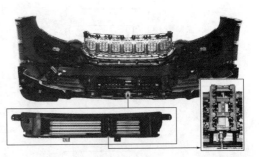

图4-64 品牌A双冷却系统的主动闭合式进气格栅

② 更低的风阻系数。作为一项空气动力学优化设计产品,主动闭合式进气格栅如果适时关闭,如当车速高于60km/h时,在确保无须额外空气冷却时,发动机控制模块将控制主动闭合式进气格栅关闭,为车辆带来更低的风阻系数,从而提高车辆稳定性与燃油经济性。

2. 品牌B双冷却系统

(1) 整体结构特点。品牌B国六发动机由于采用中冷式水冷器,因此相应配置双冷却系统。该双冷却系统包括高温冷却系统和低温冷却系统:其中高温冷却系统通过高温散热器冷却发动机,防止发动机过热;低温冷却系统通过低温散热器冷却增压器及中冷器,降低进气温度及增压器温度。

品牌B国六发动机高温冷却系统结构原理如图4-65所示。

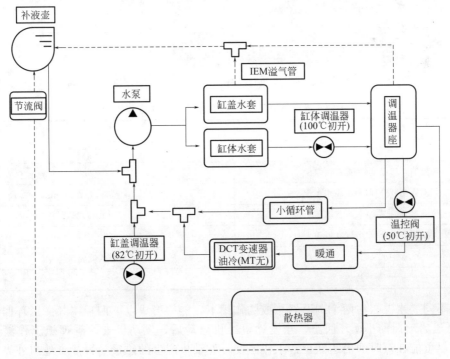

图4-65 品牌B国六发动机高温冷却系统结构原理

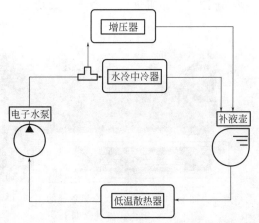

图 4-66 品牌 B 国六发动机低温冷却系统结构原理

品牌 B 国六发动机低温冷却系统结构原理如图 4-66 所示。

（2）高温冷却系统。高温冷却系统包括散热器、暖通、变速器油冷却器、补液壶、软管、水泵、调温器、温控阀等。

高温冷却系统配置两个调温器总成：调温器总成 I 安装在气缸盖后部，其内部还集成了一个温控制阀；调温器总成 II 安装在机械水泵处。这两个调温器总成的安装及作用如图 4-67 所示。

品牌 B 国六发动机高温冷却系统规格说明如表 4-27 所示。

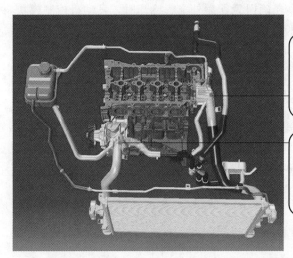

- 调温器总成 I 装在缸盖后端，控制缸体水套开闭
- 同时集成温控阀，温控阀用于控制暖通支路的开启和关闭

- 调温器总成 II 装在缸体进气侧水泵总成上
- 调温器总成 II 用于控制散热器回路的开启和关闭

图 4-67 品牌 B 国六发动机高温冷却系统的调温器总成安装位置及作用

表 4-27 品牌 B 国六发动机高温冷却系统规格说明

部件规格	说明
调温器类型	石蜡式
调温器开启温度（装配在水泵上）	(82±2)℃
调温器全开升程（装配在水泵上）	95℃水温时，升程≥8mm
调温器开启温度（装配在缸盖上）	(100±2)℃
调温器全开升程（装配在缸盖上）	115℃水温时，升程≥8mm
水泵类型	离心式叶轮泵
水泵叶片数	6 片

根据不同的水温，在两个调温器总成的作用下，能够形成以下四种冷却液循环回路。

① 低温启动后的小循环回路。当发动机冷机启动后，发动机未达到理想工作温度，需要冷却液尽可能在短时间内达到正常工作温度，发动机产生的热量尽可能少地与外界发生热交换。

此时所有的调温器、温控阀都未开启，使得冷却液只在发动机内部循环流动，把缸盖壁面周围产生的热量带到发动机其他部位，使其温度迅速上升，水泵使缸体内的发动机冷却液循环流动，然后发动机冷却液在发动机缸盖水套、小循环和水泵内循环，这种状态称为小循环回路流程，如图 4-68 所示。

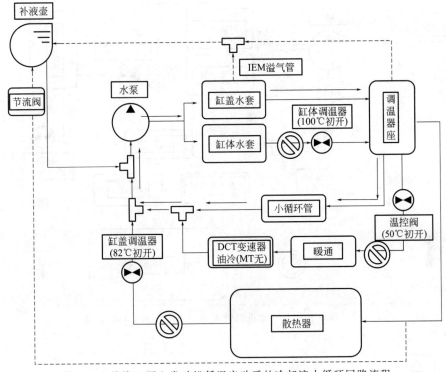

图 4-68　品牌 B 国六发动机低温启动后的冷却液小循环回路流程

② 温控阀开启的冷却液循环回路流程。当发动机出水水温达到 50℃时，由于暖通的采暖需求，温控阀（集成在调温器总成Ⅰ内）开启，部分冷却液从调温器处流向暖通，再流到变速器油冷却器，与小循环冷却液汇集，流回水泵。此时发动机仍未达到理想工作温度（一般 90℃左右），水温会继续升高，直至达到冷却液的平衡温度。

品牌 B 国六发动机温控阀开启的冷却液循环回路流程如图 4-69 所示。

③ 冷却液大循环回路流程。当冷却液温度达到目标温度（进水 82℃）时，进水处的缸盖调温器（调温器总成Ⅱ）开启，散热器管路开启，冷却液被水泵泵压并流经缸盖水套、暖通、变速器油冷却器、散热器等部件，形成大循环回路。

品牌 B 国六发动机冷却液大循环回路流程如图 4-70 所示。

④ 高温工况的缸体冷却液循环回路流程。当调温器座处水温达到 100℃以后，缸体调温器（调温器总成Ⅰ控制缸体水套的蜡包）开始开启，对缸体冷却液进行外部循环冷却。当水温达到至 110℃时，缸体调温器完全开启，以防止缸体、缸套过热。

品牌 B 国六发动机高温工况的缸体冷却液循环回路流程如图 4-71 所示。

⑤ 调温器总成Ⅰ。调温器总成Ⅰ安装在气缸盖后部的水道上，其内部集成两个石蜡元件：调温器Ⅰ（缸体调温器）和温控阀。调温器Ⅰ用于控制缸体冷却液进行外部循环回路，在 100℃开启。温控阀用于控制暖通的冷却液循环回路，在 50℃开启。

调温器总成Ⅰ的结构形式如图 4-72 所示。

调温器总成Ⅰ的管口及调温装置说明如图 4-73 所示。

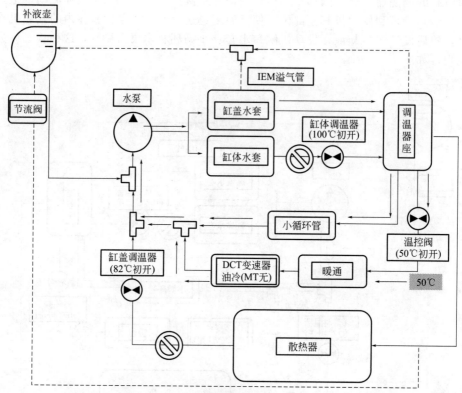

图 4-69 品牌 B 国六发动机温控阀开启的冷却液循环回路流程

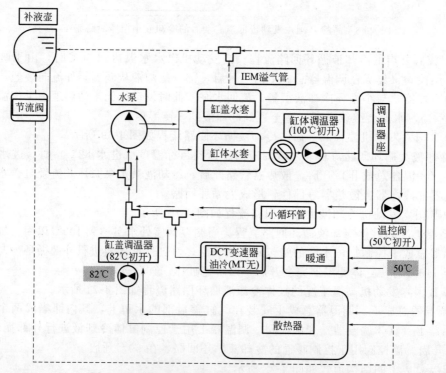

图 4-70 品牌 B 国六发动机冷却液大循环回路流程

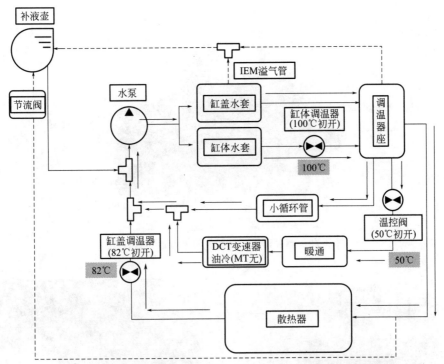

图 4-71 品牌 B 国六发动机高温工况的缸体冷却液循环回路流程

图 4-72 调温器总成 I 的结构形式

调温器总成 I 的温控阀如图 4-74 所示。

⑥ 调温器总成 II。调温器总成 II 安装在机械水泵处,其内部集成调温器 II (缸盖调温器),用于控制大循环回路。当水温达到 82℃时,该调温器开启,冷却液流经散热器的通道开启,从而实现大循环回路流程。

调温器总成 II 的结构形式如图 4-75 所示。

(3) 低温冷却系统。低温冷却系统用于涡轮增压系统散热,是一套相对于高温冷却系统独立的电控冷却系统,由电子辅助水泵实现系统内的冷却液循环。

品牌 B 国六发动机低温冷却系统整体结构如图 4-76 所示。

3. 部件检测方法

双冷却系统的电气部件检测方法参见电控热管理模块冷却系统的检测方法。

图 4-73 调温器总成 I 的管口及调温装置说明

图 4-74 调温器总成 I 的温控阀

图 4-75 调温器总成 II 的结构形式

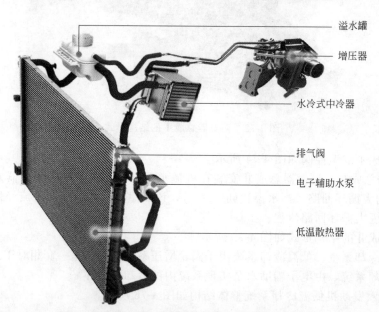

图 4-76 品牌 B 国六发动机低温冷却系统整体结构

双冷却系统比较特殊的部件是调温器装置，在日常维修工作中，注意根据故障症状判断有可能出现故障的部件,如若调温器总成Ⅰ的温控阀损坏,则会导致空调暖风功能失效,但不会影响发动机系统的散热功能。又如调温总成Ⅱ石蜡元件损坏,则会导致大循环失效,发动机出现高温现象。

总之,结合双冷却系统的结构特点及部件工作原理,对故障原因进行分析,就能够准确找到故障点,排除故障。

4. 故障诊断流程

根据双冷却系统的故障类型及严重程度,发动机控制模块判断是否设定故障、点亮故障灯及启用故障运行模式。在实际维修工作中,可以使用诊断仪,结合故障码、数据流及具体的故障症状,参照维修手册内容,进行相应的检修工作。下面举例说明。

(1) 故障码:P011623。故障码定义:冷却液温度传感器 1 信号不合理。

故障码报码条件:冷却液温度传感器 1 信号小于最低模型值 30℃。

故障可能原因:冷却液温度传感器内阻不合理。

故障码 P011623 的检测方法如表 4-28 所示。

表 4-28 故障码 P011623 的检测方法

序号	操作步骤	检测结果	后续步骤
1	检查线束是否存在接触电阻	是	维修线束
		否	下一步
2	检查传感器内阻值是否与正常值偏移很大	是	更换传感器
		否	下一步

(2) 故障码:P011626。故障码定义:冷却液温度传感器 1 信号停滞。

故障码报码条件:冷却液温度传感器 1 信号不变。

故障可能原因:冷却液温度传感器内阻不合理。

故障码 P011626 的检测方法如表 4-29 所示。

表 4-29 故障码 P050C24 的检测方法

序号	操作步骤	检测结果	后续步骤
1	检查线束是否存在接触电阻	是	维修线束
		否	下一步
2	检查传感器内阻值是否与正常值偏移很大	是	更换传感器
		否	下一步

(3) 故障码:P050C24。故障码定义:冷却液温度传感器 1 冷启动校验不合理(正偏差)。

故障码报码条件:冷却液温度传感器 1 冷启动与模型值偏差过大。

故障可能原因:冷却液温度传感器内阻不合理。

故障码 P050C24 的检测方法如表 4-30 所示。

表 4-30 故障码 P050C24 的检测方法

序号	操作步骤	检测结果	后续步骤
1	检查线束是否存在接触电阻	是	维修线束
		否	下一步

序号	操作步骤	检测结果	后续步骤
2	检查传感器内阻值是否与正常值偏移很大	是	更换传感器
		否	下一步

(4) 故障码：P050C23。故障码定义：冷却液温度传感器1冷启动校验不合理（负偏差）。
故障码报码条件：冷却液温度传感器1冷启动与模型值偏差过大。
故障可能原因：冷却液温度传感器内阻不合理。
故障码P050C23的检测方法如表4-31所示。

表4-31　故障码P050C23的检测方法

序号	操作步骤	检测结果	后续步骤
1	检查线束是否存在接触电阻	是	维修线束
		否	下一步
2	检查传感器内阻值是否与正常值偏移很大	是	更换传感器
		否	下一步

(5) 故障码：P011700。故障码定义：冷却液温度传感器1信号电压过低。
故障码报码条件：冷却液温度传感器1电压低于0.09V。
故障可能原因：冷却液温度传感器1信号端对地短路；ECM端对应的冷却液温度传感器1信号引脚对地短路；传感器损坏。
故障码P011700的检测方法如表4-32所示。

表4-32　故障码P011700的检测方法

序号	操作步骤	检测结果	后续步骤
1	接上诊断仪，打开点火开关。不启动发动机，观察数据流中"冷却液温度传感器测量值"是否远高于合理温度范围。也可用万用表测量冷却液温度传感器1信号端电压，是否接近或等于0V	是	下一步
2	不打开点火开关，检查冷却液温度传感器1信号端是否对地短路	是	维修线束
		否	下一步
3	检查传感器是否损坏	是	更换传感器
		否	下一步
4	检查ECM对应的冷却液温度传感器1信号引脚端是否对地短路	是	检修ECM
		否	诊断帮助

(6) 故障码：P011800。故障码定义：冷却液温度传感器1信号电压过高。
故障码报码条件：冷却液温度传感器1电压高于4.9V。
故障可能原因：接插件接插不实或接触不良；冷却液温度传感器信号端对电源短路或开路；ECM端对应的冷却液温度传感器信号引脚对电源短路或开路；传感器损坏。
故障码P011800的检测方法如表4-33所示。

表 4-33 故障码 P011800 的检测方法

序号	操作步骤	检测结果	后续步骤
1	接上诊断仪,打开点火开关。不启动发动机,观察数据流中"冷却液温度传感器测量值"是否远低于当前环境温度。也可用万用表测量冷却液温度传感器 1 信号端与地间电压,是否接近或等于 5V	是	下一步
2	不打开点火开关,检查接插件是否接插不实或接触不良	是	重新接插
		否	下一步
3	传感器信号端是否对电源短路或开路	是	维修线束
		否	下一步
4	传感器参考地是否开路	是	维修线束
		否	下一步
5	传感器是否损坏	是	更换传感器
		否	下一步
6	ECU 对应的冷却液温度传感器信号引脚端是否对电源短路、开路或内部电路损坏	是	检修 ECM
		否	诊断帮助

(7) 故障码:P011900。故障码定义:冷却液温度传感器 1 电路电压不合理。

故障码报码条件:冷却液温度传感器电压波动。

故障可能原因:冷却液温度传感器信号端电路接触不良。

故障码 P011900 的检测方法如表 4-34 所示。

表 4-34 故障码 P011900 的检测方法

操作步骤	检测结果	后续步骤
检查冷却液温度传感器信号端电路是否接触不良	是	维修线束
	否	诊断帮助

(8) 故障码:P012800。故障码定义:节温器性能不合理(水温达不到节温器标称开启温度)。

故障码报码条件:水温达不到节温器标称开启温度。

故障可能原因:节温器常开;水温传感器测量值偏移。

故障码 P012800 的检测方法如表 4-35 所示。

表 4-35 故障码 P012800 的检测方法

序号	操作步骤	检测结果	后续步骤
1	检查节温器是否常开或损坏	是	检修节温器
		否	下一步
2	ECM 对应的冷却液温度传感器信号引脚端是否对电源短路、开路或内部电路损坏	是	检修 ECM
		否	诊断帮助

(9) 故障码:P048000。故障码定义:冷却风扇继电器控制电路故障。

故障码报码条件:驱动通道自诊断故障。

故障可能原因:冷却风扇继电器控制电路开路;ECM 端对应的冷却风扇继电器控制电路引脚开路。

故障码 P048000 的检测方法如表 4-36 所示。

表 4-36　故障码 P048000 的检测方法

序号	操作步骤	检测结果	后续步骤
1	接插件接插是否不实或接触不良	是	重新接插
		否	下一步
2	冷却风扇继电器电路信号端是否开路	是	维修线束
		否	下一步
3	冷却风扇继电器是否故障(熔丝熔断或损坏)	是	维修线束
		否	诊断帮助
4	ECM 端对应的冷却风扇继电器是否引脚开路或内部电路损坏	是	检修 ECM
		否	诊断帮助

（10）故障码：P048371。故障码定义：冷却风扇合理性第 1 类型故障。

故障码报码条件：风扇反馈信号类型为故障类型 1。

故障可能原因：风扇堵转。

故障码 P048371 的检测方法如表 4-37 所示。

表 4-37　故障码 P048371 的检测方法

操作步骤	检测结果	后续步骤
检查冷却风扇是否被堵住	是	检修风扇
	否	诊断帮助

（11）故障码：P048372。故障码定义：冷却风扇合理性第 2 类型故障。

故障码报码条件：风扇反馈信号类型为故障类型 2。

故障可能原因：风扇过载。

故障码 P048373 的检测方法如表 4-38 所示。

表 4-38　故障码 P048373 的检测方法

操作步骤	检测结果	后续步骤
检查冷却风扇负载是否过高	是	检修风扇
	否	诊断帮助

（12）故障码：P048373。故障码定义：冷却风扇合理性第 3 类型故障。

故障码报码条件：风扇反馈信号类型为故障类型 3。

故障可能原因：风扇供电电压过高或过低。

故障码 P048373 的检测方法如表 4-39 所示。

表 4-39　故障码 P048373 的检测方法

操作步骤	检测结果	后续步骤
检查冷却风扇负载是否过高	是	检修风扇供电
	否	诊断帮助

（13）故障码：P048374。故障码定义：冷却风扇合理性第 4 类型故障。

故障码报码条件：风扇反馈信号类型为故障类型 4。

故障可能原因：风扇控制电路过温。

故障码 P048374 的检测方法如表 4-40 所示。

表 4-40 故障码 P048374 的检测方法

操作步骤	检测结果	后续步骤
检查冷却风扇控制电路是否短路或过载	是	检修风扇
	否	诊断帮助

（14）故障码：P048375。故障码定义：冷却风扇合理性第 5 类型故障。

故障码报码条件：风扇反馈信号类型为故障类型 5。

故障可能原因：风扇内部故障。

故障码 P048375 的检测方法如表 4-41 所示。

表 4-41 故障码 P048375 的检测方法

操作步骤	检测结果	后续步骤
更换风扇，看是否仍有故障报出	是	更换风扇
	否	诊断帮助

（15）故障码：P069100。故障码定义：冷却风扇控制电路电压过低。

故障码报码条件：驱动通道自诊断故障。

故障可能原因：冷却风扇继电器控制电路对地短路；ECM 端对应的冷却风扇继电器控制引脚对地短路。

故障码 P069100 的检测方法如表 4-42 所示。

表 4-42 故障码 P069100 的检测方法

序号	操作步骤	检测结果	后续步骤
1	冷却风扇继电器控制电路是否对地短路	是	修线束
		否	下一步
2	ECM 端对应的冷却风扇继电器控制引脚是否对地短路	是	检修 ECM
		否	诊断帮助

（16）故障码：P069200。故障码定义：冷却风扇控制电路电压过高。

故障码报码条件：驱动通道自诊断故障。

故障可能原因：冷却风扇继电器控制电路对电源短路；ECM 端对应的冷却风扇继电器控制引脚对电源短路。

故障码 P069200 的检测方法如表 4-43 所示。

表 4-43 故障码 P069200 的检测方法

序号	操作步骤	检测结果	后续步骤
1	冷却风扇继电器控制电路是否对电源短路	是	修线束
		否	下一步
2	ECM 端对应的冷却风扇继电器控制引脚是否对电源短路	是	检修 ECM
		否	诊断帮助

（17）故障码：P063400。故障码定义：冷却风扇驱动芯片过热。

故障码报码条件：驱动通道自诊断故障。

故障可能原因：冷却风扇继电器控制电路对电源短路；ECM 端对应的冷却风扇继电器控制引脚对电源短路。

第四章 冷却系统技术改进与故障检修

故障码 P063400 的检测方法如表 4-44 所示。

表 4-44　故障码 P063400 的检测方法

序号	操作步骤	检测结果	后续步骤
1	冷却风扇继电器控制电路是否对电源短路	是	修线束
		否	下一步
2	ECM 内部芯片是否存在故障	是	检修 ECM
		否	诊断帮助

第五章 润滑系统技术改进与故障检修

一、润滑系统整体结构

1. 润滑系统的作用

发动机工作时,摩擦表面(主要指曲柄连杆机构和配气相位机构,如曲轴轴颈与轴承,凸轮轴轴颈与轴承,活塞环与气缸壁,正时齿轮副等)之间以很高的速度做相对运动,金属表面之间的摩擦不仅增大发动机内部的功率消耗,也会使零部件工作表面迅速磨损。摩擦所产生的热量还可能使某些工作零件表面熔化,导致发动机无法正常运转。

发动机的曲柄连杆机构与配气相位机构如图 5-1 所示。

因此,为保证发动机正常工作,必须对发动机内部相对运动部件表面进行润滑,也就是在摩擦表面覆盖一层润滑剂(机油或油脂),使金属表面之间间隔一层薄的油膜,以减小摩擦阻力,降低功率损耗,减轻磨损,延长发动机使用寿命。发动机机油如图 5-2 所示。

润滑系统的功用就是在发动机工作时连续不断地把数量足够、温度适当的洁净机油输送到全部传动件的摩擦表面,并在摩擦表面之间形成油膜,实现液体摩擦。从而减小摩擦阻力,降低功率消耗,减轻机件磨损,以达到提高发动机工作可靠性和耐久性的目的。

2. 润滑系统的基本组成

润滑系统的基本任务就是将清洁的、具有一定压力的、温度适宜的机油不断供给运动零件的摩擦表面,使发动机能够正常工作。为此,压力润滑系统中必须具有

图 5-1 发动机的曲柄连杆机构与配气相位机构

为进行压力润滑和保证机油循环而建立足够油压的机油泵、储存机油的容器(一般利用油底壳储油)、由润滑油管以及在发动机机体上加工出来的一系列润滑油道组成的循环油路。油路中还必须有限制最高油压的装置如限压阀,它可以附于机油泵中,也可以单独设置。

润滑系统的基本组成如图 5-3 所示。

一般来说,机油泵从油底壳吸入润滑油,再把润滑油泵入机油滤清器,经过过滤后,机油进入机体下部主油管,在压力作用下输送至各个润滑点,通过压力或飞溅方式对相关部件

图 5-2 发动机机油

进行润滑。润滑系统的油道基本结构如图 5-4 所示。

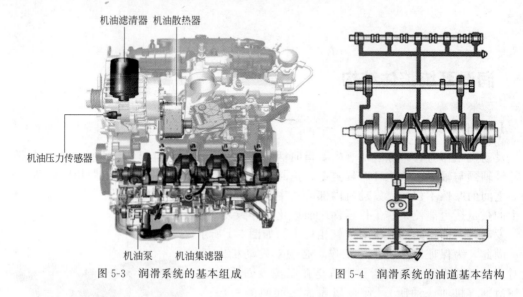

图 5-3 润滑系统的基本组成　　　　图 5-4 润滑系统的油道基本结构

3. 润滑方式

发动机传动件的工作条件不尽相同，对于负荷及相对运动速度不同的传动件，润滑系统采用不同的方式进行润滑，如图 5-5 所示。

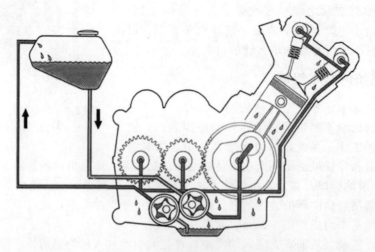

图 5-5 润滑系统的润滑方式

(1) 压力润滑。压力润滑是以一定的压力把机油供入摩擦表面的润滑方式。这种方式主要用于主轴承、连杆轴承及凸轮轴承等负荷较大的摩擦表面的润滑。

(2) 飞溅润滑。利用发动机工作时运动件溅泼起来的油滴或油雾润滑摩擦表面的润滑方式，称飞溅润滑。该方式主要用来润滑负荷较轻的气缸壁面和配气机构的凸轮、挺柱、气门杆以及摇臂等零件的工作表面。

(3) 润滑脂润滑。通过润滑脂嘴定期加注润滑脂来润滑零件的工作表面，如水泵及发电机轴承等。目前这种不定期加注润滑脂的方式已很少采用。

4. 机油的功用

循环在润滑系统中的机油有如下功用。

(1) 润滑。机油在运动零件的所有摩擦表面之间形成连续的油膜，以减小零件之间的摩擦。

(2) 冷却。机油在循环过程中流过零件工作表面，可以降低零件的温度。

(3) 清洗。机油可以带走摩擦表面产生的金属碎末及冲洗掉沉积在气缸、活塞、活塞环及其他零部件上的积炭。

(4) 密封。附着在气缸壁、活塞及活塞环上的油膜，可起到密封防漏的作用。

(5) 防锈。机油能够隔绝空气和水分，具有防止零件发生锈蚀的作用。

5. 机油的使用特性及机油添加剂

汽车发动机机油在润滑系统内循环流动，工作条件十分恶劣，在循环过程中，机油与高温的金属壁面及空气频频接触，不断氧化变质。窜入曲轴箱内的燃油蒸气、废气以及金属磨屑和积炭等，使机油受到严重污染。

新机油与旧机油对比如图 5-6 所示。

(a) 新机油　　　　　　　(b) 旧机油

图 5-6　新机油与旧机油对比

机油的工作温度变化范围很大：在发动机启动时为环境温度；在发动机正常运转时，曲轴箱中机油的平均温度可达 95℃ 或更高。同时，机油还与 180～300℃ 的高温零件接触，受到强烈的加热。

(1) 适当的黏度。机油黏度对发动机的工作有很大的影响。黏度过小，在高温、高压下容易从摩擦表面流失，不能形成足够厚度的油膜；黏度过大，冷启动困难，机油不能被泵送到摩擦表面。机油的黏度随温度而变化，温度升高，黏度减小；温度降低，黏度增大。

(2) 优异的氧化安定性。氧化安定性是指机油抵抗氧化作用不使其性质发生永久变化的能力。当机油在使用与储存过程中与空气中的氧气接触而发生氧化作用时，机油的颜色变暗，黏度增加，酸性增大，并产生胶状沉积物。氧化变质的机油将腐蚀发动机零件，甚至破坏发动机的工作环境。

(3) 良好的防腐性。机油在使用过程中不可避免地被氧化而生成各种有机酸。这类酸性物质对金属零件有腐蚀作用，可能使铜铅和镉镍一类的轴承表面出现斑点、麻坑或使合金层剥落。

（4）较低的起泡性。由于机油在润滑系中快速循环和飞溅，必然会产生泡沫。如果泡沫太多，或泡沫不能迅速消除，将造成摩擦表面供油不足。控制泡沫生成的方法，是在机油中添加泡沫抑制剂。

（5）强烈的清净分散性。机油的清净分散性是指机油分散、疏松和移走附着在零件表面上的积炭及污垢的能力。为使机油具有清净分散性，必须加入清净分散添加剂。

（6）高度的极压性。机油在极压条件下的抗磨性叫作极压性。在摩擦表面之间的油膜厚度小于 $0.3\sim0.4\mu m$ 的润滑状态，称边界润滑。习惯上把高温、高压下的边界润滑，称为极压润滑。

6. 机油的分类

国际上广泛采用美国 SAE 黏度分类法和 API 使用分类法，而且它们已被国际标准化组织（ISO）确认。美国工程师学会（SAE）按照机油的黏度等级，把机油分为冬季用机油和非冬季用机油。冬季用机油有 6 种牌号：SAE0W、SAE5W、SAE10W、SAE15W、SAE20W 和 SAE25W。非冬季用机油有 4 种牌号：SAE20、SAE30、SAE40 和 SAE50。号数较大的机油黏度较大，适于在较高的环境温度下使用。SAE 黏度分类法如图 5-7 所示。

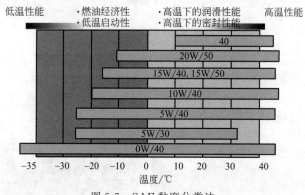

图 5-7 SAE 黏度分类法

API 使用的分类法是美国石油学会（API）根据机油的性能及其最适合的使用场合，把机油分为 S 系列和 C 系列两类。S 系列为汽油机机油，目前有 8 个级别。C 系列为柴油机机油，目前有 CA、CB、CC、CD 和 CE 五个级别。级号越靠后，使用性能越好，适用的机型越新或强化程度越高。其中，SA、SB、SC 和 CA 等级别的机油，除非汽车制造厂特别推荐，否则将不再使用。API 使用分类法如图 5-8 所示。

我国的机油分类法参照采用 ISO 分类方法。GB/T 7631.3—1995 规定，按机油的性能和使用场合分类如下：

（1）汽油机机油：SC、SD、SE、SF、SG、SH 六个级别。

（2）柴油机机油：CC、CD、CD-Ⅱ、CE、CF-4 等 5 个级别。

（3）二冲程汽油机机油：ERA、ERB、ERC、ERD 四个级别。

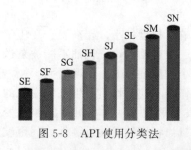

图 5-8 API 使用分类法

润滑系统除了具有以上基本作用、结构组成、性能及指标要求外，随着制造工艺的提高以及环保法规日益严苛，新技术也不断应用在润滑系统中，如目前国六发动机，已经普遍采用电控变排量机油泵和活塞冷却喷嘴,在下面的章节中将做详细介绍。

二、变排量机油泵

1. 机油泵的分类

(1) 齿轮泵。可以将齿轮泵大致分为两类:外啮合齿轮泵和内啮合齿轮泵,通常把外啮合齿轮式机油泵简称为齿轮式机油泵,如图5-9所示。

齿轮式机油泵的优点是制造工艺相对简单,零部件匹配性强;缺点是体积较大,噪声和磨损也较大。有的发动机做完耐压试验后,甚至能够看到齿轮上的敲击痕迹,这主要是由于往复活塞式内燃机工作时并非连续做功,当某一缸点火时,就会通过曲轴、传动链条或齿轮对齿轮泵的转子造成冲击。

(2) 摆线转子泵。内啮合齿轮泵通常称为转子泵,在内啮合齿轮泵中,有渐开线齿形和摆线齿形两种。转子泵的优点是齿数少,结构尺寸紧凑,不借助其他隔离元件便能形成密封腔,其零件数量少。摆线转子泵如图5-10所示。

图5-9 齿轮式机油泵

转子泵不易产生气穴现象,允许转速更高,且特点是在一定转速范围内,转速越高,吸入性越好,容积效率越高,可达95%以上。另一个重要优点是噪声较低,内、外转子同向旋转,两转子相对滑动速度低,且相差一齿,它们做相对运动时,齿面滑动速度低,啮合点在不断地沿着内外转子的齿廓移动,因此转子泵的流量脉动率较小。

摆线转子泵的内部结构如图5-11所示。

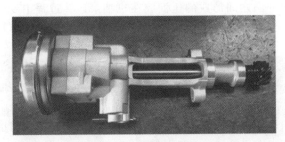

图5-10 摆线转子泵

图5-11 摆线转子泵的内部结构

由于吸油腔和排油腔的包络角度大,接近145°,吸油和排油时间都比较充分,因此油流比较平稳,运动也比较平稳,且噪声明显低于齿轮泵。摆线转子泵的工作原理如图5-12所示。

(3) 叶片泵。叶片泵主要可分为滑动变量式叶片泵和摆动变量式叶片泵,这两种叶片泵的变量原理大致相同:通过外调节环的滑动或者摆动,改变其与转子的偏心距,进而改变叶

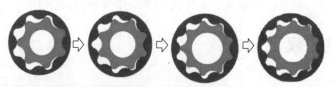

图 5-12 摆线转子泵的工作原理

片泵的排量。叶片式机油泵如图 5-13 所示。

叶片式机油泵没有齿轮,其内部由叶片与内外圈之间形成的压油腔,起到泵压机油的作用,如图 5-14 所示。

图 5-13 叶片式机油泵

图 5-14 叶片式机油泵的内部结构

传统的定排量机油泵,发动机转速低时机油排量小,容易造成润滑不足,在发动转速高时机油排量过高,造成动力浪费。

由于叶片泵内部的叶片是可以滑动的,因此排量在某种程度上可以改变,所以变排量机油泵基本上都是叶片泵的类型。

当发动机运转时,叶片式机油泵的转子由曲轴通过驱动装置进行驱动,机油被抽吸至压油腔,由于转子与外圈不同心,在叶片的刮压下,机油被泵压,形成带有压力的机油供发动机润滑使用。当反馈油压达到变量设定值时,弹簧被压缩,外调节环滑动或者摆动,使叶片的内圈和外圈之间的偏心距减小,叶片与内外圈之间形成的压油腔在机油泵运转过程中变化量也相应减小,这样就使机油泵流量减小;当反馈油压降低时,弹簧逐渐回位从而使调节环复位。

如果反馈油压能够通过主动方式改变,那么就可以改进为目前比较先进的变排量机油泵。为了达到主动变排量的目的,通常需要在反馈油压的油道设置一个电磁阀,发动机控制模块利用这个电磁阀来调整反馈油压,根据实际工况需求来调整机油泵排量。

变排量机油泵的优势就在于能够根据油压需求与摩擦需求来优化机油排量,以达到精准控制润滑系统的目的,同时降低机油泵对动力的损耗。

在具体控制方式上,目前主要有以下两种类型:两阶可变排量机油泵和全可变排量机油泵,下面做详细介绍。

2. 两阶可变排量机油泵

(1)安装位置及装配特点。某品牌的国六汽油机,其平衡轴壳体与机油泵壳体集成为一个总成件,安装在气缸体下部,如图 5-15 所示。

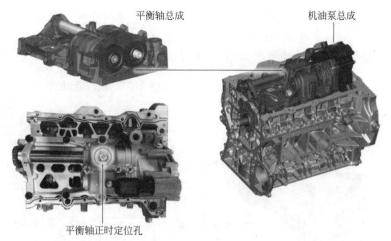

图 5-15 平衡轴与机油泵总成的安装位置

平衡轴与机油泵总成的装配精度非常高，需要辅助工具才能组装成功，因此在日常工作中，这个总成件不允许分解，如果判断平衡轴磨损或与机油泵损坏，那么需要进行总成更换处理。平衡轴与机油泵总成与辅助工具如图 5-16 所示。

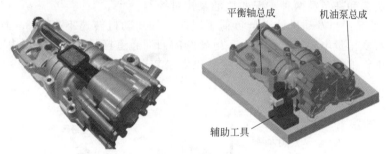

图 5-16 平衡轴与机油泵总成与辅助工具

（2）油压控制特征曲线。该机油泵内部的先导阀及双腔结构可实现机油排量可变，发动机控制模块利用一个三通两位电磁阀来切换润滑系统的两个油压，实现两级可变流量润滑功能。两级可变排量机油泵油压控制特征曲线如图 5-17 所示。

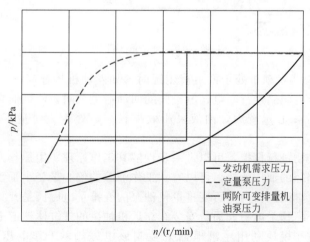

图 5-17 两级可变排量机油泵油压控制特征曲线

第五章　润滑系统技术改进与故障检修

(3) 电控策略。这种机油泵可以实现发动机全工况范围内的机油流量、机油压力两级控制，工况油耗降低1.8%，处于国内领先、国际先进的技术水平。

两阶可变排量机油泵的电控策略如图5-18所示。

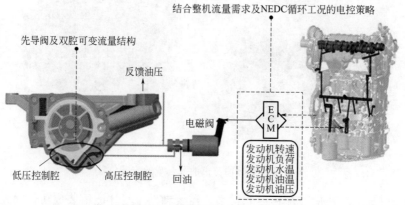

图5-18 两阶可变排量机油泵的电控策略

(4) 机油变排量控制原理。变排量电磁阀是一个常闭电磁阀，对该电磁阀进行通电和断电，可实现低负荷和高负荷两种工况的机油泵排量控制。

① 小排量工况：当发动机处于低负荷工况时，如发动机转速不高于3500r/min时，发动机控制模块对变排量电磁阀进行通电，电磁阀的回油通道打开，使机油泵内部的高压控制腔油压泄放，工作油腔偏心量较小，油液泵压效果较弱，处于小排量工作状态，如图5-19所示。

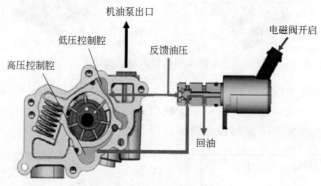

图5-19 小排量工况

② 大排量工况：当发动机处于低负荷工况时，如发动机转速高于3500r/min时，发动机控制模块对变排量电磁阀进行断电，电磁阀的回油通道关闭，使机油泵内部的高压控制腔油压保持，工作油腔偏心量较大，油液泵压效果较强，处于大排量工作状态，如图5-20所示。

用一个机油泵实物进行模拟，可以进一步理解其工作原理。用螺丝刀撬动机油泵的油腔定子，模拟高压控制腔的油压泄放，可以看到工作油腔的偏心量变小了，如图5-21所示。

(5) 可变机油泵电磁阀。两阶可变排量机油泵的变排量电磁阀是开关式电磁阀，只有两个位置：关闭和打开。这个电磁阀通常安装在靠近机油泵的气缸体油道上，如图5-22所示。

因此，发动机控制模块利用主继电器来控制该电磁阀，工作电压是蓄电池电压，如图5-23所示。

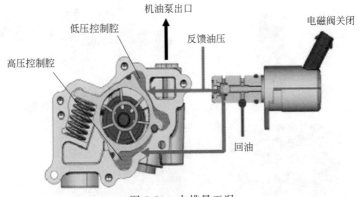

图 5-20 大排量工况

图 5-21 变排量机油泵实物模拟

图 5-22 两阶可变排量机油泵的变排量电磁阀

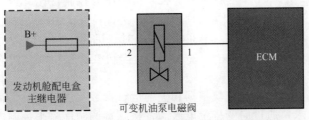

图 5-23 两阶可变排量机油泵的变排量电磁阀电路
1,2—插头针脚

(6) 机油压力-温度传感器。机油压力温度-传感器安装在气缸盖的机油主油道上，发动机控制模块根据该传感器信号对机油压力和温度进行监控，控制变排量电磁阀通断，从而对变排量机油泵排量。机油压力-温度传感器如图 5-24 所示。

第五章 润滑系统技术改进与故障检修

图 5-24 机油压力-温度传感器

3. 全可变排量机油泵

全可变排量机油泵在整体结构与控制原理方面，与两阶可变排量机油泵基本上是相同的，只不过控制过程更加精细，可以根据多种工况进行阶梯方式的排量输出控制。与之对应的变排量电磁阀也进行了相应改进，采用脉宽调制信号进行控制，而不是单一的蓄电池电压。

全可变排量机油泵总成如图 5-25 所示。

图 5-25 全可变排量机油泵总成

（1）技术先进性。某品牌国六发动机配置全可变排量机油泵，这是一项领先技术，目前大众、通用、现代等少量高端机型应用，其最大优势在于能最大限度降低发动机燃油消耗。同时，灵活的控制方式可满足发动机在不同工况下的液压需求，输出液压功可调，减少机油泵的功率消耗，降低燃油消耗，与传统机油泵相比，节油率在 3% 左右。

全可变排量机油泵安装在气缸体下部，由曲轴通过皮带进行驱动，如图 5-26 所示。

（2）机油压力控制特性。当发动机处于怠速工况时，机油压力保持在 74kPa 左右。当发动机转速达到 3000r/min 时，机油压力保持在 198～300kPa。

因此，全可变排量机油泵的油压输出与发动机转速及负荷相对应，如图 5-27 所示。

（3）电控策略。发动机控制模块根据相关的运行参数（如转速、负荷、温度等）识别润滑系统的机油排量需求，通过向变排量电磁阀发送脉宽调制信号来控制电磁阀内部的滑阀位置，滑阀的位置决定了进入机油泵控制阀变量腔的反馈油压高低，反馈油压的高低控制滑块转动调整偏心距的大小，这样就能够实现多阶可变机油泵排量功能。

全可变排量机油泵的变排量电磁阀安装在机油泵壳体上，如图 5-28 所示。

该变排量电磁阀工作时必须满足基本的条件包括：VVT 无诊断错误；机油压力传感器无报错故障；冷启动工况的启动水温需大于一定值，如 -20.3℃（可标定）；启动后运行时间大于 5s；蓄电池电压在正常范围内。

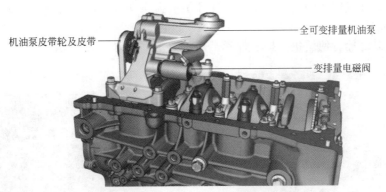

图 5-26 全可变排量机油泵的安装位置

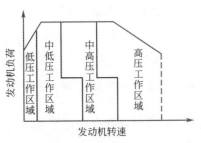

图 5-27 全可变排量机油泵的油压输出与发动机转速及负荷对应关系

图 5-28 全可变排量机油泵的变排量电磁阀安装位置

（4）机油泵总成安装方法。机油泵皮带终身免维护，机油泵总成安装方法及要点如下。

检查气缸体上的机油泵密封圈是否完好，密封圈涂抹少量机油，安放在座孔中，如图 5-29 所示。

将曲轴机油泵皮带轮安装到曲轴上，注意安装方向要正确，卡入键槽中。如果有垫片，需先安装垫片，再安装曲轴机油泵皮带轮。曲轴机油泵皮带轮如图 5-30 所示。

图 5-29 安放气缸体上的机油泵密封圈

图 5-30 曲轴机油泵皮带轮

机油泵皮带没有安装方向要求，由于没有张紧器，因此需要将皮带先套在机油泵皮带轮上，然后整体装在气缸体的安装座上，这样才不会损伤皮带。装到位后，确认皮带没有弯折现象，如图 5-31 所示。

安装机油泵螺栓，使用扭力扳手拧紧至规定力矩，如图 5-32 所示。

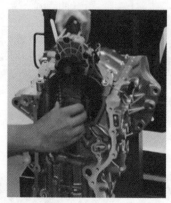
图 5-31　将皮带和机油泵整体装在气缸体的安装座上

图 5-32　安装机油泵螺栓

4. 部件检测方法

变排量机油泵通常不允许分解检修，如果出现异常磨损、异响、泄漏、卡滞等问题，只能做更换处理。下面重点说明变排量电磁阀的检测方法。

（1）两阶可变排量机油泵的变排量电磁阀。这种变排量电磁阀是电压型控制电磁阀，因此电阻较大，约 25Ω。

电磁阀本身可以进行通电测试，在没有接通蓄电池电压的情况下，用嘴吹或用压缩空气吹，电磁阀的进口与出口之间是关闭的；在接通蓄电池电压的情况下，用嘴吹或用压缩空气吹，电磁阀的进口与出口之间是通畅的。

（2）全可变排量机油泵的变排量电磁阀。这种变排量电磁阀是电流型控制电磁阀，因此电阻较小，约 8Ω。

由于该电磁阀采用脉宽调制电流进行控制，因此不建议用蓄电池电压进行测试。建议使用诊断仪进行检测，根据故障码和数据流查找故障原因，排除故障。可变排量机油泵的变排量电磁阀数据流如图 5-33 所示。

名称	结果
机油泵控制阀状态	打开
实际机油压力	2367.978
机油泵控制阀占空比	41.595
目标机油压力	1400.070

图 5-33　可变排量机油泵的变排量电磁阀数据流

5. 故障诊断流程

根据变排量机油泵的故障类型及严重程度，发动机控制模块判断是否设定故障、点亮故障灯及启用故障运行模式。在实际维修工作中，可以使用诊断仪，结合故障码、数据流及具体的故障症状，参照维修手册内容，进行相应的检修工作。下面举例说明。

（1）变排量电磁阀开路故障检测方法如下。

故障码：P06DA13。故障码定义：变排量机油泵驱动电路开路。

故障码报码条件：驱动通道自诊断故障。

故障可能原因：接插件接插不实或接触不良；变排量机油泵驱动电路引脚开路；ECM端对应变排量机油泵驱动电路引脚开路或内部电路损坏。

故障码 P06DA13 的检测方法如表 5-1 所示。

表 5-1　故障码 P06DA13 的检测方法

序号	操作步骤	检测结果	后续步骤
1	检查接插件是否接插不实或接触不良	是	重新接插
		否	下一步
2	检查变排量机油泵驱动电路引脚是否开路	是	维修线束
		否	下一步
3	检查 ECM 端对应变排量机油泵驱动电路引脚是否开路或内部电路损坏	是	检修 ECM
		否	诊断帮助

（2）变排量电磁阀短路故障检测方法如下。

故障码：P06DB11。故障码定义：变排量机油泵驱动电路对地短路。

故障码报码条件：驱动通道自诊断故障。

故障可能原因：变排量机油泵驱动电路对地短路；ECM端对应变排量机油泵驱动电路对地短路。

故障码 P06DB11 的检测方法如表 5-2 所示。

表 5-2　故障码 P06DB11 的检测方法

序号	操作步骤	检测结果	后续步骤
1	检查变排量机油泵驱动电路引脚是否对地短路	是	维修线束
		否	下一步
2	检查 ECM 端对应变排量机油泵驱动电路引脚是否对地短路	是	检修 ECM
		否	诊断帮助

（3）变排量电磁阀对电源短路故障检测方法如下。

故障码：P06DC12。故障码定义：变排量机油泵驱动电路对电源短路。

故障码报码条件：驱动通道自诊断故障。

故障可能原因：变排量机油泵驱动电路对电源短路；ECM端对应变排量机油泵驱动电路对电源短路。

故障码 P06DC12 的检测方法如表 5-3 所示。

表 5-3　故障码 P06DC12 的检测方法

序号	操作步骤	检测结果	后续步骤
1	检查二级机油泵驱动电路引脚是否对电源短路	是	维修线束
		否	下一步
2	检查 ECM 端对应二级机油泵驱动电路引脚是否对电源短路	是	检修 ECM
		否	诊断帮助

三、活塞冷却喷嘴电磁阀

1. 活塞冷却喷嘴电磁阀先进性

对于热负荷和扭矩负荷较高的发动机,特别是涡轮增压发动机,为了防止活塞因温度过高而烧损,在气缸体内部设有活塞冷却喷嘴,活塞冷却喷嘴与气缸体的机油油道相连,当发动机运转时,活塞冷却喷嘴向活塞连杆机构喷射机油,这样就能够起到冷却、润滑和清洗的作用。

活塞冷却喷嘴的安装位置如图 5-34 所示。

早期的活塞冷却喷嘴是简单的机械喷嘴装置,只要发动机运转,机油压力建立起来,缸体主油道内的机油就会喷出,喷射过程是持续的。

后期经过改进,在活塞冷却喷嘴上设置单向限压阀,当机油达到一定压力时,单向限压阀开启,活塞冷却喷嘴才开始喷射机油。这种设计方式的好处是,当发动机处于怠速及中低转速区时,发动机的负荷较低,不需要进行机油喷射冷却,不仅能够降低机油泵负荷,而且能够使发动机尽量达到正常的工作温度。

图 5-34 活塞冷却喷嘴的安装位置

此后活塞冷却喷嘴的控制技术得到进一步改进,目前许多新款的发动机采用电控方式来控制活塞冷却喷嘴,也就是利用一个电磁阀来控制气缸体上通往活塞冷却喷嘴的机油管道,通过电控方式来调整作用在活塞冷却喷嘴的机油压力,这样能够控制活塞冷却喷嘴的喷油过程。

电控活塞冷却喷嘴整体结构示意如图 5-35 所示。

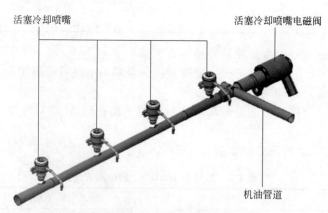

图 5-35 电控活塞冷却喷嘴整体结构示意

活塞冷却喷嘴电控技术的优势可以总结为以下两个方面。

(1) 降低油耗:当发动机处于低负荷、低温工况时,活塞冷却喷嘴不喷射机油,减少机油泵功耗,从而降低燃油消耗;当发动机处于热负荷较大工况时,活塞冷却喷嘴喷射机油,起到降低活塞温度的作用。

（2）改善排放：发动机低温启动时，活塞冷却喷嘴电磁阀关闭，活塞冷却喷嘴不喷射机油，活塞升温迅速，利于混合气的燃烧及尾气排放。

2. 两阶可变活塞冷却喷嘴电磁阀

（1）双活塞冷却喷嘴。某品牌国六发动机采用两阶可变活塞冷却喷嘴电磁阀技术，其特点是在原有的活塞冷却喷嘴的基础上，增加了一套电控活塞冷却喷嘴装置，也就是说，每个活塞连杆机构的缸体下部设置了两个活塞冷却喷嘴，其中一个与缸体一侧的机油管道直通，没有电磁阀控制；另一个活塞与缸体另一侧的机油管道相连，机油管道的开启和关闭则由一个电磁阀控制。

一个活塞连杆机构的两个活塞冷却喷嘴如图5-36所示。

（2）两阶可变活塞冷却喷嘴电磁阀。活塞冷却喷嘴电磁阀安装在缸体的侧部，它是一个常开电磁阀，断电处于开启状态，通电处于关闭状态，如图5-37所示。

图5-36　一个活塞连杆机构的两个活塞冷却喷嘴

发动机控制模块利用主继电器向活塞冷却喷嘴提供蓄电池电压，通过负触发方式控制活塞冷却喷嘴电磁阀的通断，其电路如图5-38所示。

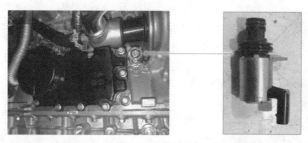

图5-37　两阶可变活塞冷却喷嘴电磁阀

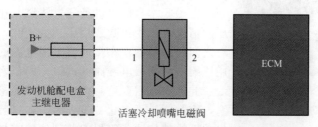

图5-38　活塞冷却喷嘴电磁阀电路
1,2—插头针脚

3. 多阶可变活塞冷却喷嘴电磁阀

（1）多工况变流量控制。某品牌国六发动机采用多阶可变活塞冷却喷嘴电磁阀技术，能够使活塞冷却控制过程变得更加灵活，实现不同工况下活塞的机油喷射变流量控制，从而减少爆震倾向，改善经济性和排放。

多阶可变活塞冷却装置整体结构如图5-39所示。

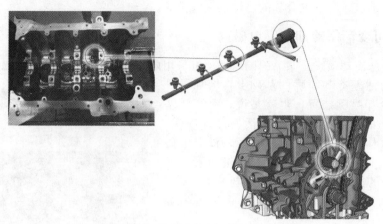

图5-39　多阶可变活塞冷却装置整体结构

多工况变流量控制是一项目前比较先进的活塞冷却技术，与两阶可变流量控制相比，控制精度更高，整体燃油经济性和排放效果更好。

（2）多阶可变活塞冷却喷嘴电磁阀。该电磁阀通常安装在气缸前部的通往活塞冷却喷嘴的机油管道上，通过改变电磁阀内部滑阀的位置来调整机油流量，从而按工况需求精确控制活塞冷却喷嘴的机油喷射量。

多阶可变活塞冷却喷嘴电磁阀的安装位置如图5-40所示。

图5-40　多阶可变活塞冷却喷嘴电磁阀的安装位置

多阶可变活塞冷却喷嘴电磁阀的线路连接与两阶可变活塞冷却喷嘴电磁阀基本相同，不同的是信号控制方式。为了实现多阶可变流量控制，发动机控制模块利用脉宽调制信号对电磁阀进行控制，通过占空比大小来控制电磁阀的开度，如图5-41所示。

4. 部件检测方法

（1）两阶可变活塞冷却喷嘴电磁阀。这种电磁阀是电压型控制电磁阀，因此电阻较大，约19Ω。

电磁阀本身可以进行通电测试，在没有接通蓄电池电压的情况下，用嘴吹或用压缩空气吹，电磁阀的进口与出口之间是通畅的；在接通蓄电池电压的情况下，用嘴吹或用压缩空气吹，电磁阀的进口与出口之间是通畅的。

此外，还需要注意电磁阀的外观检查，如滤网是否堵塞，密封圈是否老化、破损等。在安装电磁阀之前，在密封圈上涂抹机油，确保安装到位，密封良好。

（2）多阶可变活塞冷却喷嘴电磁阀。该电磁阀是电流型控制电磁阀，因此电阻较小，为$13\sim14\Omega$。多阶可变活塞冷却喷嘴电磁阀的电阻检测方法如图5-42所示。

由于该电磁阀采用脉宽调制电流进行控制，因此不建议用蓄电池电压进行测试。建议使用诊断仪进行检测，根据故障码和数据流查找故障原因，排除故障。

此外，多阶可变活塞冷却喷嘴电磁阀的外观检查与安装要点与两阶可变活塞冷却喷嘴电磁阀相同。

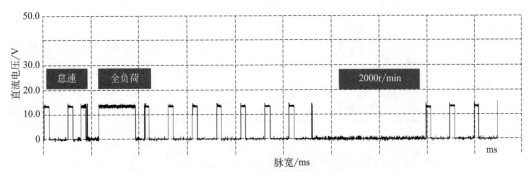

图 5-41 多阶可变活塞冷却喷嘴电磁阀的脉宽调制信号

图 5-42 多阶可变活塞冷却喷嘴电磁阀的电阻检测方法

5. 故障诊断流程

根据活塞冷却喷嘴电磁阀的故障类型及严重程度,发动机控制模块判断是否设定故障、点亮故障灯及启用故障运行模式。在实际维修工作中,可以使用诊断仪,结合故障码、数据流及具体的故障症状,参照维修手册内容,进行相应的检修工作。下面举例说明。

(1) 活塞冷却喷嘴电磁阀开路故障检测方法如下。

故障码:P25A9。故障码定义:活塞冷却喷嘴电磁阀控制电路开路。

故障码报码条件:控制通道自诊断故障。

故障可能原因:接插件接插不实或接触不良;活塞冷却喷嘴电磁阀控制电路引脚开路;ECM 端对应活塞冷却喷嘴电磁阀控制电路引脚开路或内部电路损坏。

故障码 P25A9 的检测方法如表 5-4 所示。

表 5-4 故障码 P25A9 的检测方法

序号	操作步骤	检测结果	后续步骤
1	检查接插件是否接插不实或接触不良	是	重新接插
		否	下一步
2	检查活塞冷却喷嘴电磁阀控制电路引脚是否开路	是	维修线束
		否	下一步
3	检查 ECM 端对应活塞冷却喷嘴电磁阀控制电路引脚是否开路或内部电路损坏	是	检修 ECM
		否	诊断帮助

(2) 活塞冷却喷嘴电磁阀短路故障检测方法如下。

故障码：P25AA。故障码定义：活塞冷却喷嘴电磁阀控制电路电压过低。

故障码报码条件：控制通道自诊断故障。

故障可能原因：活塞冷却喷嘴电磁阀控制电路对地短路；ECM端对应活塞冷却喷嘴电磁阀控制电路对地短路。

故障码P25AA的检测方法如表5-5所示。

表5-5 故障码P25AA的检测方法

序号	操作步骤	检测结果	后续步骤
1	检查活塞冷却喷嘴电磁阀控制电路引脚是否对地短路	是	维修线束
		否	下一步
2	检查ECM端对应活塞冷却喷嘴电磁阀控制电路引脚是否对地短路	是	检修ECM
		否	诊断帮助

（3）活塞冷却喷嘴电磁阀对电源短路故障检测方法如下。

故障码：P25AB。故障码定义：活塞冷却喷嘴电磁阀控制电路电压过高。

故障码报码条件：控制通道自诊断故障。

故障可能原因：活塞冷却喷嘴电磁阀控制电路对电源短路；ECM端对应活塞冷却喷嘴电磁阀控制电路对电源短路。

故障码P25AB的检测方法如表5-6所示。

表5-6 故障码P25AB的检测方法

序号	操作步骤	检测结果	后续步骤
1	检查活塞冷却喷嘴电磁阀控制电路引脚是否对电源短路	是	维修线束
		否	下一步
2	检查ECM端对应活塞冷却喷嘴电磁阀控制电路引脚是否对电源短路	是	检修ECM
		否	诊断帮助

第六章 排放控制系统技术改进与故障检修

一、排放控制系统概述

1. 汽油发动机排放的有害气体成分

汽油发动机有害气体排放主要有三种渠道：混合气燃烧后的尾气排放、燃油系统的蒸发排放、曲轴箱内部的油气排放，如图 6-1 所示。

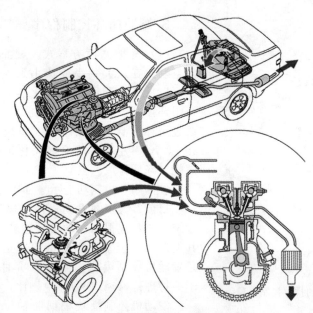

图 6-1 汽油发动机有害气体排放渠道

汽油发动机排放的有害气体主要有三种。

（1）一氧化碳（CO）。汽油发动机气缸内的混合气燃烧时，混合气中的汽油和空气中的氧气发生化学反应，在理想情况下，燃烧生成二氧化碳和水，并且释放出大量的热能推动发动机做功。

混合气的燃烧过程非常复杂，通常化学反应分为若干步骤完成，CO 便是这些化学反应的中间过程产物。如果混合气中的氧气含量不足，CO 便无法完成正常的燃烧过程，随着废气被排出发动机。混合气中的氧气含量越高（稀混合气），燃烧生成的废气中 CO 的含量就越少；混合气中的氧气含量越少（浓混合气），废气中 CO 的含量就越高。

因此，可以简单地理解：CO 是混合气浓度的指示器，浓混合气的燃烧产物中 CO 浓度高；稀混合气的燃烧产物中 CO 浓度低。

（2）氮氧化合物（NO_x）。氮氧化合物是在高温情况下，空气中的氮气和氧气发生化学反应生成的。氮气在常温下很稳定，当温度升高到 1372℃ 时，氮气和氧气开始发生化学反应。影响 NO_x 含量的主要因素是燃烧温度，温度越高，含量越多。

（3）烃类化合物（HC）。汽油发动机使用的燃料，实际上就是各种烃类化合物的混合体。如果燃烧过程完成得很理想，排放出的废气中 HC 的含量就很低；反之 HC 含量就很高。

很多因素都会影响混合气燃烧过程的正常进行，例如：过浓/过稀的混合气，点火不良，混合气压缩不够等，这些因素都会使废气中 HC 的含量升高。即使是正常的燃烧过程，由于各种各样的原因，总会有少部分燃油没有燃烧而直接排出发动机。在车辆正常使用条件下，燃油系统也会挥发出一定量的燃油蒸气（HC）。

2. 排放控制手段

汽油机的排放控制手段主要有：燃油闭环控制、曲轴箱通风（PCV）、废气再循环（EGR）、二次空气喷射（AIR）、三元催化转换（CAT/TWC）、燃油蒸气回收控制（EVAP）、颗粒物捕集（GPF）等，如图 6-2 所示。

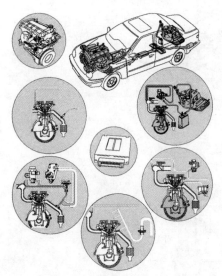

图 6-2 汽油机的排放控制手段

3. 燃油闭环控制程序

（1）速度-密度方程式。燃油闭环控制程序可以使空燃比在从大到小或从小到大之间循环变化，这样可以从充分利用三元催化器的效能，如果没有进行闭环控制，三元催化器仅能发挥最大 70% 的效能。通过闭环控制，发动机电控系统最终把空燃比控制在 14.7∶1 左右，从而最大化地发挥三元催化器的效能、降低排放。

燃油闭环控制功能示意如图 6-3 所示。

目前，大多数发动机使用速度-密度式燃油控制系统。该系统根据发动机转速和负荷来控制喷油量，其他参数用于基本燃油量的修正。速度密度方程式是发动机控制模块如何计算喷油器脉宽的表述，用于保持理论（14.7∶1）空燃比，如图 6-4 所示。

发动机控制模块根据曲轴位置传感器信号计算发动机转速（RPM）。凸轮轴位置（CMP）传感器确定哪个气缸应接收燃油和火花。由理论最大（额定）发动机转速除以发动机当前转速值来确定基本的空气流需求。速度-密度方程式使发动机控制模块确定当前进入发动机的最大可能的空气流比例（%）。

歧管绝对压力（MAP）传感器测量进气歧管内部压力（真空），发动机控制模块将测量值与大气压力进行对比。速度-密度方程式用大气压力除以 MAP，从而确定发动机负荷水平。

由于歧管绝对压力传感器自身响应稍有迟滞，因此发动机控制模块根据节气门位置、大气压力和怠速控制模块阀（IAC）位置（如配备）的输入信号计算预期的 MAP 值，所计算

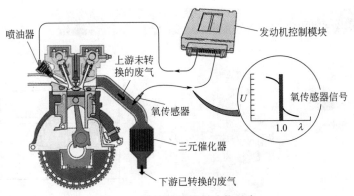

图 6-3 燃油闭环控制功能示意

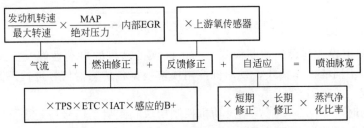

图 6-4 燃油闭环控制功能的速度密度方程式

的值被称为 T-MAP。

(2) 同步喷射和非同步喷射策略。早期采用进气歧管喷射方式的发动机,燃油喷射控制系统对各缸进行独立喷射,即曲轴每旋转 2 周,各气缸喷射 1 次。

具体的燃油喷射方式有两种:一种是同步喷射,即在基本喷射时间内依据各传感器输出的信号进行修正;另一种是非同步喷射,基本喷射时间与曲轴转角时刻没有对应关系,而是根据各传感器信号计算出最佳喷射时间进行喷射。

此外,为了保护发动机及提高燃油利用率,发动机控制模块根据运转状态暂停喷射燃油,即停供燃油控制。同步喷射和非同步喷射策略示意如图 6-5 所示。

图 6-5 同步喷射和非同步喷射策略示意

① 同步喷射影响因素。当发动机启动时,发动机控制模块根据发动机转速、蓄电池电压、冷却液温度等参数信号确定燃油喷射时间。为了防止启动时的过量喷射,发动机控制模块根据曲轴转动时间来增、减燃油喷射量。

燃油系统同步喷射影响因素如图 6-6 所示。

燃油喷射修正时间包括:进气温度、热机增量、启动后增量、过渡工况空燃比修正、燃油附壁、高负荷、燃油压力、空燃比反馈等。

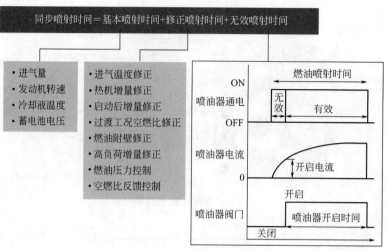

图 6-6 燃油系统同步喷射影响因素

② 非同步喷射模式与燃油切断模式。为了确保发动机的启动性能及加速响应性，系统采用与同步喷射不同的工作模式，发动机控制模块根据各传感器信号进行工况识别，各气缸将同时进行一定量的喷射。

例如，启动时的非同步喷射，当发动机控制模块收到启动信号后，进行一次非同步喷射控制，以提高发动机的启动性能。

加速时的非同步喷射，当发动机控制模块识别到节气门开度的增量超过设定值时，进行非同步喷射控制，以提高发动机的加速响应性。

发动机转速降低工况的非同步喷射，当燃油系统进行停供燃油、恢复供油控制或发动机转速急剧下降时，发动机控制模块进行非同步喷射控制，以确保发动机的运转性。

例如减速时的停供燃油控制，发动机控制模块根据节气门关闭位置信号来进行断油控制，避免发动机转速超过规定值，而且可以防止不点火造成的三元催化器过热，并且能够起到节约燃油、降低排放的作用。冷却水温低时，发动机控制模块提高超速断油的发动机转速，以及提高恢复燃油喷射的发动机转速。

又如当车辆从空挡向前进挡换挡时，如果发动机转速超过规定值，那么发动机控制模块将暂时停止燃油喷射，从而起到降低变速振动和保护变速器的作用。

非同步喷射模式与燃油切断模式如图 6-7 所示。

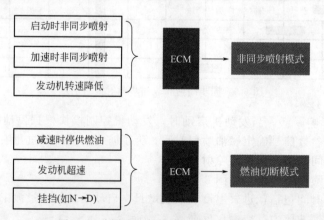

图 6-7 非同步喷射模式与燃油切断模式

对于缸内直喷发动机，燃油喷射控制过程更加复杂，在一个喷射周期内，喷油器可以进行多次喷射，控制过程更加精细。

二、燃油修正控制技术

1. 闭环与开环

虽然发动机控制模块通过复杂的方法计算出最佳的喷油脉宽来控制混合气的空燃比，但是发动机的工作状态很复杂，有些时候并不能使混合气的空燃比达到最佳。例如：进气道有漏气、喷油器堵塞等现象。因此，发动机控制模块需要根据氧传感器信号对喷油量进行修正，以期更精确地控制空燃比。

氧传感器通过比较废气与外界空气中氧的浓度差异来判断混合气空燃比。如果废气中氧的含量很低，则混合气浓；反之，混合气就会变稀。氧传感器发出直流电压信号，信号电压介于0~1V之间不断跳跃，信号接近0V，表示混合气稀；信号接近1V，表示混合气浓。

典型的氧传感器信号电压如图6-8所示。

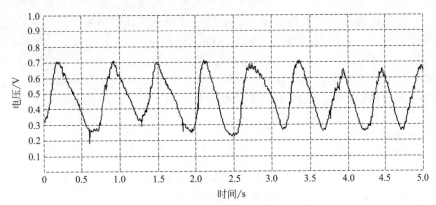

图6-8 典型的氧传感器信号电压

注意，氧传感器信号电压工作范围为0~1V，但并不等于信号线对地电压都是0~1V，这取决于传感器接地回路基准电压的设定。例如，博世系统在某些发动机上配置的氧传感器，其接地回路电压并不是0V，而是2V或2.5V，因此氧传感器信号对地电压也会同步升高，这种设计方案主要是为了防止氧传感器信号电压降至接地电压（混合气过稀）后难以恢复，出现迟滞或干扰现象。

当发动机处在相对稳定的工作状态时，发动机控制模块根据氧传感器的反馈修正喷油量，使空燃比尽可能接近理论空燃比，这种控制模式称为"闭环燃油喷射控制"。当发动机控制模块没有根据氧传感器信号进行燃油喷射量修正时，这种控制模式称为"开环燃油喷射控制"。

2. 开环控制模式

在发动机冷启动工况下，一般来说，如果发动机处于氧传感器工作温度过低、节气门全开、转速变化较大等状态，那么发动机控制模块启用开环控制模式。在此模式下，氧传感器信号被忽略，发动机控制模块根据预先编程的数值和参考其他传感器的输入信号进行空燃比调节。

氧传感器内部集成用于加热的元件，并使氧传感器尽快达到工作温度，从而使系统快速启用闭环控制模式，起到降低排放的作用。典型的闭环控制模式条件如下。

（1）发动机温度超过2℃。

（2）氧传感器温度超过349℃。

（3）计时器计时完毕。计时器记录的时间是指发动机由启动到运行的转变时间，计时时间是变化的，根据点火钥匙接通时的发动机温度存在对应关系，如表6-1所示。

表 6-1 典型的进入闭环控制模式时间

发动机温度/℃	进入闭环控制模式时间/s
1.67	41
10	36
21.1	19
75	11

3. 闭环控制模式

在闭环控制模式下，发动机控制模块检测废气中氧的含量，根据氧传感器的反馈进行空燃比调节。上游氧传感器（前氧传感器）的电压信号用来验证燃油系统是否工作在理论空燃比下，在理论空燃比下，尾气排放的HC、CO和NO_x都接近于最低点。闭环控制模式有以下两种控制方式。

（1）短期闭环：在短期闭环控制方式下，发动机控制模块响应氧传感器信号的数值，对喷油脉宽即时进行修正，但是这些数值不会存储在发动机控制模块的存储器中。短效闭环工作条件如下。

① 发动机温度超过0℃。

② 氧传感器信号正常变化。

③ 计时器计时完毕，注意，计时时间是变化的，时间长短主要取决于点火钥匙接通时的温度高低，温度越低，计时时间越长，反之亦然

（2）长期闭环：基于短期修正的数值，长期的数值被存储在发动机控制模块的非易失性的存储器内，工作参数如下。

① 发动机达到工作温度。

② 所有计时器计时完毕。注意：时间和温度会根据不同的发动机类型而不同。

在14.7：1的空燃比附近，氧传感器的信号电压在2.5～3.5V之间变化，当氧传感器检测到过多的氧气时，信号电压接近2.5V；当氧传感器检测到过少的氧气时，信号电压接近3.5V。

传统的氧化锆氧传感器不会按照线性方式响应，而是使信号跳跃式变化，这是因为当实际空燃比较浓时，氧传感器产生的电压会始终较高，当实际空燃比较稀时，氧传感器产生的电压会始终较低，所以传感器信号电压是在理论值范围区域进行明显的开关变化（跳跃）。也就是说，发动机控制模块只能根据氧传感器信号判断实际空燃比相对于理论值是浓或稀，但无法判定混合气浓度具体有多浓或多稀。

如图6-9所示，当氧传感器信号电压超过预设的高阈值或低阈值，称为开关点，发动机控制模块按照

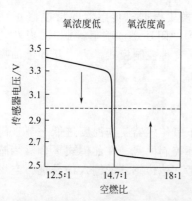

图 6-9 氧传感器信号电压的变化趋势

计数方式判断浓稀，同时进行相应的增减喷油量调整，废气中氧含量发生相应变化并使氧传感器信号反向跳跃，这个过程不断地重复进行。

4. 短期燃油修正

短期燃油修正（Short Term Fuel Trim，STFT）是发动机控制模块内部的一个程序，用于修正喷油脉宽。短期燃油修正量是根据上游氧传感器信号确定的，在诊断仪界面中通常显示的是一个百分比系数。

（1）STFT＝0：表示喷油量不需要修正，发动机控制模块按照基本喷油量进行喷油。

（2）STFT 为正数，例如 5%，表示当前喷射量在基本喷油量的基础上增加 5%。

（3）STFT 为负数，表示需要减少喷油量。

当氧传感器信号反馈混合气过浓时，发动机控制模块持续减小短期燃油修正系数，以减少喷油量，当喷油量减少到一定程度后，氧传感器信号反馈混合气过稀，发动机控制模块相应加大 STFT 以增加喷油量，直到氧传感器信号再次反馈混合气过浓。控制过程如此往复循环，始终将实际空燃比控制在理论空燃比附近。

短期燃油修正系数与氧传感器信号电压对应关系如图 6-10 所示。

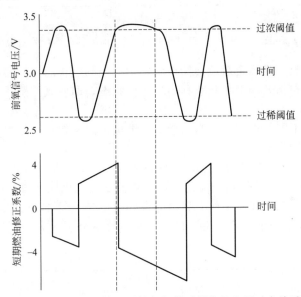

图 6-10　短期燃油修正系数与氧传感器信号电压对应关系

如果发动机控制模块持续加大或减小 STFT，但不能使氧传感器信号在理论空燃比附近切换，那么发动机控制模块将判断为故障，相应设定故障码（DTC）。

发动机电控系统不同，短期燃油修正调节范围也不同，如有的品牌发动机电控系统，其短期燃油修正调节范围为±33%。

5. 长期燃油修正

长期燃油修正系数（Long Term Fuel Trim，LTFT）也是发动机控制模块内部的一个程序，用于修正喷油脉宽。这种控制策略又称为"自适应燃油策略"，该控制策略的特点是能够"学习"，将闭环控制状态下的燃油修正结果记录在发动机控制模块内，即使发动机停机后也不会丢失。

长期燃油修正也是按百分比系数进行计算的，该系数的含义是：如果短期燃油修正系数长时间保持为正数或负数，那么发动机控制模块会判断喷油量出现偏差，需要调整基本喷油量，使得 STFT 回到 0，此时调整喷油量的幅度就是长期燃油修正系数。

长期燃油修正与短期燃油修正、前氧传感器信号对应关系如图 6-11 所示。

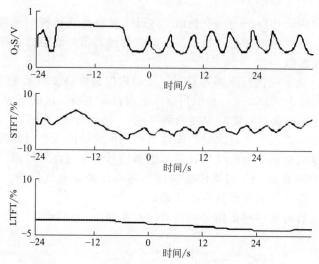

图 6-11　长期燃油修正与短期燃油修正、前氧传感器信号对应关系

长期燃油修正系数一旦确定后就会储存到发动机控制模块的存储器内，并且应用在发动机的所有工作状态，包括开环工作状态和闭环工作状态，即使氧传感器失效，长期燃油修正系数也不会丢失。

发动机电控系统不同，长期燃油修正调节范围也不同，如有的品牌发动机电控系统，其长期燃油修正调节范围为±33%。

为了在发动机所有工况下都维持正确的排放，基于发动机转速（RPM）和负荷（MAP）的燃油修正自适应监视器被应用，该监视器是发动机控制模块的内部程序。使用诊断仪启动该显示器（注意，并不是所有品牌的发动机电控系统都开放此诊断窗口），可以看到共 26 个单元格，其中两个单元格用于怠速工况，其他分别代表不同的发动机负荷和转速工作范围，如图 6-12 所示。

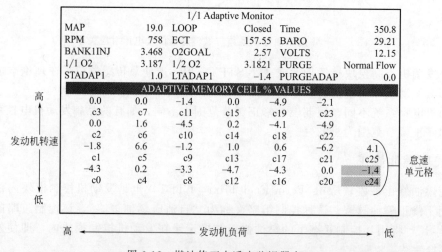

图 6-12　燃油修正自适应监视器窗口

单元格结构是基于发动机转速和歧管压力（相当于发动机负荷）特征的矩阵结构，纵坐标代表不同的发动机转速数值，横坐标代表不同的进气歧管压力数值。

不管任何时候，影响发动机工作的部件被更换后，自适应记忆值应重设（复位或归零），如果没有这样操作，那么当发动机启动后运行在开环模式下时，发动机控制模块将延用故障检修前的长期自适应记忆值，这会造成发动机工作粗暴。

6. 燃油修正影响因素与检测

（1）实际燃油修正量的计算。发动机电控系统的实际燃油修正量是短期燃油修正与长期燃油修正之和，即实际燃油修正量＝STFT＋LTFT。如 STFT 为－10％，LTFT 为 8％，则实际燃油修正量为－2％。

（2）短期燃油修正与开闭环控制模式的关系。只有在闭环控制模式下，发动机控制模块才能启用短期燃油修正程序。在发动机运行过程中，相对稳定的工况如怠速、缓加速/减速等，系统采用长期闭环控制策略。当快速改变工况时，如急加速、急减速等，系统将暂时取消闭环控制模式，进行开环控制模式调控，以便优先满足发动机的动力需求。当点火开关关闭后，短期燃油修正值自动清除。

（3）长期燃油修正与开闭环控制模式的关系。长期燃油修正在开环和闭环控制模式下均工作，长期燃油修正值间隔进行调整并被储存，当点火开关关闭后，长期燃油修正值依然能够保存并在下次启动后继续延用。

（4）燃油修正闭环控制失效的常见原因。一般来说，发动机轻微的机械或电控故障，不会导致燃油修正闭环控制失效，这也是为了尽可能使发动机处于闭环控制模式下运行，满足降低排放的要求。

只有当发动机出现严重故障时，如直接影响排放的故障，闭环控制模式才会被取消，切换为开环控制模式，发动机控制模块忽略前氧传感器参数，同时启用相应的故障运行模式，维持发动机的基本运行功能。

维修经验表明，导致燃油修正闭环控制失效的常见原因如下。

① 前氧传感器故障。如加热器损坏或线路连接不良；氧传感器供电、接地、信号线路连接不良；氧传感器本身损坏、性能老化等。

② 电子节气门故障。电子节气门卡滞、损坏或线路连接不良等。

③ 严重的点火系统故障。如点火线圈、火花塞损坏、性能老化等。

④ 严重的燃油系统故障。如喷油器短路、断路、堵塞、泄漏、性能老化；高压油泵损坏或电路失效；轨压传感器损坏或导线连接不良等。

注意，并不是所有发动机的故障启用条件都是相同的，如轨压传感器断路，有的发动机电控系统会取消闭环控制模式，有的则不受影响，因此要具体问题具体分析，通过实际验证来识别影响因素。

⑤ 发动机控制模块功能性损坏。如发动机控制模块内部的喷油器驱动模式损坏，导致对应的喷油器无法喷油，系统检测到失火故障（缺缸），燃油修正闭环控制模式失效。

（5）品牌 A 博世发动机电控系统数据流识读。品牌 A 某缸内直喷涡轮发动机采用博世电控系统，在闭环（CL）控制模式下，短期燃油修正值和长期燃油修正值都能够正常调控，如图 6-13 所示。

出于某种原因，闭环控制模式失效，系统启用开环（OL）控制模式，这会导致短期燃油修正功能失效（0％），但长期燃油修正功能不受影响，如图 6-14 所示。

（6）品牌 A 德尔福发动机电控系统数据流识读。品牌 A 某缸内直喷涡轮发动机采用德尔福电控系统，在怠速工况（平稳工况）下处于闭环控制模式，短期燃油修正值能够正常调控,如图 6-15 所示。

数据流名称	值	标准值	单位
燃油系统1状态	CL		
发动机冷却液温度	45	80-110	℃
短期燃油修正(缸组1)	14.06	-15-15	%
长期燃油修正(缸组1)	7.03	-25-25	%
发动机转数	1800.50	0-6000	RPM

图 6-13 闭环控制模式下的短期和长期燃油修正数据流

数据流名称	值	标准值	单位
燃油系统1状态	OL		
发动机冷却液温度	33	80-110	℃
短期燃油修正(缸组1)	0	-15-15	%
长期燃油修正(缸组1)	10.94	-25-25	%
发动机转数	996	0-6000	RPM

图 6-14 开环控制模式下的短期和长期燃油修正数据流

数据流名称	值	单位
燃油系统状态	闭环	
发动机转速	694	RPM
(B1-S1)短期燃油调整	-2.34	%

图 6-15 怠速工况的闭环控制模式及短期燃油修正数据流

如果在发动机运行过程中闭环条件不满足,那么闭环控制模式将被取消,同时短期燃油修正失效(0%),如图 6-16 所示。

数据流名称	值	单位
燃油系统状态	闭环条件不满足	
发动机转速	708.25	RPM
(B1-S1)短期燃油调整	0	%

图 6-16 闭环条件不满足的短期燃油修正数据流

(7)故障诊断流程。根据燃油修正控制的故障类型及严重程度,发动机控制模块判断是否设定故障码、点亮故障灯及启用故障运行模式。在实际维修工作中,我们可以使用诊断仪,结合故障码、数据流及具体的故障症状,参照维修手册内容,进行相应的检修工作。下面举例说明诊断方法。

① 故障码:P217700。故障码定义:空燃比闭环控制自学习值超上限(中负荷区)。
故障码报码条件:自学习因子超过阈值。
故障可能原因:油路系统硬件泄漏或堵塞;进气管路故障;氧传感器线束接插件电路故

障；氧传感器故障。

故障码 P217700 的检测方法如表 6-2 所示。

表 6-2 故障码 P217700 的检测方法

序号	操作步骤	是	否
1	把点火开关置于"ON"位置	转第 2 步	—
2	用诊断仪读取 ECM 是否有该故障码	转第 3 步	排查其他故障码
3	接上燃油压力表,启动发动机,检查燃油压力是否正常	转第 4 步	维修燃油系统
4	检查喷油器是否存在泄漏或堵塞现象	排除故障	转第 5 步
5	检查燃油情况,询问客户是否加注指定标号汽油;加油后,车辆工作是否有异常	更换燃油	转第 6 步
6	进气管路是否堵塞、漏气、被压扁或损坏;炭罐电磁阀是否卡死;气门间隙是否异常;节气门体是否卡滞,导致气路不通畅	排除故障	转第 7 步
7	检查点火线圈、火花塞是否工作异常	排除故障	转第 8 步
8	不得断开前氧传感器接插件,测量前氧传感器加热电路正极电压是否为 12V	转第 9 步	维修线束
9	不得断开前氧传感器接插件,测量前氧传感器加热电路负极电压是否为 12V	维修线束	转第 10 步
10	不得断开前氧传感器接插件,测量前氧传感器加热电路正极和负极之间电压是否为 12V	转第 11 步	维修线束
11	不得断开后氧传感器接插件,测量后氧传感器信号电路和信号接地电路之间的电压是否在 0.45V 左右	转第 12 步	更换后氧传感器
12	启动车辆,运行至冷却液温度达到正常值,急速,检测后氧传感器信号电路和信号接地电路之间的电压是否在 0~1V 之间跳变	转第 13 步	更换后氧传感器
13	断开前氧传感器接插件,测量前氧传感器信号接地电路和信号电路是否短路	转第 14 步	更换前氧传感器
14	连接前氧传感器接插件,重复步骤 6~7,检查电压信号是否分别在 0.44~0.46V 之间和 0~1V 之间跳变	转第 15 步	更换前氧传感器
15	将点火开关置于"ON"位置,连接诊断仪,发送故障码清除指令,启动发动机并达到检测启动条件,观察故障码是否再次报出	诊断帮助	系统正常

注意：对于配置 VVT 或者 EGR 的车辆,还需要检查 VVT 工作是否正常和 EGR 管路是否堵塞。

② 故障码：P217800。故障码定义：空燃比闭环控制自学习值超下限（中负荷区）。

故障码报码条件：自学习因子超过阈值。

故障可能原因：油路系统硬件泄漏或堵塞；进气管路故障；氧传感器线束接插件电路故障；氧传感器故障。

故障码 P217800 的检测方法如表 6-2 所示。

③ 故障码：P218700。故障码定义：空燃比闭环控制自学习值超上限（急速）。

故障码报码条件：自学习因子超过阈值。

故障可能原因：油路系统硬件泄漏或堵塞；进气管路故障；氧传感器线束接插件电路故障；氧传感器故障。

故障码 P218700 的检测方法如表 6-2 所示。

④ 故障码：P218800。故障码定义：空燃比闭环控制自学习值超下限（怠速）。

故障码报码条件：自学习因子超过阈值。

故障可能原因：油路系统硬件泄漏或堵塞；进气管路故障；氧传感器线束接插件电路故障；氧传感器故障。

故障码 P218800 的检测方法如表 6-2 所示。

7. 氧传感器监测

（1）氧传感器概述。氧传感器用于测量发动机排气的氧含量，发动机控制模块根据该信号判断混合气浓度，对混合气浓度进行调控，确保三元催化器对排气中的 HC、CO 和 NO_x 转化效率最大。

氧传感器有两种类型：一种是跳跃式氧传感器，适用于歧管喷射发动机及三元催化器后氧传感器的功能特性；另一种宽线性氧传感器，也称为宽域氧传感器，适用于缸内直喷发动机及三元催化器前氧传感器的功能特性。

发动机控制模块根据跳跃式氧传感器的信号电压来识别氧含量，其电压信号特性如图 6-17 所示。

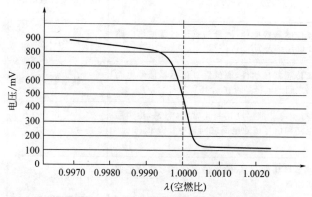

图 6-17　跳跃式氧传感器的电压信号特性

发动机控制模块根据宽域氧传感器的泵电流来识别氧含量，其泵电流信号特性如图 6-18 所示。

氧传感器是监测发动机排放系统的非常重要的传感器，该传感器作为一个综合部件受到监测，监测内容包括状态变化和氧传感器加热器性能。典型的跳跃式氧传感器外观结构如图 6-19 所示。

（2）氧传感器加热器监测程序。氧传感器使用正温度系数加热器（PTC）。当发动机启动后，加热器能够使氧传感器快速上升至工作温度，加热器通常由主继电器提供蓄电池电压，其控制端由发动机控制模块控制，目前许多品牌采用脉宽调制（PWM）方式来控制加热器的加热程度。

为确定加热器电路的工作温度，发动机控制模块会关闭氧传感器加热器驱动器，然后在 12V 供电电路和氧传感器加热器之间形成 10kΩ 的电阻。发动机控制模块测量该电阻两端的电压降，然后根据已知 10kΩ 预定值来计算实际的加热器电阻，再断开 10kΩ 电阻并启动加热器驱动器。该过程每秒重复一次，验证加热器电路是否工作正常，并通过间接方式确定氧传感器温度。

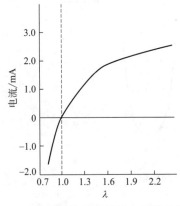

图 6-18　宽域氧传感器的泵电流信号特性

图 6-19　典型的跳跃式氧传感器外观结构

发动机控制模块会持续维持理想的氧传感器加热器温度，氧传感器加热器和电路同样被视为一个综合部件，这些电路会受到持续监测是否开路、对地短路或对电源短路。氧传感器加热器监测程序属于每行程进行一次的监测程序，该监测程序在行驶循环中有可能出现失败。氧传感器加热器会以两种方式失败：第一种为电路故障，为此会生成与加热器电路故障相关的故障码，故障类型为单行程故障；第二种为监测程序故障，因性能故障生成相关故障码，故障类型为双行程故障。

（3）氧传感器状态变化监测程序。氧传感器提供反馈信号，使发动机控制模块维持在 14.7∶1 的理论空燃比。氧传感器工作时相当于一个可产生 0~1V 电压信号的原电池，发动机控制模块内部的偏置电压会改变信号电压并在 2.5~3.5V 范围内波动。

当实际空燃比大于理论值时，氧传感器产生的电压会呈连续高压；而空燃比小于理论值时，所产生的电压会呈连续低压。该传感器信号电压在到达理论空燃比时会显著变化。该传感器信号电压在所有其他空燃比时相对不变。

通过改变喷油量，发动机控制模块会交替增加和降低排气内的氧含量，这就会导致更高和更低的氧传感器电压。空燃比和排气氧含量的变化会造成氧传感器信号输出不断在高压、低压高压之间来回波动，由此产生类似正弦波形的氧传感器信号。

良好的氧传感器信号波形会在浓和稀转换点的上方及下方摆动，氧传感器输出一个可快速响应的信号电压，氧传感器状态变化监测程序就是用于确定氧传感器是否能够快速响应或响应迟滞。在监测期间，发动机控制模块每 10ms 采集一次氧传感器信号电压并进行计数，如图 6-20 所示。

连续 10ms 的计数值放在五个一组的单元格内。各单元格基于歧管绝对压力和发动机转速模型，与长期自适应单元格类似，如图 6-21 所示。

各单元格的和乘以加权系数，然后将五个加权系数的单元格数值相加，并除以总测试时间。该结果为平均电压变化值，如果该值超过校准值，那么监测程序通过测试。

8. 宽域氧传感器

（1）概述。基于缸内直喷的稀薄燃烧技术，传统的开关型（两极）氧传感器已不能满足高排放标准的要求，需要配置控制精度更高的前氧传感器，即线性宽域氧传感器，简称宽域或宽带氧传感器。一般来说，宽域氧传感器用于测量三元催化器上游的氧含量，如图 6-22 所示。

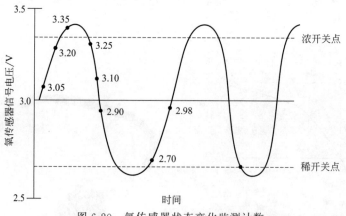

图 6-20 氧传感器状态变化监测计数

Bin 1	Bin 2	Bin 3	Bin 4	Bin 5
15	20		28	
10				

图 6-21 氧传感器变化状态计数单元格

图 6-22 安装在三元催化器上游位置的宽域氧传感器

发动机控制模块根据宽域氧传感器信号确定空燃比,应对当前发动机转速、负荷及其他条件下的混合气浓度控制。前氧传感器主要有以下两种功能。

① 启动短期燃油修正功能:发动机控制模块按照速度-密度方程式计算特定工作条件下的喷油脉宽,目标是维持 14.7:1 的理论空燃比。当系统进入闭环工作时,发动机控制模块启动短期燃油修正(STFT)程序,其前提条件之一是前氧传感器性能必须正常。

长期燃油修正(LTFT)程序存储在长期燃油修正存储单元内,在开环或闭环模式下都可使用,一般来说,前氧传感器损坏不会造成长期燃油修正功能失效。

② 确保三元催化器发挥最大效能:在 14.7:1 的理论空燃下,将发动机尾气排放降至最易于控制的水平,同时保证三元催化转换器发挥出最大工作效能。

(2)结构与工作原理。宽域氧传感器的基本控制原理是以普通氧化锆型氧传感器为基础扩展而来的,利用了氧化锆的两个特性:一是当氧化锆两侧的含氧量不同时,在氧化锆两侧的电极上产生电动势,普通氧传感器正是利用氧化锆的这一特性;二是与第一个特性相反,即在氧化锆两侧的电极上加上电压时,可以使氧离子移动。

为此需要在传统氧传感器的结构基础上,增加一个氧化锆基层并由此构成测试腔,其结构原理如图 6-23 所示。

宽域氧传感器的两个重要部分,一部分称为感应室,它的一侧与大气接触。另一侧是测量室,通过扩散孔与排气接触。和普通氧化锆传感器一样,由于测量室两侧的氧含量不同而产生一个电动势,一般的氧化锆传感器将此电压作为发动机控制模块的输入信号来控制空燃比。

宽域氧传感器与此不同的是:发动机控制模块使测量室两侧的氧含量保持一致,让电压值维持在 0.45V，这是个标准电压值，表示混合气浓度为 14.7∶1。

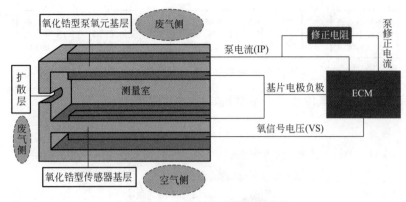

图 6-23 宽域氧传感器结构原理

另一部分是关键部件——泵氧元，泵氧元一侧与排气接触，另一侧与测量室相连。泵氧元利用氧化锆传感器的反作用原理，当电流施加于氧化锆基层（泵氧元）时，将促使氧离子的移动，把排气中的氧泵入测量室，使测量室两侧的电压值维持在 0.45V。这个施加在泵氧元上变化的电流，才是发动机控制模块所需要的氧含量信号。

① 混合气偏浓时的宽域氧传感器工作原理。当混合气偏浓时，排气中的氧含量下降，扩散孔溢出的氧较多，测量室的电压随之升高。为保持测量室电压为 0.45V，发动机控制单元增加泵电流，提高泵氧效率，使测量室的氧含量增加，从而使测量室的电压恢复为 0.45V。

混合气偏浓时的宽域氧传感器工作原理如图 6-24 所示。

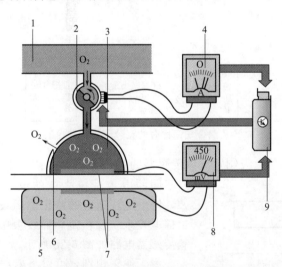

图 6-24 混合气偏浓时的宽域氧传感器工作原理
1—尾气；2—泵氧元；3—测量室；4—泵电流；5—空气；6—扩散孔；7—氧化锆基层；
8—氧传感器信号电压；9—发动机控制模块

混合气偏浓时的宽域氧传感器控制流程如图 6-25 所示。

② 混合气偏稀时的宽域氧传感器工作原理。当混合气偏稀时，排气中的氧含量上升，扩散孔溢出的氧较少，测量室的电压随之降低。为保持测量室电压为 0.45V，发动机控制单元减小泵电流，降低泵氧效率，使测量室的氧含量减少，从而使测量室的电压恢复

为 0.45V。

图 6-25 混合气偏浓时的宽域氧传感器控制流程

混合气偏稀时的宽域氧传感器工作原理如图 6-26 所示。

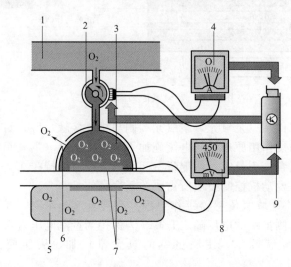

图 6-26 混合气偏稀时的宽域氧传感器工作原理
1—尾气；2—泵氧元；3—测量室；4—泵电流；5—空气；6—扩散孔；
7—氧化锆基层；8—氧传感器信号电压；9—发动机控制模块

混合气偏稀时的宽域氧传感器控制流程如图 6-27 所示。

图 6-27 混合气偏稀时的宽域氧传感器控制流程

（3）线路连接。虽然六线制宽域氧传感器的修正电阻（微调电阻）设在传感器的外部，但不同的电控系统具体的设计方案会有所不同。例如，博世电控系统的修正电阻设在线束连接器中，德尔福电控系统设在传感器线束中。典型的六线制宽带氧传感器电路如图 6-28 所示。

为了便于识别，可以将六线制宽域氧传感器线路分成 3 个部分。

① 两根用于加热器：其中一根用于加热器供电，由主继电器提供蓄电池电压；另一根用于加热器控制回路，与发动机控制模块相连。

② 两根用于氧传感器：其中一根用于氧传感器信号；另一根用于接地回路，这两根导线都与发动机控制模块相连。

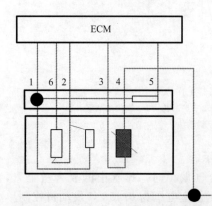

图 6-28 典型的六线制宽带氧传感器电路

③ 两根用于泵氧元：其中一根用于泵电流；另一根用于泵电流修正，这两根导线都与发动机控制模块相连。

（4）数据流解析。如某品牌博世电控系统，在怠速工况的闭环控制模式下，前氧传感器信号电压动态变化，如图 6-29 所示。

若断开前氧传感器的线束插头，则信号电压变为 1.50V 且不再变化，因此该数值是启用故障模式后的替代值。

如某品牌德尔福电控系统，在怠速工况的闭环控制模式下，前氧传感器信号电压基本不变化，为 1.28V，如图 6-30 所示。

数据流名称	值	单位
发动机转速	693.50	RPM
下游氧传感器输出电压	0.78	V
上游传感器电压(ADC值)	1.29	V
短期燃油调整	243	
氧传感器状态	打开	

图 6-29　某品牌博世电控系统的前氧传感器相关数据流

数据流名称	值	单位
燃油系统状态	闭环	
发动机转速	694	RPM
(B1-S1)氧传感器电压	1.28	V
(B1-S1)短期燃油调整	−2.34	%
前氧电压值	1102.43	mV

图 6-30　某品牌德尔福电控系统的前氧传感器相关数据流

前氧传感器信号电压基本不变化，这是正常的，因为在泵电流的作用下，前氧传感器信号电压应保持稳定。由上面两种电控系统的数据流可知，前氧传感器数据是否正确，应结合具体车型及电控系统而定，而且需要实际验证来理解相关数据的真实含义。

如果诊断仪具备 OBD 诊断菜单，那么选取该菜单，可以查看更为详细的前氧传感器相关数据流，如图 6-31 所示。

EOBD V22.62＞数据流显示			
数据流名称	值	标准值	单位
燃油系统1状态	CL		
短期燃油修正(缸组1)	6.25	−15-15	%
长期燃油修正(缸组1)	−10.16	−25-25	%
当量比(λ)(缸组1,传感器1)	0.98	0.95-1.2	
氧传感器电流(缸组1,传感器1)	−0.07	0-4	mA

图 6-31　OBD 诊断菜单的前氧传感器相关数据流

（5）检测方法。宽域氧传感器通常应用于前氧传感器，失效会导致燃油修正闭环控制功能失效，常规检测方法如下。

① 加热器电阻测量。使用万用表测量氧传感器加热器电阻，若测量结果超出标准值，则更换氧传感器总成。

② 氧传感器信号电压测量。发动机电控系统及控制版本不同，氧传感器信号对地电压测量值也不同，如 0～1V、2.5～3.5V，具体测量结果按实际情况而定。

③ 修正电阻测量。修正电阻（微调电阻）用于泵电流反馈，阻值与电控系统类型及元件本身制造公差有关，具体测量结果按实际情况而定。宽域氧传感器的修正电阻测量方法如图 6-32 所示。

④ 泵电流针脚电压测量。如 0～1V 信号类型的宽域氧传感器，泵电流针脚电压为 −0.16～0.33V，怠速时电压值较低，加速时电压值较高。

⑤ 泵电流修正针脚电压测量。测量方法及数值与泵电流针脚的基本相同。

(a) 博世：修正电阻集成在线束插头中，阻值约156Ω　(b) 德尔福：修正电阻集成在线束中，阻值约522Ω

图 6-32　宽域氧传感器的修正电阻测量方法

9. 国六新型宽域氧传感器

（1）结构与线路识别。目前国六发动机的前氧传感器基本上采用新型宽域氧传感器，这种氧传感器在外观和结构原理方面与早期的六线制宽域氧传感器基本相同，主要的区别在于线束改为五线制，减少的那根导线是泵电流修正导线。也就是说，修正电阻集成在了发动机控制模块内部，外部线路得到简化。

某品牌国六新型宽域氧传感器及线束插头如图 6-33 所示。

图 6-33　某品牌国六新型宽域氧传感器及线束插头

后氧传感器依然沿用原来的跳跃式氧传感器（四线制）。某品牌国六发动机氧传感器线路如图 6-34 所示。

前氧传感器的针脚定义说明如下：1 号针脚 APE 表示泵电流，2 号针脚 IPN 表示氧传感器接地回路，3 号针脚 H－表示加热器控制回路，4 号针脚 H＋表示加热器供电，5 号针脚 RE＋表示氧传感器信号电压。

（2）检测方法。目前，许多品牌的国六发动机氧传感器数据流并不完善，因此如何使用万用表对宽域氧传感器进行检测是非常必要的，下面介绍相关检测要点。

① 电阻测量。拔下宽域氧传感器的线束插头，测量氧传感器 3 号与 4 号针脚之间的电阻值，为 4.0Ω，如图 6-35 所示。

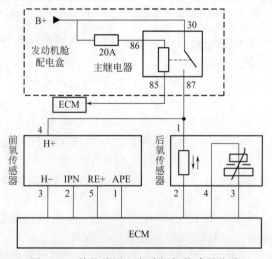

图 6-34　某品牌国六发动机氧传感器线路

注意：加热器电阻大小与温度有关，测量结果是否正常可参考相关维修手册。

② 线束插头针脚电压测量。拔下宽域氧传感器的线束插头，打开点火开关，测量线束插头的 1 号针脚对地电压，约为 7.6V，此电压为泵电流电路的监测电压，如图 6-36 所示。

图 6-35　国六新型宽域氧传感器
加热器电阻值

图 6-36　国六新型宽域氧传感器
泵电流电路监测电压

测量线束插头的 2 号针脚对地电压，约为 7.6V，此电压为传感器接地回路的监测电压，如图 6-37 所示。

测量线束插头的 3 号针脚对地电压，约为 2.5V，此电压为加热器控制回路的监测电压，如图 6-38 所示。

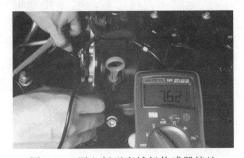

图 6-37　国六新型宽域氧传感器接地
回路监测电压

图 6-38　国六新型宽域氧传感器加热器
控制回路监测电压

测量线束插头的 4 号针脚对地电压，约为 11.6V，此电压为加热器供电电压，即蓄电池电压，如图 6-39 所示。

测量线束插头的 5 号针脚对地电压，约为 7.6V，此电压为氧传感器信号电路的监测电压，如图 6-40 所示。

图 6-39　国六新型宽域氧传感器
加热器供电电压

图 6-40　国六新型宽域氧传感器
信号电路监测电压

③ 线束插头针脚在线电压测量。将线束插头插好，启动发动机，等待发动机运行平稳后，测量 1 号泵电压针脚对地电压，可以看到数值在 2.9～3.2V 之间快速变化，此电压为泵电流对地电压，如图 6-41 所示。

泵电流电压快速变化，说明传感器性能灵敏。进行加速，可以看到该电压能够快速响应，开始降到 2.7V，然后升至 3.6V，最后变化幅度变小，恢复到怠速工况的电压变化状态。

测量线束插头的 2 号针脚对地电压，约为 3.2V，此电压是传感器接地回路对地电压，如图 6-42 所示。

图 6-41 国六新型宽域氧传感器泵电流对地电压

图 6-42 国六新型宽域氧传感器接地回路对地电压

氧传感器接地回路对地电压也就是传感器参考接地电压，可以判断参考接地电压是 3.0V 的类型，这种类型在博世电控系统中应用比较广泛。

此外，进行加速，可以看到该电压会在 3.0～3.4V 之间变化，随后趋于稳定，这说明参考接地电压并不是恒定的，而是与系统电压存在对应关系。

测量线束插头的 3 号针脚对地电压，约为 8.7V，而且有微弱的波动，说明此电压是加热器控制回路电压，属于脉宽调制控制方式，如图 6-43 所示。

测量线束插头的 4 号针脚对地电压，约为 13.0V，此电压是加热器电源电压，即蓄电池电压，如图 6-44 所示。

图 6-43 国六新型宽域氧传感器加热器控制回路对地电压

图 6-44 国六新型宽域氧传感器加热器电源电压

将加热器供电电压与控制回路电压相减，可以得到此时加热器的工作电压，约为 4.3V，此电压与氧传感器加热需求有关，当发动机刚启动完成时，氧传感器加热需求较大，加热器工作电压也较高，随着发动机预热，加热器工作电压会逐渐降低。

测量线束插头的 5 号针脚对地电压，可以看到在 3.5～3.8V 之间快速变化，如图 6-45 所示。

进行加速，可以看到该电压变化不大，说明泵电流控制良好，能够维持测量室的氧含量在理论空燃比范围内。

④ 氧传感器信号电压测量。前面测量的针脚电压都是对地电压,由于该传感器的接地回路电压并不是0V,而是3.2V左右,因此无法测量到0～1V的氧传感器信号电压。实际上,只要测量5号与2号针脚之间的电压,就可以得到0～1V的氧传感器信号电压,而且这种显示方式更加易于理解,如图6-46所示。

图6-45 国六新型宽域氧传感器信号对地电压　　图6-46 国六新型宽域氧传感器信号电压

⑤ 泵电流信号电压测量。同理,测量1号针脚与2号针脚之间的电压,可以得到泵电流电压,而且可以明显地看到在正、负电压值之间不断快速变化,说明元件性能灵敏,功能良好,如图6-47所示。

（3）故障诊断流程。根据国六新型宽域氧传感器的故障类型及严重程度,发动机控制模块判断是否设定故障、点亮故障灯及启用故障运行模式。在实际维修工作中,可以使用诊断仪,结合故障码、数据流及具体的故障症状,参照维修手册内容,进行相应的检修工作。下面举例说明。

图6-47 国六新型宽域氧传感器泵电流信号电压

① 故障码:P003000。故障码定义:前氧传感器加热控制电路开路。

故障码报码条件:驱动通道自诊断故障。

故障可能原因:接插件接插不实或接触不良;前氧传感器加热控制电路引脚端开路;前氧传感器加热控制电路供电端未接主继电器;前氧传感器损坏。

故障码P003000的检测方法如表6-3所示。

表6-3 故障码P003000的检测方法

序号	操作步骤	是	否
1	把点火开关置于"ON"位置	转第2步	—
2	用诊断仪读取ECM是否有该故障码	转第3步	排查其他故障码
3	检查接插件是否接插不实或接触不良	重新插拔	转第4步
4	检查前氧传感器加热控制电路引脚端是否开路	维修线束	转第5步
5	检查前氧传感器加热控制电路供电端是否未接主继电器	维修线束	转第6步
6	检查前氧传感器是否损坏	更换前氧传感器	转第7步
7	检查前氧传感器加热电路对应ECM端引脚是否开路或内部电路是否损坏	维修故障点	转第8步
8	将点火开关置于"ON"位置,连接诊断仪,发送故障码清除指令,启动发动机并达到检测启动条件,观察故障码是否再次报出	诊断帮助	系统正常

② 故障码：P003100。故障码定义：前氧传感器加热控制电路电压过低。

故障码报码条件：驱动通道自诊断故障。

故障可能原因：前氧传感器加热控制电路引脚端对地短路；前氧传感器加热控制电路供电端接地；前氧传感器加热电路 ECM 端对应引脚对地短路。

故障码 P003100 的检测方法如表 6-4 所示。

表 6-4　故障码 P003100 的检测方法

序号	操作步骤	是	否
1	把点火开关置于"ON"位置	转第 2 步	—
2	用诊断仪读取 ECM 是否有该故障码	转第 3 步	排查其他故障码
3	检查接插件是否接插不实或接触不良	重新插拔	转第 4 步
4	检查前氧传感器加热控制电路引脚端是否对地短路	维修线束	转第 5 步
5	检查前氧传感器加热控制电路供电端是否对地短路	维修线束	转第 6 步
6	检查前氧传感器加热电路 ECM 端对应引脚是否对地短路	维修线束	转第 7 步
7	将点火开关置于"ON"位置，连接诊断仪，发送故障码清除指令，启动发动机并达到检测启动条件，观察故障码是否再次报出	诊断帮助	系统正常

③ 故障码：P003200。故障码定义：前氧传感器加热控制电路电压过高。

故障码报码条件：驱动通道自诊断故障。

故障可能原因：前氧传感器加热控制电路引脚端对电源短路；前氧传感器加热电路 ECM 端对应引脚对电源短路。

故障码 P003200 的检测方法如表 6-5 所示。

表 6-5　故障码 P003200 的检测方法

序号	操作步骤	是	否
1	把点火开关置于"ON"位置	转第 2 步	—
2	用诊断仪读取 ECM 是否有该故障码	转第 3 步	排查其他故障码
3	检查接插件是否接插不实或接触不良	重新插拔	转第 4 步
4	检查前氧传感器加热电路 ECM 端对应引脚是否对电源短路	维修线束	转第 5 步
5	将点火开关置于"ON"位置，连接诊断仪，发送故障码清除指令，启动发动机并达到检测启动条件，观察故障码是否再次报出	诊断帮助	系统正常

④ 故障码：P013000。故障码定义：前氧传感器补偿电路开路。

故障码报码条件：在排气温度较低且断油的条件下，氧传感器电压信号长时间高。

故障可能原因：前氧传感器补偿电路开路。

故障码 P013000 的检测方法如表 6-6 所示。

表 6-6　故障码 P013000 的检测方法

序号	操作步骤	是	否
1	把点火开关置于"ON"位置	转第 2 步	—
2	用诊断仪读取 ECM 是否有该故障码	转第 3 步	排查其他故障码
3	检查前氧传感器接插头处补偿电路引脚是否存在接触不良	维修插件	转第 4 步
4	检查前氧传感器线束是否开路	维修线束	转第 5 步

续表

序号	操作步骤	是	否
5	检查前氧传感器线束 ECM 端接插件是否接触不良	维修插件	转第 6 步
6	清除故障码,启动车辆,运行至冷却液温度达到正常值,检查故障是否再次报出	转第 7 步	系统正常
7	检查 ECM 是否异常	更换 ECM	转第 8 步
8	将点火开关置于"ON"位置,连接诊断仪,发送故障码清除指令,启动发动机并达到检测启动条件,观察故障码是否再次报出	诊断帮助	系统正常

⑤ 故障码:P013100。故障码定义:前氧传感器信号电路电压过低(APE/IPE/RE 线对地短路)。

故障码报码条件:前氧传感器信号线 IA、IP、UN、VM 信号为零。

故障可能原因:前氧传感器信号电路对地短路(APE/IPE/RE 线对地短路)。

故障码 P013100 的检测方法如表 6-7 所示。

表 6-7 故障码 P013100 的检测方法

序号	操作步骤	是	否
1	把点火开关置于 ON 位置	转第 2 步	—
2	用诊断仪读取 ECM 是否有该故障码	转第 3 步	排查其他故障码
3	车辆怠速并稍微踩油门踏板一段时间,用万用表测量前氧传感器 IP、VM、IA、UN 电路电压是否接近于 0	维修或更换线束	转第 4 步
4	更换前氧传感器,跟踪故障是否会继续报出	转第 5 步	系统正常
5	检查 ECM 是否正常	转第 6 步	更换 ECM
6	将点火开关置于"ON"位置,连接诊断仪,发送故障码清除指令,启动发动机并达到检测启动条件,观察故障码是否再次报出	诊断帮助	系统正常

⑥ 故障码:P013200。故障码定义:前氧传感器信号电路电压过高(APE/IPE/RE 线对电源短路)。

故障码报码条件:前氧传感器信号线 IA、IP、UN、VM 信号常高。

故障可能原因:前氧传感器信号电路对电源短路(APE/IPE/RE 线对电源短路)。

故障码 P013200 的检测方法如表 6-8 所示。

表 6-8 故障码 P013200 的检测方法

序号	操作步骤	是	否
1	把点火开关置于"ON"位置	转第 2 步	—
2	用诊断仪读取 ECM 是否有该故障码	转第 3 步	排查其他故障码
3	车辆怠速并稍微踩油门踏板一段时间,用万用表测量前氧传感器 IP、VM、IA、UN 电路电压是否常为高电平且变化较小	维修或更换线束	转第 4 步
4	更换前氧传感器,跟踪故障是否会继续报出	转第 5 步	系统正常
5	检查 ECM 是否正常	转第 6 步	更换 ECM
6	将点火开关置于"ON"位置,连接诊断仪,发送故障码清除指令,启动发动机并达到检测启动条件,观察故障码是否再次报出	诊断帮助	系统正常

⑦ 故障码:P013300。故障码定义:前氧传感器老化。

故障码报码条件:前氧传感器动态因子小于阈值。

故障可能原因：前氧传感器老化，响应变慢。

故障码 P013300 的检测方法如表 6-9 所示。

表 6-9　故障码 P013300 的检测方法

序号	操作步骤	是	否
1	把点火开关置于"ON"位置	转第 2 步	—
2	用诊断仪读取 ECM 是否有该故障码	转第 3 步	排查其他故障码
3	检查进、排气系统是否有漏气	排除漏气故障	转第 4 步
4	更换前氧传感器，跟踪故障是否会继续报出	转第 5 步	系统正常
5	将点火开关置于"ON"位置，连接诊断仪，发送故障码清除指令，启动发动机并达到检测启动条件，观察故障码是否再次报出	诊断帮助	系统正常

⑧ 故障码：P219500。故障码定义：前氧传感器特性偏移（偏稀侧）故障。

故障码报码条件：前氧传感器控制积分值超上限。

故障可能原因：排气系统漏气；前氧传感器老化。

故障码 P219500 的检测方法如表 6-9 所示。

⑨ 故障码：P219600。故障码定义：前氧传感器特性偏移（偏浓侧）故障。

故障码报码条件：前氧传感器控制积分值超下限。

故障可能原因：排气系统漏气；前氧传感器老化。

故障码 P219600 的检测方法如表 6-9 所示。

⑩ 故障码：P223700。故障码定义：LSU 型氧传感器 APE 线断路（靠近 ECM 端）。

故障码报码条件：芯片故障寄存器诊断。

故障可能原因：LSU 氧传感器 APE 线靠近 ECM 端断路；ECM 内部电路异常。

故障码 P223700 的检测方法如表 6-10 所示。

表 6-10　故障码 P223700 的检测方法

序号	操作步骤	是	否
1	把点火开关置于"ON"位置	转第 2 步	—
2	用诊断仪读取 ECM 是否有该故障码	转第 3 步	排查其他故障码
3	更换 ECM，观察故障是否复现	诊断帮助	系统正常

⑪ 故障码：P223713。故障码定义：LSU 型氧传感器 APE 线断路。

故障码报码条件：施加泵电流前后，APE 线与 IPE 线之间的电流差低于阈值，RE 线与 IPE 线之间的电流差高于阈值。

故障可能原因：LSU 氧传感器 APE 线断开。

故障码 P223713 的检测方法如表 6-11 所示。

表 6-11　故障码 P223713 的检测方法

序号	操作步骤	是	否
1	把点火开关置于"ON"位置	转第 2 步	—
2	用诊断仪读取 ECM 是否有该故障码	转第 3 步	排查其他故障码
3	检查氧传感器线束及接插件是否断开或接触不良	重新插接	转第 4 步
4	更换前氧传感器。启动车辆，运行至冷却液温度达到正常值，观察故障是否复现	诊断帮助	系统正常

⑫ 故障码：P224300。故障码定义：前氧传感器 RE 线开路。

故障码报码条件：前氧传感器启动阶段加热控制结束后，内阻很大。

故障可能原因：前氧传感器 RE 线断路。

故障码 P224300 的检测方法如表 6-12 所示。

表 6-12　故障码 P224300 的检测方法

序号	操作步骤	是	否
1	把点火开关置于"ON"位置	转第 2 步	—
2	用诊断仪读取 ECM 是否有该故障码	转第 3 步	排查其他故障码
3	检查前氧传感器 RE 电路是否断路	维修线束	转第 4 步
4	检查前氧传感器线束插件是否插接不实	重新插接	转第 5 步
5	将点火开关置于"ON"位置，连接诊断仪，发送故障码清除指令，启动发动机并达到检测启动条件，观察故障码是否再次报出	诊断帮助	系统正常

⑬ 故障码：P225100。故障码定义：前氧传感器 IPE 线断路。

故障码报码条件：前氧传感器启动阶段加热控制结束后，内阻高，信号端电压维持在 1.5V。

故障可能原因：前氧传感器 IPE 线断路。

故障码 P225100 的检测方法如表 6-12 所示。

⑭ 故障码：P241400。故障码定义：前氧传感器输出电压不合理。

故障码报码条件：LSU 感应到非常稀、不存在电路的故障、目标空燃比稀。

故障可能原因：LSU 暴露在空气中或者 LSU 接插件接触不良。

故障码 P241400 的检测方法如表 6-13 所示。

表 6-13　故障码 P241400 的检测方法

序号	操作步骤	是	否
1	把点火开关置于"ON"位置	转第 2 步	—
2	用诊断仪读取 ECM 是否有该故障码	转第 3 步	排查其他故障码
3	检查前氧传感器是否未安装正确，安装在排气歧管外面并接触到大气	重新安装	转第 4 步
4	检查前氧传感器接插头内的调节电阻是否失效，电阻无穷大	更换接插头	转第 5 步
5	检查 ECM 内部的氧传感器处理电路部分，IA 与 IP 线路之间的阻值无穷大	检修或更换 ECM	转第 6 步
6	将点火开关置于"ON"位置，连接诊断仪，发送故障码清除指令，启动发动机并达到检测启动条件，观察故障码是否再次报出	诊断帮助	系统正常

⑮ 故障码：P262600。故障码定义：前氧传感器 MES 线断路。

故障码报码条件：LSU 信号的过氧空气系数长时间保持为 1，目标混合气浓稀的变化对其不起作用。

故障可能原因：前氧传感器 MES 线断路。

故障码 P262600 的检测方法如表 6-14 所示。

表 6-14　故障码 P262600 的检测方法

序号	操作步骤	是	否
1	把点火开关置于"ON"位置	转第 2 步	—
2	用诊断仪读取 ECM 是否有该故障码	转第 3 步	排查其他故障码
3	检查接插件是否接插不良	重新接插	转第 4 步
4	检查前氧传感器线束是否断路	维修线束	转第 5 步
5	检查炭罐电磁阀是否在开启状态被颗粒物卡住	更换炭罐电磁阀	更换前氧传感器,转第 6 步
6	检查 ECM 内部 LSU 氧传感器电路部分是否有异常	检修或更换 ECM	转第 7 步
7	将点火开关置于"ON"位置,连接诊断仪,发送故障码清除指令,启动发动机并达到检测启动条件,观察故障码是否再次报出	诊断帮助	系统正常

10. 三元催化器

（1）作用。三元催化器（TWC）安装在发动机的排气管道上,如图 6-48 所示。

图 6-48　三元催化器

当高温的发动机排气通过三元催化器时,三元催化器中的催化剂（净化剂）将增强 CO、HC 和 NO_x 三种气体的活性,促使其进行一定的氧化-还原化学反应,其中：CO 在高温下氧化成为二氧化碳（CO_2）气体；HC 在高温下氧化成水（H_2O）和二氧化碳（CO_2）；NO_x 还原成氮气（N_2）和氧气（O_2）。

经过氧化-还原反应之后,三种有害气体变成无害气体,使汽车尾气得以净化。由于这种催化器可同时将废气中的三种主要有害物质转化为无害物质,故称三元催化器。

（2）结构与工作原理。三元催化器内部包含贵金属材料,如铂、钯、铑、二氧化铈等。铂、钯是氧化反应的催化剂,在氧化反应过程中需要消耗氧气。铑是还原反应的催化剂,在还原反应中能够产生氧气,如图 6-49 所示。

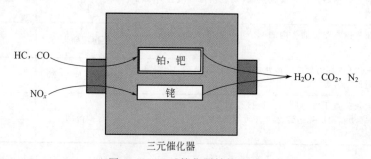

图 6-49　三元催化器转换原理

这就是说,还原反应中产生的氧气能够向氧化反应提供所需的氧气,这种补偿作用只有在理论空燃比下才能达到最佳的平衡状态。因此,只有当发动机系统处于闭环模式下且空燃比为 14.7∶1 时,三元催化器才能正常工作,即发挥出最大效能。

三元催化器转换效率与空燃比对应关系如图 6-50 所示。

如果还原反应中释放的氧气不能储存而随尾气迅速排出，那么必然影响三元催化器的转换效率。为此在三元催化器中加入二氧化铈，它具有储存与释放氧气的能力，无须从外界送入空气。因此，二氧化铈是提高三元催化器转换效率非常重要的材料。

(3) 故障诊断流程。根据三元催化器的故障类型及严重程度，发动机控制模块判断是否设定故障、点亮故障灯及启用故障运行模式。在实际维修工作中，可以使用诊断仪，结合故障码、数据流及具体的故障症状，参照维修手册内容，进行相应的检修工作。下面举例说明。

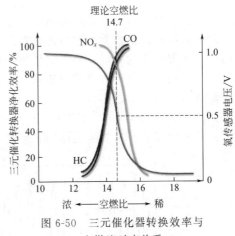

图 6-50　三元催化器转换效率与空燃比对应关系

故障码：P042000。故障码定义：三元催化转化器储氧能力老化。

故障码报码条件：催化转化器储氧量计算值低于阈值。

故障可能原因：检查排气系统漏气，垫片破损；三元催化转化器老化。

故障码 P042000 的检测方法如表 6-15 所示。

表 6-15　故障码 P042000 的检测方法

序号	操作步骤	是	否
1	把点火开关置于"ON"位置	转第 2 步	—
2	用诊断仪读取 ECM 是否有该故障码	转第 3 步	排查其他故障码
3	检查排气系统是否漏气、垫片是否破损	维修故障点	转第 4 步
4	更换催化器，故障是否报出	转第 5 步	系统正常
5	将点火开关置于"ON"位置，连接诊断仪，发送故障码清除指令，启动发动机并达到检测启动条件，观察故障码是否再次报出	诊断帮助	系统正常

11. 后氧传感器

(1) 功能解析。后氧传感器安装在三元催化器下游的排气管道上，目前应用比较普遍的是四线制跳跃式氧传感器，如图 6-51 所示。

四线制跳跃式氧传感器是传统的氧传感器，它主要由两部分组成：加热器和氧传感器。加热器不仅能够使氧传感器快速升温并达到正常工作温度（如 349℃ 左右），而且能够使氧传感器凝结的水汽快速蒸发掉，从而延长部件的使用寿命。

后氧传感器于 1996 年首次采用，这与 OBDⅡ 法规要求有关。随着排放控制技术的不断完善，后氧传感器承担的任务不仅局限于三元催化器工作效能的监测。总体而言，后氧传感器具有以下两大功能。

① 监测三元催化器工作效能，以满足 OBDⅡ 法规要求。如果三元催化器工作正常，那么其出口的废气含氧量波动要明显低于入口。因此，在特定工作条件下，发动机控制

图 6-51　安装在三元催化器下游的后氧传感器

模块通过对比后氧传感器信号与前氧传感器信号的转换速率，能够判定三元催化器工作效能是否正常。一旦上游至下游转换速率超过阈值，就会存储与三元催化器效能相关的故障码。

发动机控制模块扩大上游氧传感器的浓和稀转换点，促使空燃比浓和稀的摆动幅度更大并超过三元催化器的界限。当后氧传感器信号通过并高于浓阈值或低于稀阈值时，监视器会增加一个计数。后氧传感器转换值除以前氧传感器的转换值以确定转换率。转换率越低，则催化器效率越高；反之亦然。

如图 6-52 所示，10% 的转换率表示后氧传感器在前氧传感器每转换 10 次时转换 1 次，此时三元催化器能够其内部载体的大部分氧气。

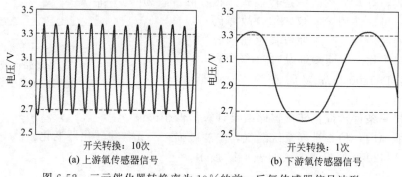

图 6-52　三元催化器转换率为 10% 的前、后氧传感器信号波形

如图 6-53 所示，后氧传感器的转换频率与前氧传感器几乎相同，前氧传感器每转换 10 次，后氧传感器转换 8 次，它说明三元催化器无法存储足够的氧气，三元催化器出口的氧信号电压波动幅度几乎与进口的一致，三元催化器性能老化。

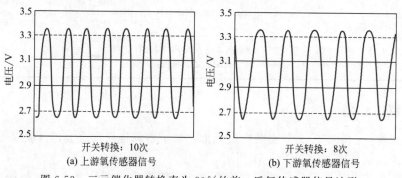

图 6-53　三元催化器转换率为 80% 的前、后氧传感器信号波形

② 下游燃油修正功能。该功能也称为后氧传感器监测功能，与国六排放法规相关，仅在下游闭环模式下启用。根据后氧传感器信号状态，发动机控制模块能够对前氧传感器信号电压的目标阈值进行修正，通过这种控调措施，可以控制三元催化器的含氧总量，延长三元催化器的使用寿命。

如图 6-54 所示：目标设定的前氧传感器信号，其上、下阈值距离目标电压是相等的，三元催化器储氧充足，转换效率正常，因此后氧传感器信号的上、下阈值距离目标电压也是相等的，只是变化缓慢。

但是在系统实际工作中，有可能出现这种情况：前氧传感器测量的混合气浓度是正常的，即信号上、下阈值距离目标电压相等，但后氧传感器测量的混合气浓度偏稀。为此需要向上调整前氧传感器信号开关转换点的电压（阈值），进行加浓控制，从而使三元催化器保持足够的充氧状态,如图 6-55 所示。

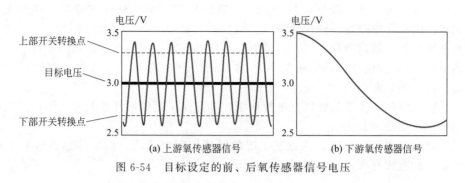

图 6-54　目标设定的前、后氧传感器信号电压

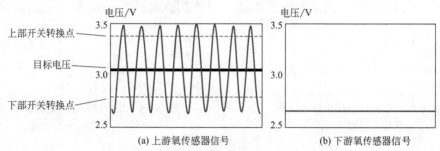

图 6-55　后氧传感器信号电压偏低时需要向上调整前氧传感器信号的上、下阈值

此外,系统在实际工作中也有可能出现另一种情况:前氧传感器测量的混合气浓度是正常的,即信号上、下阈值距离目标电压是相等,但后氧传感器测量的混合气浓度偏浓。为此需要向下调整前氧传感器信号的上、下阈值,进行减稀控制,从而使三元催化器保持足够的充氧状态,如图 6-56 所示。

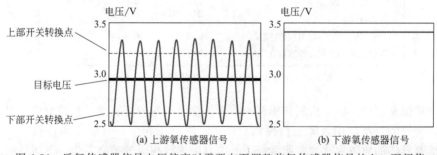

图 6-56　后氧传感器信号电压偏高时需要向下调整前氧传感器信号的上、下阈值

(2) 减速燃油切断 (DFSO) 监测程序。后氧传感器使用从浓到稀监测策略。该策略分为两个部分:一是验证传感器是否检测到足够稀的排气(高氧含量);二是在减速燃油截断 (DFSO) 事件中是否快速响应。如果后氧传感器信号高于启动电压校准值达到一定时间(通常为数秒),则说明进入 DFSO 工况状态,该监测程序被启动。

① 斜率测试。在斜率测试过程中,高电压校准值和低电压校准值之间的电压变化除以信号通过两者之间所需的时间,该值会在多个行程中被过滤,并与校准阈值比对。短时间内的更快传感器信号下降意味着传感器能够快速响应并通过监测程序测试;长时间内的更慢信号下降意味着传感器响应慢,发动机控制模块设定相关故障码并点亮故障灯。

② 空气流量测试。从燃油截断开始,发动机控制模块以后氧传感器信号到达低电压校

准值为结束点的区间内计算通过系统的空气流量。如果后传感器无法切换为稀状态,以及气流超过校准阈值,则发动机控制模块记录一个软性故障。如果软性故障条件在每次 DFSO 事件时出现,则软性故障变为硬性故障。

(3) 下游氧传感器监测程序。在启动下游氧传感器监测程序前,必须累积最小里程(三元催化器里程),此为校准值,但通常小于 6437km。该校准值按照排放法规进行标定,能够确保监测程序结果准确。

(4) 数据流解析。如某品牌博世电控系统,在怠速工况的闭环控制模式下,后氧传感器信号动态变化,如图 6-57 所示。

如某品牌德尔福电控系统,在怠速工况的闭环控制模式下,后氧传感器信号也动态变化,但参数显示方式有所不同,如图 6-58 所示。

数据流名称	值	单位
发动机转速	700	RPM
下游氧传感器输出电压	0.70	V
上游传感器电压(ADC值)	1.49	V
短期燃油调整	123	
氧传感器状态	打开	

图 6-57 某品牌博世电控系统的后氧传感器相关数据流

数据流名称	值	单位
后氧电压值	125.87	mV
Bank1前氧浓稀转换	0	
Time/Bank1	0	ms
Bank1前氧加热器电流	0	A
Bank2后氧加热器电流	0	A

图 6-58 某品牌德尔福电控系统的后氧传感器相关数据流

如果诊断仪具备 OBD 诊断菜单,那么选取该菜单,可以查看更为详细的后氧传感器相关数据流,如图 6-59 所示。

EOBD V22.62>数据流显示			
数据流名称	值	标准值	单位
来自质量空气流量传感器的空气流量	2.99	2-6	g/s
节气门绝对位置	12.16	0-14	%
氧传感器位置	B1: S12-- B2: S----		
氧传感器输出电压(缸组1,传感器2)	0.14	0.1-0.9	V
短期燃油修正(缸组1,传感器2)	99.22	−15-15	%

图 6-59 OBD 诊断菜单的后氧传感器相关数据流

(5) 故障诊断流程。根据后氧传感器的故障类型及严重程度,发动机控制模块判断是否设定故障、点亮故障灯及启用故障运行模式。在实际维修工作中,可以使用诊断仪,结合故障码、数据流及具体的故障症状,参照维修手册内容,进行相应的检修工作。下面举例说明。

① 故障码:P003600。故障码定义:后氧传感器加热控制电路开路。

故障码报码条件:驱动通道自诊断故障。

故障可能原因:接插件接插不实或接触不良;后氧传感器加热控制引脚端开路;后氧传感器加热供电端未接主继电器;后氧传感器加热电路 ECM 端对应引脚开路或内部电路损坏;后氧传感器损坏。

故障码 P003600 的检测方法如表 6-16 所示。

表 6-16 故障码 P003600 的检测方法

序号	操作步骤	是	否
1	把点火开关置于"ON"位置	转第 2 步	—

续表

序号	操作步骤	是	否
2	用诊断仪读取ECM是否有该故障码	转第3步	排查其他故障码
3	检查接插件是否接插不实或接触不良	重新插拔	转第4步
4	检查后氧传感器加热控制端引脚是否开路	维修线束	转第5步
5	检查后氧传感器加热电路供电端是否未接主继电器	维修线束	转第6步
6	检查后氧传感器是否损坏	更换后氧传感器	转第7步
7	检查后氧传感器加热电路ECM端对应引脚是否开路或内部电路损坏	维修故障点	转第8步
8	将点火开关置于"ON"位置,连接诊断仪,发送故障码清除指令,启动发动机并达到检测启动条件,观察故障码是否再次报出	诊断帮助	系统正常

② 故障码：P003700。故障码定义：后氧传感器加热控制电路电压过低。

故障码报码条件：驱动通道自诊断故障。

故障可能原因：后氧传感器加热控制电路引脚端对地短路；后氧传感器加热控制电路供电端接地；后氧传感器加热电路ECM端对应引脚对地短路。

故障码P003700的检测方法如表6-17所示。

表6-17 故障码P003700的检测方法

序号	操作步骤	是	否
1	把点火开关置于"ON"位置	转第2步	—
2	用诊断仪读取ECM是否有该故障码	转第3步	排查其他故障码
3	检查后氧传感器加热控制电路引脚端是否对地短路	维修线束	转第4步
4	检查后氧传感器加热控制电路供电端是否对地短路	维修线束	转第5步
5	检查后氧传感器加热电路ECM端对应引脚是否对地短路	维修线束	转第6步
6	将点火开关置于"ON"位置,连接诊断仪,发送故障码清除指令,启动发动机并达到检测启动条件,观察故障码是否再次报出	诊断帮助	系统正常

③ 故障码：P003800。故障码定义：后氧传感器加热控制电路电压过高。

故障码报码条件：驱动通道自诊断故障。

故障可能原因：后氧传感器加热控制电路引脚端对电源短路；后氧传感器加热电路ECM端对应引脚对电源短路。

故障码P003800的检测方法如表6-18所示。

表6-18 故障码P003800的检测方法

序号	操作步骤	是	否
1	把点火开关置于"ON"位置	转第2步	—
2	用诊断仪读取ECM是否有该故障码	转第3步	排查其他故障码
3	检查后氧传感器加热控制电路引脚端是否对电源短路	维修线束	转第4步
4	检查后氧传感器加热电路ECM端对应引脚是否对电源短路	维修线束	转第5步
5	将点火开关置于"ON"位置,连接诊断仪,发送故障码清除指令,启动发动机并达到检测启动条件,观察故障码是否再次报出	诊断帮助	系统正常

④ 故障码：P013600。故障码定义：后氧传感器信号不合理。

故障码报码条件：后氧传感器电压范围超出限值。

故障可能原因：后氧传感器信号线与加热电源地线短路；后氧传感器损坏。

故障码 P013600 的检测方法如表 6-19 所示。

表 6-19　故障码 P013600 的检测方法

序号	操作步骤	是	否
1	把点火开关置于"ON"位置	转第 2 步	—
2	用诊断仪读取 ECM 是否有该故障码	转第 3 步	排查其他故障码
3	不得断开传感器接插件，测量后氧传感器线束氧传感器端的 1 号线（加热电源正极）电压是否为 12V	维修线束/插件	转第 4 步
4	不得断开传感器接插件，测量后氧传感器线束氧传感器端的 2 号线（加热电源地）电压是否为 12V	维修线束/插件	转第 5 步
5	不得断开传感器接插件，测量后氧传感器线束 ECU 端 4 号线（氧传感器信号线）和 3 号线（氧传感器信号地）之间的电压是否在 0.45V 左右	维修线束/插件	转第 6 步
6	启动车辆，运行至冷却液温度达到正常值，不得断开传感器接插件，测量后氧传感器线束 ECU 端 4 号线（氧传感器信号线）和 3 号线（氧传感器信号地）之间的电压是否在 0~1V 之间跳变	更换后氧传感器	转第 7 步
7	启动车辆，运行至冷却液温度达到正常值，断开后氧传感器接插件，测量氧传感器端 2 号线（加热电源地）与 4 号线（黑色、氧传感器信号线）是否短路	更换后氧传感器	转第 8 步
8	连接好后氧传感器接插件，重复步骤 5~6，检查电压信号是否分别在 0.44~0.46V 之间和 0~1V 之间跳变	系统正常	转第 9 步
9	将点火开关置于"ON"位置，连接诊断仪，发送故障码清除指令，启动发动机并达到检测启动条件，观察故障码是否再次报出	诊断帮助	系统正常

⑤ 故障码：P013700。故障码定义：氧传感器信号线对地短路。

故障码报码条件：后氧传感器电压范围小于 0.06V。

故障可能原因：后氧传感器信号线对地短路。

故障码 P013700 的检测方法如表 6-20 所示。

表 6-20　故障码 P013700 的检测方法

序号	操作步骤	是	否
1	把点火开关置于"ON"位置	转第 2 步	—
2	用诊断仪读取 ECM 是否有该故障码	转第 3 步	排查其他故障码
3	不得断开传感器接插件，测量后氧传感器信号线和后氧传感器信号地线之间的电压是否在 0.45V 左右	维修线束/插件	转第 4 步
4	冷却液温度达到正常值，急速，不得断开氧传感器接插件，测量后氧传感器信号线和后氧传感器信号地线之间电压是否在 0~1V 之间跳变	更换后氧传感器	转第 5 步
5	断开后氧传感器接插件，用万用表测量后氧传感器信号线和后氧传感器信号地线之间是否短路	更换后氧传感器	转第 6 步
6	连接好后氧传感器接插件，重复步骤 3~4，检查电压信号是否分别在 0.44~0.46V 之间和 0~1V 之间跳变	系统正常	转第 7 步
7	将点火开关置于"ON"位置，连接诊断仪，发送故障码清除指令，启动发动机并达到检测启动条件，观察故障码是否再次报出	诊断帮助	系统正常

⑥ 故障码：P013800。故障码定义：后氧传感器信号线对电源短路。

故障码报码条件：后氧传感器电压范围大于 1.2V。

故障可能原因：后氧传感器信号线对电源短路。

故障码 P013800 的检测方法如表 6-19 所示。

⑦ 故障码：P013A00。故障码定义：后氧传感器浓到稀方向反应慢。

故障码报码条件：后氧传感器电压信号从浓到稀的转换时间超过阈值。

故障可能原因：后氧传感器发生老化。

故障码 P013A00 的检测方法如表 6-21 所示。

表 6-21 故障码 P013A00 的检测方法

序号	操作步骤	是	否
1	把点火开关置于"ON"位置	转第 2 步	—
2	用诊断仪读取 ECM 是否有该故障码	转第 3 步	排查其他故障码
3	更换后氧传感器,连接好线束。启动车辆,运行至冷却液温度达到正常值。多次车在 70km/h 左右时松开油门滑行,观察故障是否复现	诊断帮助	系统正常

⑧ 故障码：P223200。故障码定义：后氧传感器信号线对加热线耦合。

故障码报码条件：一定的后氧传感器加热关闭的次数内，后氧传感器电压的变化值大于阈值。

故障可能原因：后氧传感器线束和接插件异常；氧传感器端加热电源地与氧传感器信号线发生短路。

故障码 P223200 的检测方法如表 6-22 所示。

表 6-22 故障码 P223200 的检测方法

序号	操作步骤	是	否
1	把点火开关置于"ON"位置	转第 2 步	—
2	用诊断仪读取 ECM 是否有该故障码	转第 3 步	排查其他故障码
3	不得断开氧传感器接插件,测量后氧传感器线束氧传感器端的加热电源正极电压是否为 12V	转第 4 步	检查线束和接插件
4	不得断开氧传感器接插件,测量后氧传感器线束氧传感器端的加热电源对地电压是否为 12V	转第 5 步	检查线束和接插件
5	不得断开氧传感器接插件,测量后氧传感器线束 ECM 端氧传感器信号线和氧传感器信号地之间的电压是否在 0.45V 左右	转第 6 步	检查线束和接插件
6	启动车辆,运行至冷却液温度达正常值,急速。不得断开氧传感器接插件,测量后氧传感器线束 ECM 端氧传感器信号线和氧传感器信号地之间的电压是否在 0~1V 之间跳变	转第 7 步	更换后氧传感器
7	启动车辆,运行至冷却液温度达正常值,急速。断开氧传感器接插件,测量氧传感器端加热电源地与氧传感器信号线是否短路	更换后氧传感器	转第 8 步
8	连接好后氧传感器接插件,重复步骤 5~6,检查电压信号是否分别在 0.44~0.46V 之间和 0~1V 之间跳变	系统正常	转第 9 步
9	将点火开关置于"ON"位置,连接诊断仪,发送故障码清除指令,启动发动机并达到检测启动条件,观察故障码是否再次报出	诊断帮助	系统正常

⑨ 故障码：P227000。故障码定义：后氧传感器老化（偏稀）。

故障码报码条件：后氧传感器电压持续偏高。

故障可能原因：排气系统漏气；后氧传感器老化。

故障码 P227000 的检测方法如表 6-23 所示。

表 6-23　故障码 P227000 的检测方法

序号	操作步骤	是	否
1	把点火开关置于"ON"位置	转第 2 步	—
2	用诊断仪读取 ECM 是否有该故障码	转第 3 步	排查其他故障码
3	检查排气系统是否漏气	排除故障	转第 4 步
4	测量后氧传感器信号电路和信号接地电路之间的电压是否在 0.44~0.46V 之间波动	转第 5 步	更换后氧传感器
5	启动车辆，运行至冷却液温度达到正常值，检查急速情况下后氧传感器信号电路和信号接地电路之间的电压是否在 0~1V 之间波动	转第 6 步	更换后氧传感器
6	启动车辆，运行至冷却液温度达到正常值，急速时频繁踩油门踏板和松油门踏板，交替进行 90s，同时，检测后氧传感器信号电路和信号接地电路之间的电压是否穿越 0.55~0.65V	结束	转第 7 步
7	将点火开关置于"ON"位置，连接诊断仪，发送故障码清除指令，启动发动机并达到检测启动条件，观察故障码是否再次报出	诊断帮助	系统正常

⑩ 故障码：P227100。故障码定义：后氧传感器老化（偏浓）。

故障码报码条件：后氧传感器电压持续偏低。

故障可能原因：排气系统漏气；后氧传感器老化。

故障码 P227100 的检测方法如表 6-23 所示。

12. 氧传感器信号波形分析

下面以 0~1V 信号类型的宽域氧传感器为例，说明正常状态和故障状态的氧传感器信号波形和泵电流信号波形变化关系。

（1）急速工况。在急速工况的闭环控制模式下，测量氧传感器信号波形和泵电流信号波形，如图 6-60 所示。

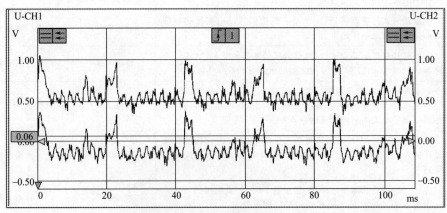

图 6-60　急速工况的宽域氧传感器信号波形与泵电流波形对应关系

分析波形特点，可以看出氧信号针脚电压波形在 0.5V 上下波动；泵电流采用正、负控制方式，其针脚电压波形在 -0.2V 上下波动，平均电压低于 0V。泵电流与氧信号波形同步变化，而且上、下跳跃频率反映氧传感器的性能是否灵敏。

(2) 加速工况。进行加速，宽域氧传感器信号波形和泵电流信号波形均会发生相应变化，如图 6-61 所示。

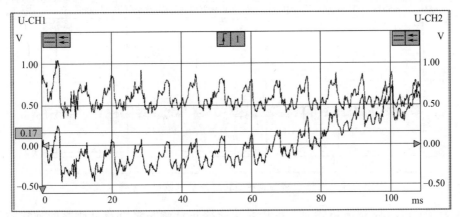

图 6-61　加速工况的宽域氧传感器信号波形与泵电流信号波形对应关系

分析波形特点，进行加速时，燃油修正闭环控制模式暂时退出，发动机控制模块进行加速加浓，增大喷油脉宽，氧传感器测量室与排气侧的氧含量浓差加大，发动机控制模块增加泵电源，以抵消这种浓差影响，使氧传感器信号保持原有的幅值。因此，泵电流信号波形呈向上趋势，氧传感器信号波形则基本保持不变。

(3) 排气管漏气故障。如果排气管出现严重漏气，那么会导致氧传感器处于富氧环境中。为了维持氧传感器信号在 0.5V 上下波动，发动机控制模块需要加大泵电流，甚至达到阈值，泵电流针脚波形平均电压升高至 0.75V 左右。

排气管漏气故障的宽域氧传感器信号波形与泵电流波形对应关系如图 6-62 所示。

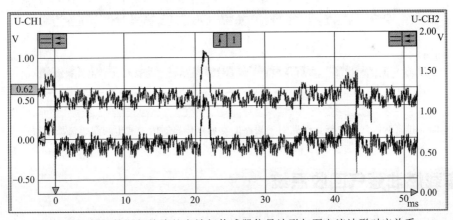

图 6-62　排气管漏气故障的宽域氧传感器信号波形与泵电流波形对应关系

(4) 泵电流线路对地短路。虽然电流线路对地短路，但由于排气侧的二氧化锆元件可自行工作，能够形成泵电流，因此会导致氧传感器信号波形时而稳定在 0V 左右，时而恢复至 0.5V 左右，极其不稳定。

泵电流线路对地短路的宽域氧传感器信号波形与泵电流波形对应关系如图 6-63 所示。

泵电流线路对地短路故障会导致燃油修正闭环控制模式失效，发动机有可能不会生成故障码，但长时间线路对地短路，会造成元件烧损。

(5) 排气管漏气且泵修正线路对地短路。排气管严重漏气会导致氧传感器处于富氧环境

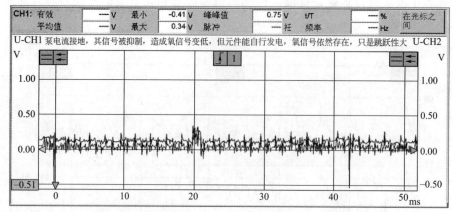

图 6-63 泵电流线路对地短路的宽域氧传感器信号波形与泵电流波形对应关系

中。当泵电流修正线路对地短路时,由于泵电流修正针脚与泵电流针脚之间连接有微调电阻,因此对泵电流信号影响不大。此外,氧传感器信号虽然受到一定影响,但不会完全失效,因为氧传感器内部的两个二氧化锆元件均可自行工作。

排气管漏气且泵修正线路对地短路的宽域氧传感器信号波形与泵电流波形对应关系如图 6-64 所示。

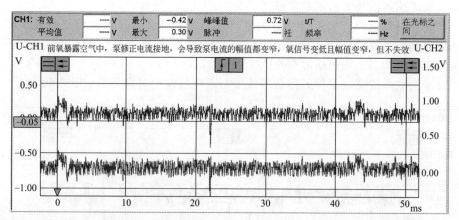

图 6-64 排气管漏气且泵修正线路对地短路的宽域氧传感器信号波形与泵电流波形对应关系

三、车载燃油蒸气回收系统

1. 燃油蒸发排放系统概述

由于车载燃油蒸气回收(ORVR)系统是燃油蒸发排放(EVAP)系统的组成部分,因此首先介绍燃油蒸发排放系统的作用及基本组成。

燃料或烃类化合物(HC)如未加封闭,蒸发进入大气后会导致光化烟雾、臭氧退化,还会对人们的眼睛造成刺激。在燃油箱中,燃料(受热)蒸发也可能使 HC 污染物逸入大气。燃油蒸发排放系统可以收集这类蒸气并储存起来,然后通过引入进气歧管再燃烧处理掉。

燃油箱的燃油蒸气从燃油箱压力控制阀和蒸气软管流过,以便暂时储存在活性炭罐里。

当发动机控制模块控制炭罐电磁阀（净化控制电磁阀）打开时，储存在活性炭罐里的燃油蒸气通过炭罐电磁阀和抽吸口流入进气歧管，以便在燃烧室燃烧掉。

针对某些类型的发动机电控系统，当发动机转速较低或进气量较少时，如发动机处于急速状态，发动机控制模块控制炭罐电磁阀关闭。这样有助于确保良好的驱动性能，而且可以使尾气排放量保持稳定。

一个基本的燃油蒸发排放系统包括以下部件：燃油箱、加油口盖、防翻阀、活性炭罐、通气口、炭罐电磁阀（净化电磁阀）、节气门体、进气歧管等，如图6-65所示。

翻滚阀能够在加油过程中将HC蒸气从油箱导通到活性炭罐，防止车辆在发生事故时避免燃油进入蒸气管路；同时翻滚阀也会开启允许空气进入油箱内，以解除油箱内的真空。

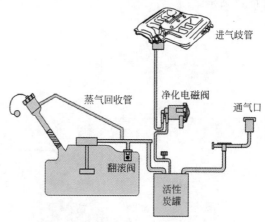

图6-65　燃油蒸发排放系统的基本组成结构

活性炭罐用来吸收和存储燃油蒸气，防止其排放到大气中；在车辆行驶过程中，活性炭罐内的蒸气定期被净化掉。炭罐电磁阀根据发动机控制模块的指令，控制进入进气歧管的燃油蒸气流量（净化流量）。

2. 车载燃油蒸气回收系统结构与国六改进措施

（1）系统概述。以前的燃油蒸发排放系统在加油过程中，燃油蒸气会直接排放到大气中，而现在的车辆都装备了车载燃油蒸气回收（ORVR）系统，这样就有效降低了HC的排放。

车载燃油蒸气回收系统的作用与含义如图6-66所示。

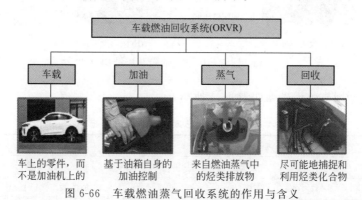

图6-66　车载燃油蒸气回收系统的作用与含义

车载加油蒸气回收系统用于储存和防止燃油箱蒸气泄漏到大气中，在车辆加油时进行工作。流入加油管（1in内径左右，1in＝2.54cm）的燃油会产生呼吸作用，把空气吸入加油管中。在重新加油过程中，燃油箱通过活性炭罐以捕获逸出的燃油蒸气。在空气流入加油管的情况下，就不会有燃油蒸气溢出到大气中。只要加油时的燃油蒸气被活性炭罐收集，发动机控制模块就能够利用炭罐电磁阀将燃油蒸气从活性炭罐抽出供发动机燃烧。燃油蒸气流量是可以通过调节炭罐电磁阀的开度进行计量的，这样就能够保证车辆的行驶性能，以及将燃油蒸气排放降到最低限度。

（2）国六改进措施。为了应对国六排放法规，车载燃油蒸气回收系统在材料选用、制造工艺、程序监测等方面进行了相应改进。典型的国六发动机车载燃油蒸气回收系统如图 6-67 所示。

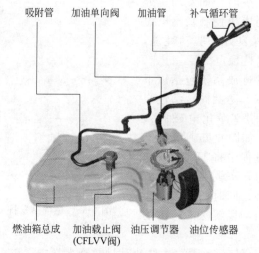

图 6-67　典型的国六发动机车载燃油蒸气回收系统

国六车辆的燃油箱，加油截止将与翻滚阀集成在一起，形成组合阀的结构。此外，在燃油箱中的加油单向阀改进为密封型。国六与国五燃油箱总成结构对比如图 6-68 所示。

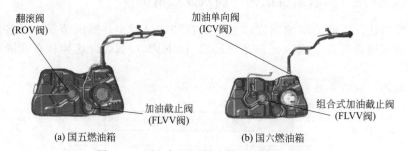

图 6-68　国六与国五燃油箱总成结构对比

燃油箱总成的国六改进措施如表 6-24 所示。

表 6-24　燃油箱总成的国六改进措施

项目	国五燃油箱	国六燃油箱
燃油箱壳体	6 层吹塑	6 层吹塑
容积限定	通气口	加油截止阀（FLVV）
加油管单向阀（ICV）	普通型 ID：25～33mm	密封型 ID（ORVR）：25mm
软管材料	NBR/CSM	THV
OBD	无	增加 OBD 传感器（燃油泵法兰或其他位置）
炭罐容积/L	0.7～1.0	2.0（最小）
蒸汽管	单层（8mm）	多层 ID（最小 12mm）

国六燃油箱的工艺改进包括：采用低渗透性材料；连接、焊接工艺升级，减少泄漏点，如采用防渗透密封件、快速接头；增大脱附流量等。国六燃油箱总成的工艺改进亮点如

图 6-69 所示。

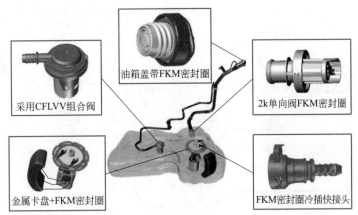

图 6-69　国六燃油箱总成的工艺改进亮点

CFLVV 阀是一个组合阀，集成了加油截止阀（FLVV 阀）和翻滚阀（ROV 阀）功能，如图 6-70 所示。

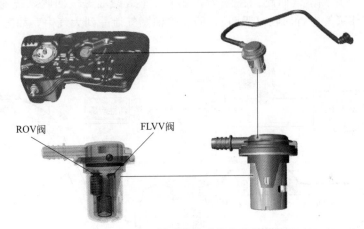

图 6-70　国六燃油箱总成的组合阀结构

加油口的呼吸管和加油单向阀进行了改进，如图 6-71 所示。

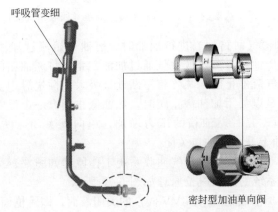

图 6-71　国六燃油箱总成的加油口的呼吸管和加油单向阀改进措施

（3）系统工作原理。典型的国六发动机车载燃油蒸气回收系统回路结构如图 6-72 所示。

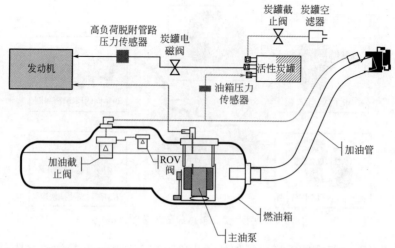

图 6-72　典型的国六发动机车载燃油蒸气回收系统回路结构

① 停车状态下燃油蒸气回路。在停车状态下，车载燃油蒸气回收系统通过活性炭罐对燃油箱内部的燃油蒸气进行回收（吸附），防止燃油蒸气泄漏到大气中，如图 6-73 所示。

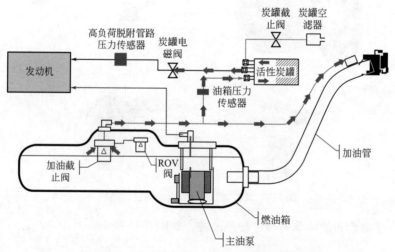

图 6-73　停车状态的国六发动机车载燃油蒸气回收系统工作原理

② 加油状态的燃油蒸气回路。当进行加油时，燃油开始流过加油管，加油管打开关闭的单向阀，使燃油进入燃油箱。蒸气或空气通过加油截止阀将燃油箱的燃油蒸气排放到活性炭罐。在管线中的蒸气气流停止前，蒸气将不断地被吸入活性炭罐中。当切断燃油后，或者燃油箱中的油位升高到足以关闭加油截止阀时，加油截止阀有一个浮子升起来封住通往活性炭罐的大口径的通气道，此时燃油箱的压力增加，单向阀关闭（防止油液向操作员"回吐"），加油管中的燃油上升，加油口关闭。

加油状态的国六发动机车载燃油蒸气回收系统工作原理如图 6-74 所示。

车载燃油蒸气回收系统的加油跳枪原理如图 6-75 所示。

图 6-75 中，A 点为加油截止阀（FLVV 阀）的关闭液面，即跳枪面。当油液达到 A 面时，加油截止阀的阀口（大阀口）关闭，翻滚阀（ROV 阀）的阀口（小阀口）未关闭，油箱内部

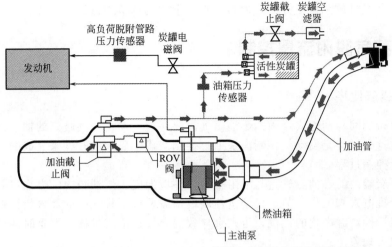

图 6-74 加油状态的国六发动机车载燃油蒸气回收系统工作原理

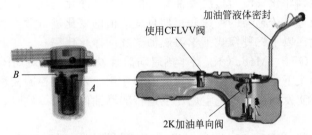

图 6-75 车载燃油蒸气回收系统的加油跳枪原理

压力瞬间升高,引起跳枪。当加油完毕后,油箱内的燃油蒸气会通过翻滚阀的小阀口排出少许,引起压力下降,此时加油枪可以补 1～2 枪。B 点为翻滚阀关闭点,除非翻车,一般情况下不会关闭,因为需要满足将油箱内部的燃油蒸气脱附到发动机进行燃烧的设计要求。

③ 脱附状态的燃油蒸气回路。当车辆运行时且满足相应工况条件时,炭罐电磁阀在发动机控制模块的指令下开启,打开通往发动机的燃油蒸气管道,使活性炭罐中的燃油蒸气被抽吸至发动机并被燃烧掉,这个过程称为活性炭罐的脱附过程或净化过程,如图 6-76 所示。

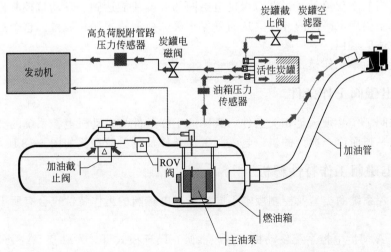

图 6-76 车辆运行状态的国六发动机车载燃油蒸气回收系统工作原理

第六章 排放控制系统技术改进与故障检修 211

关于燃油蒸发排放系统更详细的内容，将在下面的章节中做进一步介绍。

四、燃油蒸气脱附流量控制

1. 净化蒸气比率

在车辆运行期间，活性炭罐内的燃油蒸气需要通过发动机进气歧管的抽吸作用引入气缸内并燃烧掉，这个过程是发动机控制模块通过控制炭罐电磁阀的开度来完成的，也就是燃油蒸气脱附流量控制过程。

由于活性炭罐内的燃油蒸气量与吸附程度、环境温度、燃油箱内的燃油量等多种因素有关，因此在炭罐电磁阀工作之前，发动机控制模块需要根据排气中的氧含量识别燃油蒸气浓度，以便控制活性炭罐净化的比例，否则会导致混合气过浓或过稀，严重时甚至会出现发动机抖动甚至熄火现象。

净化蒸气比率作为速度-密度公式的一部分，发动机控制模块学习在燃油蒸发排放系统内的 HC 含量，并预判净化气流对最终喷油脉宽的影响。净化蒸气率在每一次启动时，发动机控制模块都需要通过氧传感器的反馈和短期自适应值的变化进行学习。

发动机控制模块在以下三种模式下学习燃油蒸气的净化比率。

（1）关闭模式（OFF，Mode 0）。当车辆启动后且发动机进入短期闭环模式的很短时间内，系统处于关闭模式下，活性炭罐净化功能不起作用。发动机控制模块学习在没有额外的燃油蒸气的条件下，使发动机在理论空燃比下运行的燃油修正值。此时，长期自适应数值被允许更新。

（2）学习模式（LEARN，Mode 1）。发动机控制模块识别到发动机的燃油需求，长期自适应的记忆数值将被锁定，炭罐电磁阀开始尝试性开启，净化气流开始慢慢生成。

发动机控制模块启用学习模式的目的就是识别 HC 在油箱和活性炭罐内的含量。通过对比在净化操作下和在关闭状态下短期修正值的变化来进行识别。一旦发动机控制模块确认 HC 的含量，系统就会进入常规模式下运行。

（3）常规模式（NORMAL，Mode 2）。在常规模式下，长期自适应记忆数值保持锁定，净化流量被增加到正常的大流量水平，以消耗掉燃油蒸发排放系统的燃油蒸气。同时，发动机控制模块通过调节喷油脉宽来自动平衡这个额外增加的燃油量。

因此，适当的净化流量通过调节炭罐电磁阀的开度才能达到，发动机控制模块利用脉宽调制信号来控制炭罐电磁阀的开度，从而确保正确的燃油蒸气净化流量。这个过程也称为燃油蒸气净化自适应过程。

燃油蒸气净化率工作模式如图 6-77 所示。

2. 炭罐电磁阀工作条件

炭罐电磁阀工作必须满足相关条件，具体的工作条件与发动机电控系统的类型及控制版本有关，不能一概而论，典型的炭罐电磁阀工作条件及相关数据流如图 6-78 所示。

3. 炭罐电磁阀工作特性解析

发动机电控系统的类型及控制版本不同，炭罐电磁阀的工作特性也会有所不同。下面举例进行说明。

（1）品牌 A 博世电控系统发动机。在燃油修正闭环模式下，发动机系统处于怠速工况，炭罐电磁阀允许工作，此时可以看到炭罐电磁阀占空比信号，如图 6-79 所示。

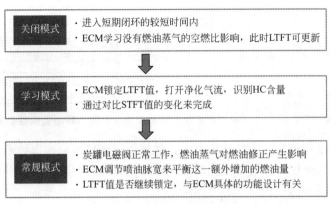

图 6-77　燃油蒸气净化率工作模式

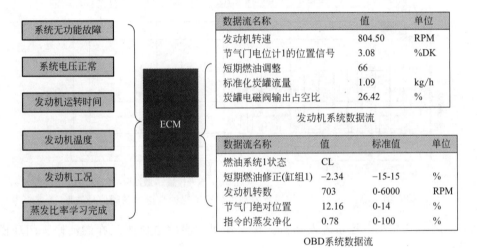

图 6-78　典型的炭罐电磁阀工作条件及相关数据流

数据流名称	值	单位	
发动机转速	703	RPM	
短期燃油调整	175		
长期燃油调整	6		
标准化炭罐流量	1.09	kg/h	
炭罐电磁阀输出占空比	25.97	%	

急速工况
短期燃油调整值不为0，表示处于长期闭环模式
炭罐电磁阀处于频率驱动状态

图 6-79　品牌 A 博世电控系统发动机急速工况的炭罐电磁阀数据流

进行急加速，此时可以看到炭罐电磁阀的占空比瞬间变为"0"，同时短期燃油调整值为也变为0，系统短暂处于开环状态。当加速完成后，数据流又回到急速状态，如图 6-80 所示。

炭罐电磁阀占空比为 0，实际上有两种含义：一种是表示处于关闭模式（活性炭罐不工作）；另一种表示驱动方式，即上面的数据流显示状态，其含义是，如果在燃油调整闭环模式下进行过渡工况操作，则系统处于短暂闭环状态，短期燃油修正暂停，不再对炭罐电磁阀进行频率调节，改为开关控制（急加速时完全打开，收油断油时完全关闭），于是用 0 表示这种控制方式。

第六章　排放控制系统技术改进与故障检修

数据流名称	值	单位
发动机转速	1490.50	RPM
短期燃油调整	0	
长期燃油调整	6	
标准化炭罐流量	0	kg/h
炭罐电磁阀输出占空比	0	%

急加速工况
- 短期燃油调整值为0,表示闭环模式下的短暂开环控制状态
- 此时的"0"表示开关驱动方式,即炭罐电磁阀安全打开,而不是表示不工作

图 6-80 品牌 A 博世电控系统发动机加速工况的炭罐电磁阀数据流

使用示波器测量炭罐电磁阀的信号电压,能够更清晰地理解该电控系统的炭罐电磁阀控制原理,怠速时炭罐电磁阀处于频率调制工作方式,急加速时处于完全开启工作方式,收油后处于完全关闭工作方式,如图 6-81 所示。

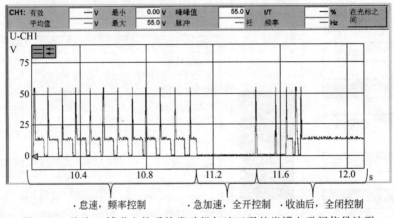

·怠速,频率控制　·急加速,全开控制　·收油后,全闭控制

图 6-81 品牌 A 博世电控系统发动机加速工况的炭罐电磁阀信号波形

(2)品牌 B 德尔福电控系统发动机。该发动机的炭罐电磁阀只在燃油修正闭环模式下工作,数据流如图 6-82 所示。

数据流名称	值	单位
Bank1燃油是否闭环控制	闭环	
短期燃油修正	3.12	%
发动机转速	699.25	RPM
Purge占空比	7.84	%
炭罐电磁阀占空比	7.84	%

- 燃油修正闭环模式
- 炭罐电磁阀工作

图 6-82 品牌 B 德尔福电控系统发动机闭环模式下的炭罐电磁阀数据流

在燃油修正开环模式下,炭罐电磁阀不工作,处于断电关闭状态,数据流如图 6-83 所示。

数据流名称	值	单位
Bank1燃油是否闭环控制	闭环条件不满足	
短期燃油修正	0	%
长期燃油修正	−13.28	%
发动机转速	705.25	RPM
Purge占空比	0	%

- 燃油修正开环模式
- 炭罐电磁阀不工作

图 6-83 品牌 B 德尔福电控系统发动机开环模式下的炭罐电磁阀数据流

此外，炭罐电磁阀主要采用频率信号进行工作，在加速时有短暂接地控制（开关工作方式），但控制程度比上一种品牌略低。如果使用示波器测量炭罐电磁阀的信号波形，那么可以更清晰地理解其控制特性。急速工况下，炭罐电磁阀处于频率驱动工作方式，如图6-84所示。

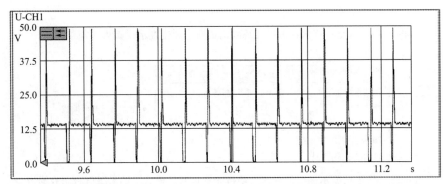

图6-84 品牌B德尔福电控系统发动机急速工况的炭罐电磁阀信号波形

加速时，发动机控制模块采用短暂的全开驱动方式对炭罐电磁阀进行控制，波形特征如图6-85所示。

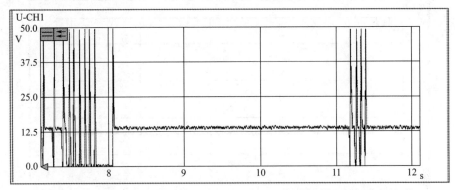

图6-85 品牌B德尔福电控系统发动机加速工况的炭罐电磁阀信号波形

（3）品牌C德尔福电控系统发动机。该发动机的炭罐电磁阀在急速工况下不工作，处于断电关闭状态，如图6-86所示。

数据流名称	值	单位
燃油系统状态(Bank1燃油是否在闭环控制及不在闭环控制的原因)	闭环	
燃油I项(组1)	6.25	%
发动机转速	934.50	RPM
Purge占空比	0	%
炭罐电磁阀占空比	0	%

图6-86 品牌C德尔福电控系统发动机急速工况的炭罐电磁阀数据流

在非急速工况下，炭罐电磁阀工作，处于通电开启状态，如图6-87所示。

此外，与上一种德尔福电控系统控制策略不同的是，即使在燃油修正开环模式下的非急速工况，炭罐电磁阀也能够工作，数据流如图6-88所示。

第六章 排放控制系统技术改进与故障检修 215

数据流名称	值	单位
燃油系统状态	闭环	
燃油I项(组1)	4.69	%
发动机转速	2225	RPM
Purge占空比	4.71	%
炭罐电磁阀占空比	4.71	%

- 燃油修正闭环模式
- 炭罐电磁阀工作

图 6-87　品牌 C 德尔福电控系统发动机非怠速工况的炭罐电磁阀数据流

数据流名称	值	单位
燃油系统状态	开环，系统故障	
燃油I项(组1)	0	%
发动机转速	1928.75	RPM
Purge占空比	4.71	%
炭罐电磁阀占空比	4.71	%

- 燃油修正开环模式
- 炭罐电磁阀工作

图 6-88　品牌 C 德尔福电控系统发动机非怠速开环模式下的炭罐电磁阀数据流

使用示波器测量炭罐电磁阀的信号波形，那么可以更清晰地理解其控制特性。在怠速工况下，炭罐电磁阀处于断电状态，信号状态为蓄电池电压，没有接地控制，如图 6-89 所示。

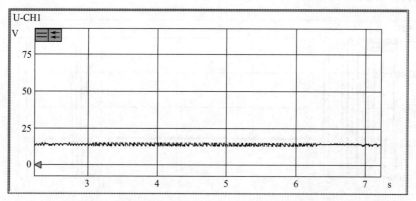

图 6-89　品牌 C 德尔福电控系统发动机怠速工况的炭罐电磁阀信号波形

当稍微踩下加速踏板时，使系统处于非怠速工况，炭罐电磁阀即开始以频率驱动方式进行工作，在加速至收油过程中，炭罐电磁阀没有开关驱动方式。也就是说，该发动机的炭罐电磁阀只有一种驱动方式：频率驱动方式，波形特征如图 6-90 所示。

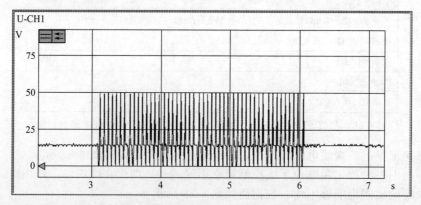

图 6-90　品牌 C 德尔福电控系统发动机非怠速工况的炭罐电磁阀信号波形

4. 品牌 A 燃油蒸气脱附流量控制原理

品牌 A 国六发动机配置涡轮增压器，因此需要将燃油蒸气脱附管路设计成低负荷管路和高负荷脱附管路两个部分，整体结构如图 6-91 所示。

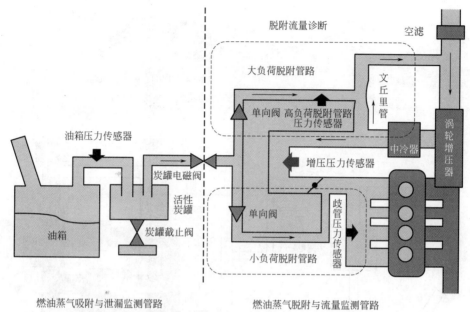

图 6-91　品牌 A 国六发动机的燃油蒸气脱附管路整体结构

低负荷脱附管路控制回路：炭罐电磁阀至进气歧管之间的脱附管路，在发动机无增压介入时起作用，如图 6-92 所示。

高负荷脱附管路控制回路：炭罐电磁阀至空气滤清器后部的脱附管路（包含文丘里管），在发动机增压介入时起作用，如图 6-93 所示。

图 6-92　品牌 A 国六发动机的燃油蒸气低负荷脱附管路控制回路

图 6-93　品牌 A 国六发动机的燃油蒸气高负荷脱附管路控制回路

5. 品牌 B 燃油蒸气脱附流量控制原理

（1）整体结构。品牌 B 国六发动机的燃油蒸发排放系统组成如图 6-94 所示。

由于该发动机配置涡轮增压器，因此同样需要将燃油蒸气脱附管路设计成低负荷管路和高负荷管路两个部分，整体结构原理图如图 6-95 所示。

（2）燃油蒸气管路控制流程。在非增压工况下，进气歧管压力低于燃油蒸气压力，当炭罐电磁阀通电开启时，燃油蒸气通过低负荷管路被抽吸至进气歧管中，如图 6-96 所示。

在非增压工况下，进气歧管压力远远高于大气压、燃油蒸气压力，燃油蒸气无法直接流入进气歧管，需要通过高负荷管路来实现脱附功能。在高负荷管路中有一个文丘里管，其内

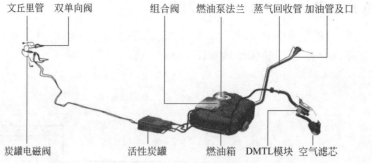

图 6-94　品牌 B 国六发动机的燃油蒸发排放系统组成

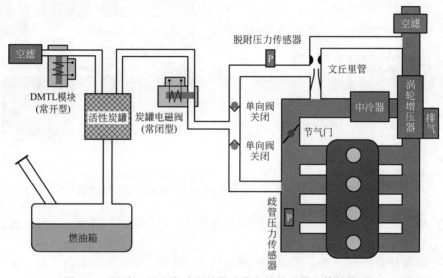

图 6-95　品牌 B 国六发动机的燃油蒸发排放系统整体结构原理

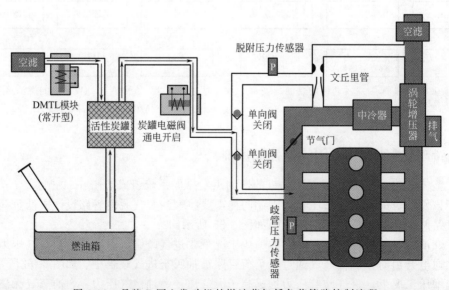

图 6-96　品牌 B 国六发动机的燃油蒸气低负荷管路控制流程

部有一个很细的喉管，当中冷器后部的高压空气冲过喉管时，会在喉管后部形成局部真空，此处的压力低于燃油蒸气压力，因此燃油蒸气就能够借助压差流向空气滤清器后部管路，与新鲜空气混合后，经过涡轮增压器泵压、中冷器冷却、节气门调节后进入进气歧管，从而实现高负荷工况下的燃油蒸气脱附功能。

品牌 B 国六发动机的燃油蒸气高负荷管路控制流程如图 6-97 所示。

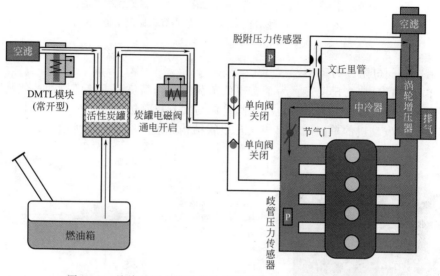

图 6-97　品牌 B 国六发动机的燃油蒸气高负荷管路控制流程

（3）活性炭罐。活性炭罐是燃油蒸气的吸附装置，其壳体内部装满用于吸附油气分子的颗粒状活性炭，其壳体外部通常连接 3 条管路，分别与燃油箱（通过呼吸管）、大气（通过 DMTL 和空滤）、发动机（通过炭罐电磁阀）相连，如图 6-98 所示。

（4）炭罐电磁阀。炭罐电磁阀根据发动机控制模块的指令信号打开或关闭其内部的管道，将燃油蒸气引入进气歧管并参与混合气燃烧，实现燃油蒸气脱附及炭罐净化功能。

品牌 B 国六发动机的炭罐电磁阀外观及管路连接如图 6-99 所示。

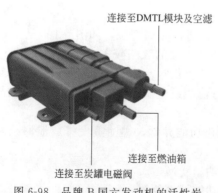

图 6-98　品牌 B 国六发动机的活性炭罐管路连接

图 6-99　品牌 B 国六发动机的炭罐电磁阀外观及管路连接

炭罐电磁阀由电磁线圈、衔铁和阀等组成，其电路如图 6-100 所示。

流过炭罐电磁阀的气流流量，一方面与发动机控制模块输出的脉宽调制信号有关；另一方面与电磁阀进口和出口之间的压差有关。当没有脉宽调制信号时，炭罐电磁阀关闭。常温

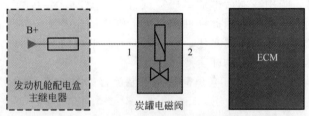

图 6-100　品牌 B 国六发动机的炭罐电磁阀电路
1,2—插头针脚

下,该炭罐电磁阀电阻约为 17Ω。

(5) 单向阀管口与文丘里管。为了实现低负荷管路和高负荷管路的燃油蒸气脱附切换功能,需要在燃油蒸发排放系统中安装单向阀管口与文丘里管结构件,如图 6-101 所示。

品牌 B 国六发动机的单向阀管口与文丘里管结构原理如图 6-102 所示。

图 6-101　品牌 B 国六发动机的单向阀管口与文丘里管外观结构

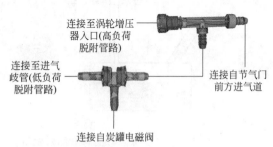

图 6-102　品牌 B 国六发动机的单向阀管口与文丘里管结构原理

来自炭罐电磁阀的燃油蒸气管路通过一个三通管分成低负荷和高负荷两条管路,在这两条管路中分别设置一个单向阀,防止两条管路中的燃油蒸气相互窜气。文丘里管的作用是利用增压空气形成喉管局部负压,引导燃油蒸气通过高脱附管路流向发动机的新鲜空气进口,同时也能够防止因进气歧管压力变化导致燃油蒸气倒流回活性炭罐。

6. 部件检测方法

(1) 活性炭罐。活性炭罐通常安装在燃油箱附近的车底部位,如图 6-103 所示。

由于安装位置较低,容易受到磕碰,而且外部连接的管路较多,也容易出现管路破损、管口脱落等问题,因此重点检查活性炭罐的外观是否正常。此外,应定期检查活性炭罐通大气管路的空气滤芯是否堵塞,若有堵塞,则进行清洁或更换处理。活性炭罐典型的故障类型及症状如下。

① 破裂:汽油味浓,油耗高,燃油蒸气净化功能异常,燃油蒸发排放泄漏故障。进行外观检查,或采用打压水浸方法查找漏点。

② 堵塞:发动机运行不稳,间歇熄火,燃油箱变形。

③ 活性炭失效,燃油蒸气管路泄漏,炭罐功能性失效等。

若以上故障确实存在,通常需要对活性炭罐进行更换处理。

(2) 炭罐电磁阀。炭罐电磁阀的故障类型包括:卡滞、泄漏、功能失效等。常见故障原因包括:部件性能老化或失效,异物进入导致锈蚀或密封性差等。如果炭罐电磁阀卡滞在开启状态或密封不良,那么会导致发动机加速无力,尾气冒黑烟。典型的炭罐电磁阀如图 6-104 所示。

图 6-103 活性炭罐的安装部位

图 6-104 典型的炭罐电磁阀

炭罐电磁阀的检测包括以下内容。

① 电阻测量：使用万用表测量炭罐电磁阀电阻，若测量结果不在标准值范围内，则进行更换处理。

② 针脚电压检测：炭罐电磁阀通常由主继电器提供电源，因此电源针脚应为蓄电池电压。信号针脚是否有监测电压以及电压具体数值，与电控系统类型及控制版本有关。

③ 工作电压检测：测量炭罐电磁阀两个针脚间电压，进行加、减速，观察电压值是否正常。

④ 频率测量：将万用表调至频率挡，进行加、减速，观察频率值变化是否正常。

⑤ 触摸检查：当炭罐电磁阀工作时，触摸其壳体，能够感觉到明显的振动。

⑥ 气密性检查：炭罐电磁阀为常闭型电磁阀，断电时应关闭，接通蓄电池电压时应开启，否则说明该电磁阀损坏。

⑦ 替换法：使用正常的炭罐电磁阀进行替换试验，能够判断是部件本身问题还是线路控制问题。

炭罐电磁阀更详细的检测方法在下面内容中将做进一步介绍。

7. 故障诊断流程

根据燃油蒸气脱附控制的故障类型及严重程度，发动机控制模块判断是否设定故障、点亮故障灯及启用故障运行模式。在实际维修工作中，可以使用诊断仪，结合故障码、数据流及具体的故障症状，参照维修手册内容，进行相应的检修工作。下面举例说明。

（1）故障码：P044413。故障码定义：炭罐电磁阀控制电路开路。

故障码报码条件：驱动通道自诊断故障。

故障可能原因：接插件接插不实或接触不良；炭罐电磁阀电路开路；炭罐电磁阀损坏。

故障码 P044413 的检测方法如表 6-25 所示。

表 6-25 故障码 P044413 的检测方法

序号	操作步骤	是	否
1	把点火开关置于"ON"位置	转第 2 步	—
2	用诊断仪读取 ECM 是否有该故障码	转第 3 步	排查其他故障码
3	检查接插件是否接插不实或接触不良	重新插拔	转第 4 步
4	检查炭罐电磁阀控制电路是否开路	维修线束	转第 5 步
5	检查炭罐电磁阀是否损坏更换炭罐电磁阀	更换炭罐电磁阀	转第 6 步
6	将点火开关置于"ON"位置，连接诊断仪，发送故障码清除指令，启动发动机并达到检测启动条件，观察故障码是否再次报出	诊断帮助	系统正常

(2) 故障码：P045811。故障码定义：炭罐电磁阀控制电路电压过低。

故障码报码条件：驱动通道自诊断故障。

故障可能原因：接插件接插不实或接触不良；炭罐电磁阀电路对地短路；炭罐电磁阀损坏。

故障码 P045811 的检测方法如表 6-26 所示。

表 6-26　故障码 P045811 的检测方法

序号	操作步骤	是	否
1	把点火开关置于"ON"位置	转第 2 步	—
2	用诊断仪读取 ECM 是否有该故障码	转第 3 步	排查其他故障码
3	检查接插件是否接插不实或接触不良	重新插拔	转第 4 步
4	检查炭罐电磁阀控制电路是否对地短路	维修线束	转第 5 步
5	检查炭罐电磁阀是否损坏	更换炭罐电磁阀	转第 6 步
6	将点火开关置于"ON"位置，连接诊断仪，发送故障码清除指令，启动发动机并达到检测启动条件，观察故障码是否再次报出	诊断帮助	系统正常

(3) 故障码：P045912。故障码定义：炭罐电磁阀控制电路电压过高。

故障码报码条件：驱动通道自诊断故障。

故障可能原因：炭罐电磁阀电路对电源短路；炭罐电磁阀损坏。

故障码 P045912 的检测方法如表 6-27 所示。

表 6-27　故障码 P045912 的检测方法

序号	操作步骤	是	否
1	把点火开关置于"ON"位置	转第 2 步	—
2	用诊断仪读取 ECM 是否有该故障码	转第 3 步	排查其他故障码
3	检查炭罐电磁阀控制电路是否对电源短路	维修线束	转第 4 步
4	检查炭罐电磁阀是否损坏	更换炭罐电磁阀	转第 5 步
5	将点火开关置于"ON"位置，连接诊断仪，发送故障码清除指令，启动发动机并达到检测启动条件，观察故障码是否再次报出	诊断帮助	系统正常

五、燃油蒸气脱附流量监测

按照国六排放法规要求，燃油蒸发排放系统在脱附过程中，燃油蒸气的流量必须得到监测，为此增加了燃油蒸气脱附流量监测功能，该功能简称为 DTEV 功能。

实际上，燃油蒸气脱附流量监测功能是对炭罐电磁阀之后的燃油蒸发排放控制系统密封性进行监测，也就是说对燃油蒸气脱附管路进行监测。

目前，各品牌的燃油蒸气脱附流量监测原理基本上是相同的，通过压力传感器的信号变化来进行识别。如果是涡轮增压发动机，那么燃油蒸气脱附管路将分为两个部分：低负荷脱附管路和高负荷脱附管路。低负荷脱附管路压力采用进气歧管压力传感器进行测量，高负荷脱附管路压力采用脱附压力传感器进行监测。

下面结合相关品牌的国六发动机结构特点，对燃油蒸气脱附流量监测原理及检测方法进行说明。

1. 品牌A国六发动机燃油蒸气脱附流量监测原理

（1）结构与工作原理。品牌A国六发动机配置涡轮增压器，燃油蒸气脱附管路设计成低负荷脱附管路和高负荷脱附管路两个部分。发动机控制模块通过主动控制炭罐电磁阀的打开和关闭来监测两条负荷管路中的压力变化，判断是否达到脱附流量要求，具体监测原理如下。

如果炭罐电磁阀能够正常开闭，而且脱附管路没有泄漏或者堵塞，那么进入发动机进气系统的脱附气流的流量变化会引起进气歧管内（或高负荷冲洗管路内）的压力变化。

如果炭罐电磁阀卡死、脱附管路堵塞或者泄漏，那么进入发动机进气系统的脱附气流的流量变化不大，不足以引起进气歧管内（或高负荷冲洗管路内）的压力变化。

因此，可以通过监测炭罐电磁阀打开和关闭前后，压力传感器的压力信号变化是否足够大来诊断燃油蒸发控制系统的脱附流量，如图6-105所示。

（2）脱附压力传感器。低脱附管路的压力变化由进气歧管压力传感器进行测量，高负荷脱附管路的压力变化则由脱附压力传感器进行测量。脱附压力传感器是国六发动机新配置的传感器，它设置在文丘里管的部位，如图6-106所示。

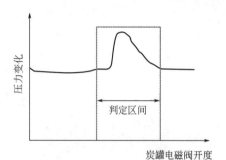

图6-105 燃油蒸气脱附流量监测原理

图6-106 品牌A国六发动机的脱附压力传感器

脱附压力传感器内部有一个压力膜片，上附电容元件组成惠斯通电桥，压力的作用导致电容变化，传感器内部的集成电路元件对信号进行处理，然后输出与压力成比例的信号电压。

品牌A国六发动机的脱附压力传感器电路如图6-107所示。

当满足相应工况要求后，如在增压工况下，发动机控制模块首先对炭罐电磁阀进行打开和关闭控制，此时高脱附管路的压力应发生变化，发动机控制模块根据脱

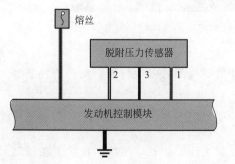

图6-107 品牌A国六发动机的脱附压力传感器电路
1～3—插头针脚

附压力传感器的信号进行识别,从而判断脱附流量是否达到要求,否则说明高脱附管路存在泄漏、卡滞或堵塞故障。

2. 品牌 B 国六发动机燃油蒸气脱附流量监测原理

(1) 整体结构。品牌 B 国六发动机燃油蒸气脱附管路结构与品牌 A 国六发动机基本相同,只是具体的元件布置位置有所不同。品牌 B 国六发动机燃油蒸气脱附管路整体结构如图 6-108 所示。

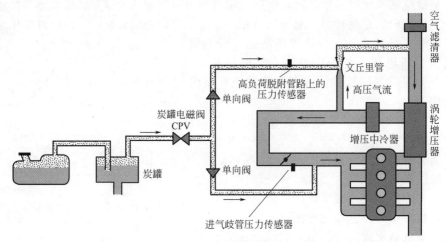

图 6-108　品牌 B 国六发动机燃油蒸气脱附管路整体结构

品牌 B 国六发动机燃油蒸气脱附监测功能的相关电气部件如图 6-109 所示。

图 6-109　品牌 B 国六发动机燃油蒸气脱附监测功能的相关电气部件
1—进气歧管压力传感器；2—脱附压力传感器；3—炭罐电磁阀

(2) 监测原理。燃油蒸气脱附监测功能的相关电气部件(执行器、阀、传感器等)需按照综合零部件的监测要求实施监测。

在车辆运行期间,如果监测不到从燃油蒸发控制系统到发动机进气系统的燃油蒸气脱附气流时,那么 OBD 系统将判断燃油蒸发控制出现故障。

对于低负荷脱附管路,在满足诊断功能运行的条件下,发动机控制模块主动控制炭罐电磁阀开启和关闭,监测进气歧管压力传感器信号,分析炭罐电磁阀工作期间的压力变化,并将压力变化值与故障阈值进行比较。

此外，高负荷脱附管路的脱附流量监测原理与低负荷脱附管路的相同。

3. 部件检测与系统功能验证

（1）炭罐电磁阀。炭罐电磁阀的检测包括以下内容。

① 外观检查。检查炭罐电磁阀的外观是否存在变形、泄漏、管路脱落、线路损坏等异常现象，如图 6-110 所示。

② 电阻测量。使用万用表，测量炭罐电磁阀的电阻是否在标准值范围内，如图 6-111 所示。

图 6-110 炭罐电磁阀的外观检查　　　图 6-111 炭罐电磁阀的电阻测量方法

③ 线束插头针脚电压测量。打开点火开关，拔下炭罐电磁阀的线束插头，测量供电针脚电压，应有蓄电池电压，如图 6-112 所示。

继续测量炭罐电磁阀的线束插头信号针脚电压，应有 2.6V 左右的监测电压，如图 6-113 所示。

图 6-112 炭罐电磁阀的线束插头电源　　　图 6-113 炭罐电磁阀的线束插头信号
针脚电压测量方法　　　　　　　　　　针脚电压测量方法

注意：炭罐电磁阀的线束插头信号针脚是否有监测电压，与电控系统供应商及控制版本有关，测量结果判断按具体车型而定。

④ 工作信号电压测量。将线束插头插好，启动发动机，等待发动机预热并运行一段时间后，炭罐电磁阀开始工作（用手触摸有振动感），利用探针测量线束插头信号针脚的电压，应比蓄电池电压略低，进行加速，电压值会相应增大，说明脉宽调制信号控制正常，如图 6-114 所示。

注意：炭罐电磁阀能否在怠速工况下工作，取决于电控系统供应商及控制版本，测量结果判断按具体车型而定。

⑤ 通电测试。炭罐电磁阀虽然能够动作，但并不等于其密封性正常，因此需要进行通

电测试。将炭罐电磁阀取下来，向炭罐电磁阀管口通压力空气，应完全封闭。继续使用跨接线向炭罐电磁阀接通蓄电池电压，炭罐电磁阀应开启。

反复通电测试，炭罐电磁阀动作就能灵敏且无卡滞现象，如图 6-115 所示。

图 6-114　炭罐电磁阀工作信号电压测量方法　　图 6-115　炭罐电磁阀的通电测试方法

(2) 进气歧管压力-温度传感器。进气歧管压力-温度传感器的检测包括以下内容。

① 外观检查。检查进气歧管压力-温度传感器的外观是否存在变形、泄漏、管路脱落、线路损坏等异常现象。

② 线束插头针脚电压测量。通常情况下，进气歧管压力-温度传感器共有 4 个针脚，分别为 5V 电源、接地、压力信号和温度信号针脚。利用探针分别测量这几个针脚的电压，判断其性能是否正常。

在发动机怠速工况下，测量进气歧管压力-温度传感器的电源针脚电压，为 5V，如图 6-116 所示。

测量进气歧管压力-温度传感器的接地针脚电压，约为 0V，如图 6-117 所示。

图 6-116　进气歧管压力-温度传感器的电源　　图 6-117　进气歧管压力-温度传感器的接地
　　　　　针脚电压测量方法　　　　　　　　　　　　　　针脚电压测量方法

测量进气歧管压力-温度传感器的温度信号针脚电压，约为 2.5V。注意，具体测量值与实际进气温度有关，如图 6-118 所示。

测量进气歧管压力-温度传感器的压力信号针脚电压，怠速工况下的电压值约为 0.8V，如图 6-119 所示。

进行原地加速，可以看到压力信号电压快速变化，可同步上升到 1.3V 左右，说明此时节气门开启较大角度，进气歧管的进气量增大，进气歧管压力随之升高，如图 6-120 所示。

当加速结束后回油时，可以看到压力信号电压随之降低到 0.6V 左右，然后略微上升至 0.8V 左右（怠速工况），说明节气门瞬间关闭，进气歧管压力降到最低，如图 6-121 所示。

图 6-118 进气歧管压力-温度传感器的温度信号针脚电压测量方法

图 6-119 怠速工况下的进气歧管压力-温度传感器压力信号针脚电压测量方法

图 6-120 原地加速时的进气歧管压力-温度传感器压力信号针脚电压测量方法

图 6-121 加速结束后回油时的进气歧管压力-温度传感器压力信号针脚电压测量方法

（3）脱附压力传感器。脱附压力传感器的检测包括以下内容。

① 外观检查。检查脱附压力传感器的外观是否存在变形、泄漏、堵塞、管路脱落、线路损坏等异常现象，如图 6-122 所示。

② 线束插头针脚电压测量。脱附压力传感器的线束插头共有 3 个针脚，分别为 5V 电源、接地和信号针脚。断开脱附压力传感器的线束插头，打开点火开关，测量电源针脚电压，约为 5V，如图 6-123 所示。

图 6-122 脱附压力传感器的外观检查

图 6-123 脱附压力传感器的线束插头电源针脚电压测量方法

测量脱附压力传感器的线束插头接地针脚电压，约为 0V，如图 6-124 所示。

测量脱附压力传感器的线束插头信号针脚电压，约为 0V，如图 6-125 所示。

③ 信号电压测量。将脱附压力传感器的线束插头插好，在打开点火开关且发动机不运

第六章 排放控制系统技术改进与故障检修 227

转的情况下，利用探针测量线束插头信号针脚电压，约为4.0V，如图6-126所示。

图6-124　脱附压力传感器的线束插头接地针脚电压测量方法　　图6-125　脱附压力传感器的线束插头信号针脚电压测量方法

启动发动机，等待发动机运行平稳后，利用探针测量线束插头信号针脚电压，怠速工况下的信号电压约为4.0V，如图6-127所示。

图6-126　打开点火开关且发动机不运转的脱附压力传感器信号电压测量方法　　图6-127　怠速工况的脱附压力传感器信号电压测量方法

进行加速，可以看到脱附压力传感器信号电压略微下降至3.8V左右，然后回到怠速工况的信号电压值。这说明在加速过程中，文丘里管在增压空气的作用下，对高负荷管路中气体进行抽吸，形成局部负压状态，从而能够实现高负荷工况下的燃油蒸气脱附功能。

怠速工况的脱附压力传感器信号电压测量方法如图6-128所示。

图6-128　怠速工况的脱附压力传感器信号电压测量方法

4. 故障诊断流程

根据燃油蒸气脱附流量监测的故障类型及严重程度，发动机控制模块判断是否设定故障、点亮故障灯及启用故障运行模式。在实际维修工作中，可以使用诊断仪，结合故障码、数据流及具体的故障症状，参照维修手册内容，进行相应的检修工作。下面举例说明。

（1）故障码：P046700。故障码定义：高负荷脱附管路压力传感器电路电压过低。

故障码报码条件：高负荷脱附管路压力传感器电压信号低于0.2V。

故障可能原因：高负荷脱附管路压力传感器信号端对地短路；ECM端对应的高负荷脱附管路压力传感器信号引脚对地短路。

故障码 P046700 的检测方法如表 6-28 所示。

表 6-28 故障码 P046700 的检测方法

序号	操作步骤	是	否
1	把点火开关置于"ON"位置	转第 2 步	—
2	用诊断仪读取 ECM 是否有该故障码	转第 3 步	排查其他故障码
3	检测高负荷脱附管路压力传感器的信号线电压,是否接近或等于 0V	更换传感器	转第 4 步
4	检测压力传感器线束端电压,是否接近或等于 0V	检查线束	转第 5 步
5	检查 ECM 端对应的高负荷脱附管路压力传感器信号引脚端是否对地短路或内部电路损坏	更换 ECM	转第 6 步
6	将点火开关置于"ON"位置,连接诊断仪,发送故障码清除指令,启动发动机并达到检测启动条件,观察故障码是否再次报出	诊断帮助	系统正常

(2) 故障码：P046800。故障码定义：高负荷脱附管路压力传感器电路电压过高。

故障码报码条件：高负荷脱附管路压力传感器电压信号高于 4.88V。

故障可能原因：高压力传感器信号端对电源短路；ECM 端对应的高负荷脱附管路压力传感器信号引脚对电源短路。

故障码 P046800 的检测方法如表 6-29 所示。

表 6-29 故障码 P046800 的检测方法

序号	操作步骤	是	否
1	把点火开关置于"ON"位置	转第 2 步	—
2	用诊断仪读取 ECM 是否有该故障码	转第 3 步	排查其他故障码
3	检测高负荷脱附管路压力传感器的信号线电压,是否接近或等于 5V	更换传感器	转第 4 步
4	检测压力传感器线束端电压,是否接近或等于 5V	检查线束	转第 5 步
5	检查 ECM 端对应的高负荷脱附管路压力传感器信号引脚端是否对电源短路或内部电路损坏	更换 ECM	转第 6 步
6	将点火开关置于"ON"位置,连接诊断仪,发送故障码清除指令,启动发动机并达到检测启动条件,观察故障码是否再次报出	诊断帮助	系统正常

(3) 故障码：P04F000。故障码定义：高负荷脱附管路活性炭罐故障。

故障码报码条件：高负荷脱附管路的压力波动达不到阈值。

故障可能原因：活性炭罐与发动机之间的高负荷脱附管路、单向阀、文丘里管及连接处存在堵塞或者断开；高负荷管路单向阀损坏,不能起到单向作用；活性炭罐卡滞常闭或常开。

故障码 P04F000 的检测方法如表 6-30 所示。

表 6-30 故障码 P04F000 的检测方法

序号	操作步骤	是	否
1	把点火开关置于"ON"位置	转第 2 步	—
2	用诊断仪读取 ECM 是否有该故障码	转第 3 步	排查其他故障码

续表

序号	操作步骤	是	否
3	检查活性炭罐与发动机之间的脱附管路、单向阀(若有)、文丘里管(若有)及连接处是否有堵塞或者断开	更换相应管路	转第 4 步
4	检查低负荷管路单向阀是否损坏(若损坏则起不到单向作用)	更换低负荷管路单向阀	转第 5 步
5	检查活性炭罐硬件是否卡死常闭/常开	更换活性炭罐	转第 6 步
6	将点火开关置于"ON"位置,连接诊断仪,发送故障码清除指令,启动发动机并达到检测启动条件,观察故障码是否再次报出	诊断帮助	系统正常

(4) 故障码：P128500。故障码定义：高负荷脱附管路压力传感器信号超出上限阈值。

故障码报码条件：高负荷脱附管路压力传感器压力信号超过阈值。

故障可能原因：压力传感器信号端对电源短路；ECM 端对应的高负荷脱附管路压力传感器信号引脚对电源短路；高负荷脱附管路压力传感器损坏；低负荷脱附管路单向阀损坏,起不到单向作用；文丘里管断开。

故障码 P128500 的检测方法如表 6-31 所示。

表 6-31　故障码 P128500 的检测方法

序号	操作步骤	是	否
1	把点火开关置于"ON"位置	转第 2 步	—
2	用诊断仪读取 ECM 是否有该故障码	转第 3 步	排查其他故障码
3	检测高负荷脱附管路压力传感器的信号线电压,是否接近或等于 5V	更换传感器	转第 4 步
4	检测压力传感器线束端电压,是否接近或等于 5V	检查线束	转第 5 步
5	检查 ECM 端对应的高负荷脱附管路压力传感器信号引脚端是否对电源短路或内部电路损坏	更换 ECM	转第 6 步
6	更换高负荷脱附管路压力传感器,着车,高负荷行驶,观察故障是否复现	转第 7 步	系统正常
7	更换低负荷脱附管路单向阀,着车,高负荷行驶,观察故障是否复现	转第 8 步	系统正常
8	检查文丘里管是否断开	更换文丘里管	转第 9 步
9	将点火开关置于"ON"位置,连接诊断仪,发送故障码清除指令,启动发动机并达到检测启动条件,观察故障码是否再次报出	诊断帮助	系统正常

(5) 故障码：P128600。故障码定义：高负荷脱附管路压力传感器信号超出下限阈值。

故障码报码条件：高负荷脱附管路压力传感器压力信号低于阈值。

故障可能原因：压力传感器信号端对地短路；ECM 端对应的高负荷脱附管路压力传感器信号引脚对地短路；高负荷脱附管路压力传感器损坏；文丘里管或高负荷脱附管路单向阀堵塞。

故障码 P128600 的检测方法如表 6-32 所示。

表 6-32　故障码 P128600 的检测方法

序号	操作步骤	是	否
1	把点火开关置于"ON"位置	转第 2 步	—

续表

序号	操作步骤	是	否
2	用诊断仪读取ECM是否有该故障码	转第3步	排查其他故障码
3	检测高负荷脱附管路压力传感器的信号线电压,是否接近或等于0V	更换传感器	转第4步
4	检测压力传感器线束端电压,是否接近或等于0V	检查线束	转第5步
5	检查ECM端对应的高负荷脱附管路压力传感器信号引脚端是否对电源短路或内部电路损坏	更换ECM	转第6步
6	更换高负荷脱附管路压力传感器,着车行驶,观察故障是否复现	系统正常	转第7步
7	更换高负荷脱附管路单向阀或文丘里管,着车行驶,观察故障是否复现	诊断帮助	系统正常

（6）故障码：P049700。故障码定义：低负荷脱附管路活性炭罐故障。

故障码报码条件：低负荷脱附管路的压力波动达不到阈值。

故障可能原因：活性炭罐与发动机之间的低负荷脱附管路、单向阀及连接处存在堵塞或断开；活性炭罐卡滞常闭或常开。

故障码P049700的检测方法如表6-33所示。

表6-33 故障码P049700的检测方法

序号	操作步骤	是	否
1	把点火开关置于"ON"位置	转第2步	—
2	用诊断仪读取ECM是否有该故障码	转第3步	排查其他故障码
3	检查活性炭罐与发动机之间的脱附管路、单向阀（若有）及连接处是否有堵塞或者断开	更换相应管路	转第4步
4	检查活性炭罐硬件是否卡死常闭/常开	更换活性炭罐	转第5步
5	将点火开关置于"ON"位置,连接诊断仪,发送故障码清除指令,启动发动机并达到检测启动条件,观察故障码是否再次报出	诊断帮助	系统正常

六、燃油蒸发排放泄漏监测

1. 功能概述

燃油蒸发排放泄漏监测是国六排放法规的新增功能,该功能是对炭罐电磁阀之前的燃油蒸发排放系统密封性进行监测,也就是对燃油蒸发吸附管路密封性进行监测。从燃油蒸发排放系统的完整性来看,燃油蒸发排放泄漏监测与燃油蒸气脱附流量监测构成了整个系统的密封性监测功能。

燃油蒸发排放泄漏监测可以简单理解为：燃油蒸发排放系统由燃油箱、活性炭罐、管路等组成。活性炭罐有3个口,分别通往燃油箱、发动机和大气。若要检测燃油蒸发排放是否泄漏,需要将燃油箱、发动机和大气3个口分别堵住,产生密闭效果,这样OBD系统才能对燃油蒸发排放系统进行泄漏。

国五车辆的燃油箱可以用油箱盖密封,活性炭罐通往发动机管路由炭罐电磁阀（也称为净化电磁阀、清污电磁阀或脱附电磁阀）密封,但是活性炭罐通往大气口没有关闭,所以无法诊断泄漏。

国六车辆在国五车辆的基础上增加了活性炭罐通大气口的密封装置，再配合软件和一些压力/流量传感器，就可以实现燃油蒸发排放泄漏功能。

目前，各品牌的燃油蒸发排放泄漏监测技术路线主要有以下三种。

（1）压降监测法。这种监测称为 DTESK 型监测方案，其基本监测原理如下：在活性炭罐通大气口增加了一个电磁阀，称为炭罐通风电磁阀或截止电磁阀。在发动机运转期间，发动机控制模块通过控制炭罐通风电磁阀和炭罐电磁阀，使燃油蒸发排放系统产生一定的负压（发动机进气产生的抽真空效果）。

同时，燃油蒸发排放系统的压力传感器对负压进行监测，当抽到某个压力值时，燃油蒸发排放系统被封闭住，此后压力传感器监控该负压的变化情况，发动机控制模块由此判断系统是否泄漏。

（2）温度压力监测法。这种监测称为 EONV 型监测方案，其基本监测原理如下：根据理想气体方程式，$pV=nRT$ 里的 p 是压力，T 是温度，V 是容器体积，如果容器的容积 V 是一定的，n 和 R 对于同样的气体都为常数，那么温度越高，容器内的压力 p 就越高；反之压力越小。

EONV 监测方案就是利用了这个原理，当车辆运行结束后，燃油箱会吸收周围零部件特别是排气管的热量，使其温度上升，而一段时间过后，燃油箱和周围的零部件都会慢慢冷却，温度慢慢降低。因此，燃油箱内的压力也会出现同样的趋势，即先上升再慢慢下降。

如果燃油出现泄漏，那么在温度上升和下降的过程中，燃油箱内的气体会溢出到大气或大气中的气体会补偿进入燃油箱，使燃油箱压力的上升和下降变缓。泄漏的孔径越大，变缓的程度越明显。因此，OBD 系统可以根据压力上升和下降变缓的程度来判断泄漏的大小。

EONV 监测方案用到的硬件配置与 DTESK 基本相同。一般情况下，EONV 用来诊断 0.5mm 泄漏，DTESK 用来诊断 1mm 泄漏。

此外需要说明的是，品牌、车型及年款不同，EONV 监测的具体应用方式也有所不同。如早期的自然真空泄漏监测方式（简称 NVLD）、目前较为常见的蒸发系统完整性监测方式（简称 ESIM）等，这些都属于温度-压力监测方式。

（3）流量监测法。这种监测称为 DMTL 型监测方案，其基本监测原理如下：利用泵气装置向燃油蒸发排放系统持续注入一定目标值的气压并检测其流量，当压力达到目标值后，若压力源无流量进入燃油蒸发排放系统，则检测为无泄漏；反之，则检测到泄漏故障。

为了实现这种监测功能，需要在活性炭罐通大气口增加一个微型气泵（DMTL 模块），往燃油蒸发排放系统充气或抽气，以观察泄漏情况。

前面两种（DTESK 和 EONV）监测方案对发动机的运行工况有要求，因而不能适用所有的车辆配置（比如混动），但性价比较高；DMTL 监测方案则相反，但适用于所有的车辆配置。

2. DTESK 型监测方案

（1）监测原理解读。由于 DTESK 是一种压降监测法，因此需要在原有燃油蒸发排放系统的结构基础上增加两个零部件，其中一个是压力传感器，安装在油箱上或靠近油箱的管路上，用来测量油箱压力的变化；另外一个是安装在活性炭罐通风口的炭罐通风阀，也可以称为炭罐截止阀或截止电磁阀，它用于将活性炭罐与大气隔离。通常情况下，它是断电常开的，只有当进行泄漏监测时才会由发动机控制模块进行通电关闭，使系统处于密封状态。

泄漏监测需要满足相关的环境条件和发动机的工况条件，如环境温度、启动条件、车速条件、进气歧管压力等，当这些条件满足时，截止电磁阀关闭，把蒸发系统与大气的连通切断,这时进气歧管的真空会把蒸发系统的燃油蒸气抽走一部分,使蒸发系统也有一定的真空度。如果此时连真空都建立不了,那么说明蒸发系统有较大的泄漏,如油箱盖没有关等情况。

如果真空建立起来,之后炭罐电磁阀也会关闭,使蒸发系统形成一个密闭空间,这个时候发动机控制模块就会监测一定时间内的真空衰减速度(梯度);如果蒸发系统密封良好,那么真空应该不会有多大改变,但如果有泄漏,且泄漏的孔径越大,那么真空会消失越快。发动机控制模块就会根据这个真空衰减速度来判定存在多大的泄漏程度。

(2) DTESK 型监测周期。压降监测法虽然原理并不难,但执行起来必须满足相关条件,如发动机怠速运行、系统运行 10min 以上、环境温度为 10~35℃等,此外发动机控制模块还要对蒸发系统的电气部件进行测试,如燃油箱压力传感器、炭罐电磁阀、截止电磁阀,当测试结果正常时才能启动周期。

DTESK 型燃油蒸发泄漏监测周期分为 6 个阶段:包括 4 个通气阶段和 2 个密封阶段,如图 6-129 所示。

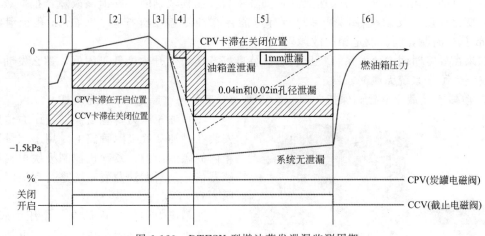

图 6-129　DTESK 型燃油蒸发泄漏监测周期
1in=2.54cm

① 阶段一:截止电磁阀(CCV)保持开启(断电),发动机控制模块控制炭罐电磁阀(CPV)由脉宽调制开启状态转换为关闭状态(断电)。此时由于通往发动机进行歧管的通道关闭,真空抽吸作用消失,因此蒸发系统的压力会逐渐上升至大气压。

发动机控制模块利用油箱压力传感器来识别蒸发系统压力,如果在规定时间内,蒸发系统的压力没有上升至大气压,那么发动机控制模块将判断截止电磁阀卡滞在关闭位置,设定相关故障码。

如果在规定时间内,蒸发系统的压力能够上升至大气压,那么监测周期进入下一个阶段。

② 阶段二:此阶段炭罐电磁阀保持关闭状态(断电),截止电磁阀则由发动机控制模块驱动,从开启状态(断电)转换为关闭状态(通电),从而使蒸发系统密封住。

由于车辆处于运行状态,蒸发系统的燃油蒸气不断产生,蒸气压力应逐渐高于大气压,发动机控制模块根据油箱压力传感器信号识别到这种压力变化趋势。如果在规定时间内,蒸气压力没有达到预设值,那么发动机控制模块将判断炭罐电磁阀卡滞在开启位置,设定相关故障码。

如果在规定时间内,蒸发系统的压力能够上升至预设值,那么监测周期进入下一个阶段。

③ 阶段三：此阶段炭罐电磁阀由关闭状态转换为脉宽开启状态（通电），截止电磁阀由关闭状态转换为开启状态（断电），蒸发系统恢复为脱附模式。在发动机的抽吸作用下，蒸发系统压力快速下降，当下降至大气压时此阶段完成。

④ 阶段四：此阶段截止电磁阀由开启状态转换为关闭状态（通电），炭罐电磁阀则保持为脉宽开启状态（通电）。由于蒸发系统连通大气的管路被关闭，在发动机抽吸作用下，蒸发系统压力将快速下降。

发动机控制模块根据油箱压力传感器信号识别蒸发系统压力能否在规定时间内下降至预设值，如果不能，那么按照时间推算，判断炭罐电磁阀卡滞在开启位置或油箱盖没有拧紧，同时设定相关故障码。

如果在规定时间内，蒸发系统的压力能够下降至预设值，那么监测周期进入下一个阶段。

⑤ 阶段五：此阶段炭罐电磁阀由脉宽开启状态转换为关闭状态（断电），截止电磁阀保持关闭状态（通电），蒸发系统被密封，泄漏监测开始。

若短时间内蒸发系统压力快速上升，则发动机控制模块判断存在泄漏故障，根据蒸发系统压力变化梯度，发动机控制模块判断有可能存在油箱盖没有拧紧、0.5mm 孔径泄漏或 1.0mm 孔径泄漏，同时设定相关故障码。

如果在规定时间内蒸发系统负压状态保持良好或压力上升梯度低于阈值，那么发动机控制模块判断蒸发系统无泄漏。

⑥ 阶段六：截止电磁阀保持关闭状态转换为开启状态（断电），系统恢复。

（3）油箱压力传感器。油箱压力传感器安装在燃油蒸气吸附管路上，用于测量燃油箱内的燃油压力，发动机控制模块根据该传感器信号判断燃油蒸发系统是否存泄漏，如图 6-130 所示。

油箱压力传感器内部有一个压力膜片，上面有 4 个压电电阻组成的惠斯顿电桥，压力膜片两侧不同的压力差使硅芯片产生机械变形，电阻的阻值改变通过硅芯片电路处理后，生成与压力呈线性变化的电压信号。

图 6-130　油箱压力传感器

油箱压力传感器结构原理与信号电压特征如图 6-131 所示。

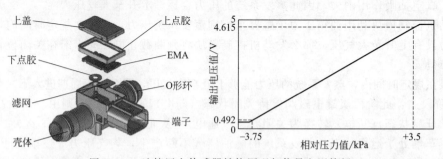

图 6-131　油箱压力传感器结构原理与信号电压特征

油箱压力传感器有 3 个针脚，分别为 5V 电源、接地和信号针脚，其线路如图 6-132 所示。

油箱压力传感器针脚电压测量：拔下线束插头，打开点火开关，测量线束插头电源针脚电压，约为 5V，如图 6-133 所示。

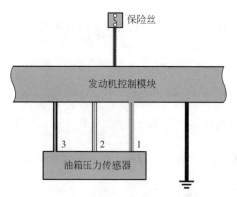

图 6-132　油箱压力传感器线路
1～3—针脚

图 6-133　油箱压力传感器的线束插头电源
针脚电压测量方法

测量油箱压力传感器的线束插头接地针脚电压，约为 0V，如图 6-134 所示。

测量油箱压力传感器的线束插头信号针脚电压，约为 0V，如图 6-135 所示。

油箱压力传感器信号电压测量：插好线束插头，关闭并重新打开点火开关，测量油箱压力传感器信号针脚电压，约为 2.6V，如图 6-136 所示。

图 6-134　油箱压力传感器的线束插头接地
针脚电压测量方法

图 6-135　测量油箱压力传感器的线束
插头信号针脚电压

注意，此状态下测量的油箱压力传感器信号电压是大气压对应的电压值，该电压值是一个重要的标定数据，可以定性判断传感器性能是否出现偏差。为了使测量数据更加准确，可打开油箱盖，确保燃油蒸发排放系统的压力与大气压相等。

接下来可以启动发动机，动态测量油箱压力传感器信号电压。这里需要注意测量条件和影响因素，如油箱盖是否拧紧，燃油箱内的燃油量，环境温度的高低，活性炭罐的燃油蒸气饱和度，炭罐电磁阀是否通电工作，截止电磁阀出口的空滤是否洁净等。

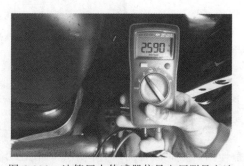

图 6-136　油箱压力传感器信号电压测量方法

根据实际经验，在怠速且炭罐电磁阀处于脉宽调制工作状态下，油箱压力传感器信号电压约为 2.5V；此时将截止电磁阀通大气的管口堵住，油箱压力传感器信号电压会逐渐下降；恢复截止电磁阀通大气的管口，使用诊断仪激活炭罐电磁阀并使其处于最大开度（或者直接

第六章　排放控制系统技术改进与故障检修

通电模拟），油箱压力传感器信号电压约为 1.8V；在炭罐电磁阀处于最大开度下，打开油箱盖，油箱压力传感器信号电压约为 2.2V。

总之，油箱压力传感器信号电压与气压呈正比的关系，而且信号变化非常灵敏。在发动机运转且炭罐电磁阀处于脉宽调制工作状态下，将油箱盖拧紧，改变工况，如摇晃车身、急加速/减速，只要油箱压力传感器信号电压值有轻微波动（可能增加或降低），即可判定传感器本体无故障。

（4）截止电磁阀。截止电磁阀安装在活性炭罐与空滤（通大气）之间的管路中，与炭罐电磁阀、油箱压力传感器共同完成燃油蒸发排放系统的泄漏监测功能，如图 6-137 所示。

图 6-137 截止电磁阀

燃油蒸发排放系统的泄漏监测分为一般泄漏检测和深度泄漏检测两种。在怠速工况下，截止电磁阀关闭，通大气的管口被密封住，OBD 系统开始进行一般性泄漏检测，如果燃油箱内部没有建立真空度，那么 OBD 系统认为存在较大的泄漏，报故障码，仪表故障灯点亮。

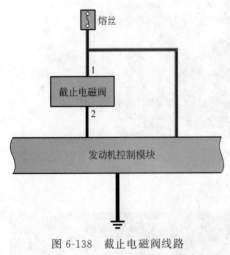

图 6-138 截止电磁阀线路
1,2—插头针脚

如果一般性检测没有出泄漏故障，那么 OBD 系统启用深度检测模式，当建立真空度后，在规定时间（如 30s）内，真空度应该保持恒定，否则 OBD 系统会报故障码。

截止电磁阀由主继电器提供蓄电池电源，发动机控制模块对该电磁阀进行接地回路控制，其线路如图 6-138 所示。

截止电磁阀电源测量方法：拔下截止电磁阀的线束插头，打开点火开关，测量线束插头电源针脚，应有蓄电池电压，如图 6-139 所示。

截止电磁阀密封性检测方法：将截止电磁阀拆下来，用压缩空气测试，应通畅。用跨接线进行通电测试，同时检查截止电磁阀密封性，应完全密封，如图 6-140 所示。

（5）系统泄漏检测方法。对于所有品牌车辆的燃油蒸发排放泄漏故障，推荐的检测方法是使用烟雾泄漏检测仪查找漏点，使用方法比较简单，就是将烟雾泄漏检测仪连接到截止电磁阀的大气接口上，向燃油蒸气排放系统泵入烟雾，查找是否泄漏部位。

燃油蒸气排放系统泄漏检测方法如图 6-141 所示。

例如燃油蒸气排放系统出现泄漏故障，诊断仪报的故障码为 P0442，含义为燃油蒸发排放系统小泄漏，故障可能原因是燃油蒸发系统存在较小泄漏点，导致检测时的压力变化率偏大。处理方法如下。

图 6-139 截止电磁阀电源的线束插头电源针脚测量方法

图 6-140 截止电磁阀的通电测试方法

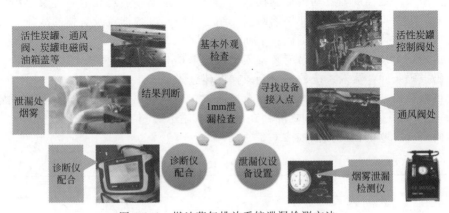

图 6-141 燃油蒸气排放系统泄漏检测方法

① 检查燃油蒸气排放系统各个接插件是否接好，管路是否破损。

② 若无异常，则使用烟雾测漏仪，接在截止电磁阀的通大气的端口（发动机不能启动），生成烟雾，使用激光或特制眼镜寻找漏点。

③ 若检测不到漏气，则检查截止电磁阀是否无法完全关闭（拆下截止电磁阀进行通电测试）。

④ 故障检修完成后进行性能验证：使用诊断仪进行燃油蒸发泄漏测试，10min 后读取故障码，重复 3 次。若诊断仪无法进行测试，可静置 6h，启动车辆，原地怠速 10imn 后熄火，再静置 6h，启动发动机并原地怠速运行 10min，看诊断仪是否报故障码。

综合上述可知，密封性检测是泄漏故障最直接也是最重要的检查手段，烟雾泄漏检测仪所起的作用是能够直接查找到漏点。典型的烟雾泄漏检测仪如图 6-142 所示。

烟雾泄漏检测仪通常连接在截止电磁阀的大气管口处，如图 6-143 所示。

在实际维修工作中，也可以采用类似的方法进行检测，如抽真空、打压等方式，检查气压能否保持。若不能保持，则做进一步的部件检查工作。

（6）故障诊断流程。根据燃油蒸发排放泄

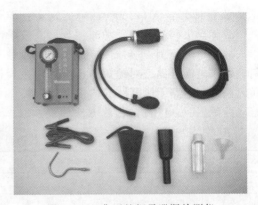

图 6-142 典型的烟雾泄漏检测仪

第六章 排放控制系统技术改进与故障检修

图 6-143 烟雾泄漏检测仪的管路连接部位

漏的故障类型及严重程度,发动机控制模块判断是否设定故障、点亮故障灯及启用故障运行模式。在实际维修工作中,可以使用诊断仪,结合故障码、数据流及具体的故障症状,参照维修手册内容,进行相应的检修工作。下面举例说明。

① 故障码:P044200。故障码定义:蒸发系统 1.0mm 泄漏故障。

故障码报码条件:蒸发系统的真空衰减梯度超过阈值。

故障可能原因:油箱盖没有拧紧或存在泄漏口。炭罐通风阀不能完全关闭。油箱-管路-活性炭罐-炭罐电磁阀-炭罐通风阀之间存在泄漏;炭罐电磁阀不能完全关闭。

故障码 P044200 的检测方法如表 6-34 所示。

表 6-34 故障码 P044200 的检测方法

序号	操作步骤	是	否
1	把点火开关置于"ON"位置	转第 2 步	—
2	用诊断仪读取 ECM 是否有该故障码	转第 3 步	排查其他故障码
3	检查油箱盖是否拧紧	拧紧油箱盖	转第 4 步
4	检查油箱-管路-活性炭罐-炭罐电磁阀-炭罐通风阀是否存在泄漏	排查故障	转第 5 步
5	检查炭罐通风阀能否完全关闭,可以短接针脚实现	转第 6 步	更换炭罐通风阀
6	在上电状态下检查炭罐电磁阀是否完全关闭	第 7 步	更换炭罐电磁阀
7	将点火开关置于"ON"位置,连接诊断仪,发送故障码清除指令,启动发动机并达到检测启动条件,观察故障码是否再次报出	诊断帮助	系统正常

② 故障码:P044700。故障码定义:炭罐通风阀控制电路开路。

故障码报码条件:驱动通道自诊断故障。

故障可能原因:接插件接插不牢或接触不良;炭罐通风阀控制电路开路;炭罐通风阀控制电路供电端开路或对地短路;炭罐通风阀控制电路熔丝熔断或损坏;ECM 端对应的炭罐通风阀控制电路引脚开路或内部电路损坏。

故障码 P044700 的检测方法如表 6-35 所示。

表 6-35 故障码 P044700 的检测方法

序号	操作步骤	是	否
1	把点火开关置于"ON"位置	转第 2 步	—
2	用诊断仪读取 ECM 是否有该故障码	转第 3 步	排查其他故障码

续表

序号	操作步骤	是	否
3	检查接插件是否接插不实或接触不良	重新插拔	转第4步
4	检查炭罐通风阀控制电路是否开路	维修线束	转第5步
5	检查炭罐通风阀控制电路供电端是否开路或对地短路	维修线束	转第6步
6	检查炭罐通风阀控制电路熔丝是否熔断或损坏	排查故障(继电器)	转第7步
7	ECM端对应的炭罐通风阀控制电路引脚是否开路或内部电路损坏	排查故障(ECM)	转第8步
8	将点火开关置于"ON"位置,连接诊断仪,发送故障码清除指令,启动发动机并达到检测启动条件,观察故障码是否再次报出	诊断帮助	系统正常

③ 故障码：P045125。故障码定义：油箱压力传感器信号振荡合理性故障。
故障码报码条件：油箱压力波动量持续超过阈值。
故障可能原因：活性炭罐损坏；油箱压力传感器损坏。
故障码 P045125 的检测方法如表 6-36 所示。

表 6-36　故障码 P045125 的检测方法

序号	操作步骤	是	否
1	把点火开关置于"ON"位置	转第2步	—
2	用诊断仪读取ECM是否有该故障码	转第3步	排查其他故障码
3	更换油箱压力传感器,重新启动车辆,等待10min,观察故障是否复现	转第4步	系统正常
4	更换ECM,重新启动车辆,等待10min,观察故障是否复现	转第5步	系统正常
5	检查活性炭罐线束及更换活性炭罐,重新启动车辆,等待10min,观察故障是否复现	诊断帮助	系统正常

④ 故障码：P045128。故障码定义：油箱压力传感器信号偏移故障。
故障码报码条件：油箱压力值与冷启动时的参考油箱压力值之差超过阈值。
故障可能原因：油箱压力传感器损坏；油箱到炭罐管路发生堵塞。
故障码 P045128 的检测方法如表 6-37 所示。

表 6-37　故障码 P045128 的检测方法

序号	操作步骤	是	否
1	把点火开关置于"ON"位置	转第2步	—
2	用诊断仪读取ECM是否有该故障码	转第3步	排查其他故障码
3	更换油箱压力传感器,观察故障是否复现	转第4步	系统正常
4	检查油箱到活性炭罐的管路是否发生堵塞	更换管路	转第5步
5	更换ECM,观察故障是否复现	诊断帮助	系统正常

⑤ 故障码：P04512A。故障码定义：油箱压力传感器信号停滞合理性故障。
故障码报码条件：油箱压力最大值与最小值的差值低于阈值。
故障可能原因：炭罐电磁阀卡滞常闭或常开；油箱到活性炭罐的管路发生堵塞或断开；活性炭罐到炭罐阀之间管路发生堵塞或断开；油箱压力传感器损坏。
故障码 P04512A 的检测方法如表 6-38 所示。

表 6-38 故障码 P04512A 的检测方法

序号	操作步骤	是	否
1	把点火开关置于"ON"位置	转第 2 步	—
2	用诊断仪读取 ECM 是否有该故障码	转第 3 步	排查其他故障码
3	检查炭罐电磁阀是否常闭或常开	更换炭罐电磁阀	转第 4 步
4	检查油箱到活性炭罐的管路是否发生堵塞或断开	更换管路	转第 5 步
5	检查活性炭罐到炭罐阀之间管路是否发生堵塞或断开	更换管路	转第 6 步
6	更换油箱压力传感器转	第 7 步	—
7	将点火开关置于"ON"位置,连接诊断仪,发送故障码清除指令,启动发动机并达到检测启动条件,观察故障码是否再次报出	诊断帮助	系统正常

⑥ 故障码:P045200。故障码定义:油箱压力传感器信号对地短路。

故障码报码条件:压力传感器电压信号低于 0.2V。

故障可能原因:油箱压力传感器信号端对地短路;ECM 端对应的油箱压力传感器信号引脚对地短路。

故障码 P045200 的检测方法如表 6-39 所示。

表 6-39 故障码 P045200 的检测方法

序号	操作步骤	是	否
1	把点火开关置于"ON"位置	转第 2 步	—
2	用诊断仪读取 ECM 是否有该故障码	转第 3 步	排查其他故障码
3	检测油箱压力信号线电压是否接近或等于 0V	更换传感器	转第 4 步
4	检测油箱压力信号对应的线束端电压,是否接近或等于 0V	检查线束	转第 5 步
5	检查 ECM 端对应的油箱压力传感器信号引脚端是否对地短路或内部电路损坏	更换 ECM	转第 6 步
6	将点火开关置于"ON"位置,连接诊断仪,发送故障码清除指令,启动发动机并达到检测启动条件,观察故障码是否再次报出	诊断帮助	系统正常

⑦ 故障码:P045300。故障码定义:油箱压力传感器信号对电源短路。

故障码报码条件:压力传感器电压信号超过 4.8V。

故障可能原因:油箱压力传感器信号端对电源短路;ECM 端对应的油箱压力传感器信号引脚对电源短路。

故障码 P045300 的检测方法如表 6-40 所示。

表 6-40 故障码 P045300 的检测方法

序号	操作步骤	是	否
1	把点火开关置于"ON"位置	转第 2 步	—
2	用诊断仪读取 ECM 是否有该故障码	转第 3 步	排查其他故障码
3	检测油箱压力信号线电压是否接近或等于 5V	更换传感器	转第 4 步
4	检测油箱压力信号对应的线束端电压,是否接近或等于 5V	检查线束	转第 5 步

续表

序号	操作步骤	是	否
5	检查 ECM 端对应的油箱压力传感器信号引脚端是否对电源短路或内部电路损坏	更换 ECM	转第 6 步
6	将点火开关置于"ON"位置,连接诊断仪,发送故障码清除指令,启动发动机并达到检测启动条件,观察故障码是否再次报出	诊断帮助	系统正常

⑧ 故障码：P045500。故障码定义：蒸发系统 2.2mm 泄漏或油箱盖未拧紧。

故障码报码条件：蒸发系统抽真空过程中无法达到目标真空度。

故障可能原因：油箱盖没有拧紧或存在泄漏口；炭罐通风阀不能完全关闭；油箱-管路-炭罐阀-炭罐电磁阀-炭罐通风阀之间存在泄漏；炭罐电磁阀不能完全关闭。

故障码 P045500 的检测方法如表 6-41 所示。

表 6-41 故障码 P045500 的检测方法

序号	操作步骤	是	否
1	把点火开关置于"ON"位置	转第 2 步	—
2	用诊断仪读取 ECM 是否有该故障码	转第 3 步	排查其他故障码
3	检查油箱盖是否拧紧	第 4 步	拧紧油箱盖
4	检查油箱-管路-炭罐阀-炭罐电磁阀-炭罐通风阀是否存在泄漏	排查故障	转第 5 步
5	检查炭罐通风阀能否完全关闭,可以短接针脚实现	转第 6 步	更换炭罐通风阀
6	在上电状态下检查炭罐电磁阀是否完全关闭	转第 7 步	更换炭罐电磁阀
7	将点火开关置于"ON"位置,连接诊断仪,发送故障码清除指令,启动发动机并达到检测启动条件,观察故障码是否再次报出	诊断帮助	系统正常

⑨ 故障码：P049800。故障码定义：炭罐通风阀控制电路对地短路。

故障码报码条件：驱动通道自诊断故障。

故障可能原因：炭罐通风阀控制电路对地短路；ECM 端对应的炭罐通风阀控制电路引脚对地短路。

故障码 P049800 的检测方法如表 6-42 所示。

表 6-42 故障码 P049800 的检测方法

序号	操作步骤	是	否
1	把点火开关置于"ON"位置	转第 2 步	—
2	用诊断仪读取 ECM 是否有该故障码	转第 3 步	排查其他故障码
3	检查炭罐通风阀控制电路是否对地短路	维修线束	转第 4 步
4	检查 ECM 端对应的炭罐通风阀控制电路引脚是否对地短路	排查故障	转第 5 步
5	将点火开关置于"ON"位置,连接诊断仪,发送故障码清除指令,启动发动机并达到检测启动条件,观察故障码是否再次报出	诊断帮助	系统正常

⑩ 故障码：P049900。故障码定义：炭罐通风阀控制电路对电源短路。

故障码报码条件：驱动通道自诊断故障。

故障可能原因：炭罐通风阀控制电路对电源短路；ECM端对应的炭罐通风阀控制电路引脚对电源短路。

故障码P049900的检测方法如表6-43所示。

表6-43　故障码P049900的检测方法

序号	操作步骤	是	否
1	把点火开关置于"ON"位置	转第2步	—
2	用诊断仪读取ECM是否有该故障码	转第3步	排查其他故障码
3	检查炭罐通风阀控制电路是否对电源短路	维修线束	转第4步
4	检查ECM端对应的炭罐通风阀控制电路引脚是否对电源短路	排查故障	转第5步
5	将点火开关置于"ON"位置，连接诊断仪，发送故障码清除指令，启动发动机并达到检测启动条件，观察故障码是否再次报出	诊断帮助	系统正常

⑪ 故障码：P128200。故障码定义：油箱压力传感器信号超范围（正向）。

故障码报码条件：油箱压力传感器压力信号持续高于阈值。

故障可能原因：炭罐通风阀关闭；油箱到活性炭罐的管路发生堵塞；油箱压力传感器损坏。

故障码P128200的检测方法如表6-44所示。

表6-44　故障码P128200的检测方法

序号	操作步骤	是	否
1	把点火开关置于"ON"位置	转第2步	—
2	用诊断仪读取ECM是否有该故障码	转第3步	排查其他故障码
3	检查炭罐通风阀是否关闭	更换炭罐通风阀	转第4步
4	检查油箱到活性炭罐的管路是否发生堵塞	更换管路	转第5步
5	更换油箱压力传感器	转第6步	—
6	将点火开关置于"ON"位置，连接诊断仪，发送故障码清除指令，启动发动机并达到检测启动条件，观察故障码是否再次报出	诊断帮助	系统正常

⑫ 故障码：P128300。故障码定义：油箱压力传感器信号超范围（负向）。

故障码报码条件：油箱压力传感器压力信号持续低于阈值。

故障可能原因：炭罐通风阀关闭；油箱到活性炭罐的管路发生堵塞；油箱压力传感器损坏；炭罐阀卡滞常开。

故障码P128300的检测方法如表6-45所示。

表6-45　故障码P128300的检测方法

序号	操作步骤	是	否
1	把点火开关置于"ON"位置	转第2步	—
2	用诊断仪读取ECM是否有该故障码	转第3步	排查其他故障码
3	检查炭罐通风阀是否关闭	更换炭罐通风阀	转第4步
4	检查油箱到活性炭罐的管路是否发生堵塞	更换管路	转第5步

续表

序号	操作步骤	是	否
5	检查炭罐阀是否卡滞在常开	检查炭罐阀线束和接插件或更换炭罐阀	转第6步
6	更换油箱压力传感器,启动车辆,运行10min,故障是否复现	转第7步	系统正常
7	检查炭罐阀是否卡滞在常开	检查炭罐阀线束和接插件或更换炭罐阀	诊断帮助

⑬ 故障码：P242200。故障码定义：炭罐通风阀卡滞常闭故障。

故障码报码条件：油箱压力低于阈值。

故障可能原因：炭罐通风阀针脚电压偏低,使得炭罐通风阀关闭；炭罐通风阀卡滞在常闭位置,无法打开；炭罐通风阀管路堵塞；炭罐阀卡滞在常开位置；油箱压力传感器损坏。

故障码 P242200 的检测方法如表 6-46 所示。

表 6-46 故障码 P242200 的检测方法

序号	操作步骤	是	否
1	把点火开关置于"ON"位置	转第2步	—
2	用诊断仪读取ECM是否有该故障码	转第3步	排查其他故障码
3	保持传感器接插件正常,用万用表检查炭罐通风阀针脚电压是否偏低,是否对地短路	检查线束和接插件	转第4步
4	拆下炭罐通风阀处管路,观察是否堵塞	更换管路	转第5步
5	检查炭罐通风阀硬件是否卡滞关闭状态	更换炭罐通风阀	转第6步
6	检查炭罐阀是否卡滞在常开位置	检查炭罐阀线束和接插件或更换炭罐阀	转第7步
7	更换油箱压力传感器,启动车辆,运行10min,观察故障是否复现	诊断帮助	系统正常

3. NVLD 型监测方案

NVLD 称为自然真空泄漏监测,属于一种温度压力监测（EONV）方案,在早期的美规车型中应用较多。该监测方案的关键部件是 NVLD 总成,它安装在活性炭罐的通大气管路中。NVLD 总成主要由 NVLD 电磁阀和 NVLD 开关组成。

（1）NVLD 总成工作状态。当发动机运行时,NVLD 电磁阀通电,开启与大气相连的通风口,NVLD 开关处于打开状态,如图 6-144 所示。

当发动机关闭时,NVLD 电磁阀断电,活性炭罐的通风口关闭,燃油蒸发排放系统开始变为密闭系统。随着系统的冷却,蒸气压力逐渐降低,当系统内的真空达到至少 1/inH$_2$O（/inH$_2$O=248.92Pa,下同）时,真空开关开始闭合,如图 6-145 所示。

一旦发动机控制模块识别到 NVLD 开关闭合,那么在下一次启动时,发动机控制模块将记录一次小泄漏测试通过（正常）。若 NVLD 开关状态没有发生变化,则发动机控制模块判定系统出现泄漏,或者需要的温度变化还没有达到。

（2）NVLD 总成结构原理。NVLD 总成内部集成了常开真空开关、常闭（断电）电磁阀以及通过电磁阀和膜片驱动的压力和真空卸压阀,如图 6-146 所示。

① 当 0.25kPa 的真空作用在膜片上时,将使膜片提起,常开真空开关因此关闭。

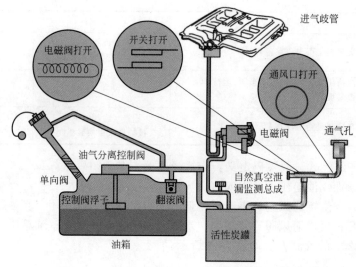

图 6-144 发动机运行时的 NVLD 总成工作状态

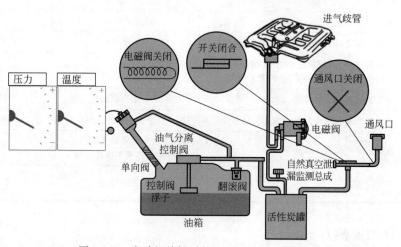

图 6-145 发动机关闭时的 NVLD 总成工作状态

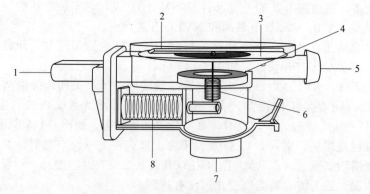

图 6-146 NVLD 总成结构原理
1—电气插头；2—真空开关；3—膜片；4—压力和真空安全阀；
5—至滤清器；6—弹簧和柱塞；7—至活性炭罐；8—电磁阀

NVLD 总成内部的常闭式压力和真空安全阀，则用于发动机关闭时维持蒸发系统处于密封状态。

② 如果蒸发系统的真空超过 0.75～1.5kPa，那么压力和真空安全阀将被推出阀座，炭罐通风口的密封打开。这样可保护系统免受过度真空，且如果电磁阀不起作用，也有充足的净化气流。

③ 在发动机运行状态下，电磁阀通电动作并联动地使压力和真空安全阀动作，活性炭罐通风口的密封打开。

④ 在大、中型泄漏测试和净化气流检查期间，电磁阀断电，活性炭罐通风口关闭。

⑤ 当蒸发系统内的压力超过 0.12kPa 时，活性炭罐通风口的密封打开，这样就能够使加油时产生的蒸气通过活性炭罐排放掉，还可以在温度上升时使油箱通气，防止油箱压力过高。

4. ESIM 型监测方案

（1）概述。ESIM 称为蒸发系统完整性监测，是目前应用较为广泛的温度压力监测（EONV）方案。

ESIM 通过测量系统冷却时的真空度来检测蒸发排放系统的完整性，当特定时间内形成明显真空度时，则视为蒸发排放系统密封良好。

ESIM 是综合性监测方案，内容包括油箱盖、加油管、燃油和蒸气软管、活性炭罐和净化电磁阀的密封性及完整性。

（2）ESIM 开关。ESIM 开关与 NVLD 开关非常类似。与 NVLD 不同的是，ESIM 的设计已得到简化，其内部没有采用电磁阀。

在大多数情况下，ESIM 总成直接安装在活性炭罐上，需要一个适配器来维持垂直位置，如图 6-147 所示。

ESIM 总成包括壳体、小配重、大配重（起止回阀作用）、膜片、开关、护盖等，如图 6-148 所示。

图 6-147 安装在活性炭罐壳体上的 ESIM 总成

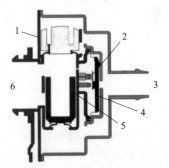

图 6-148 ESIM 总成内部结构
1—加油配重；2—真空开关；3—至新鲜空气过滤器；
4—膜片；5—净化配重；6—至活性炭罐

ESIM 总成内部的大配重密封件用于压力，小配重止回阀密封件用于真空。加油期间，压力会在蒸发系统内积聚，当压力到达预定值（约 0.125kPa）时，大配重止回阀开启，使压力排入新鲜空气过滤器。当系统冷却并导致真空度到达约 -0.55 kPa 时，小配重会抬离底座并使新鲜空气进入蒸发排放系统，从而防止系统内真空过度。

膜片由弹性塑料模压而成。膜片的凸起区域与金属弹簧开关接触。当蒸发排放系统内的真空为-0.2~0.55kPa，膜片会被向内推动，从而顶开弹簧并关闭触点。弹簧受压后会与另一端接触，使电流通过弹簧，此时开关关闭。

（3）ESIM 开关关闭监测程序。该监测程序用于检测 ESIM 开关是否卡滞在关闭位置。此测试为断电测试，会在点火开关关闭且发动机控制模块到 0r/min 时运行。净化电磁阀会通电最长 30s，排出蒸发系统内的真空。

如果开关开启或在测试开始前开启，则监测程序通过。如果开关未开启，说明监测程序失败。此故障为双行程故障，可使用诊断仪运行 ESIM 开关关闭监测程序。ESIM 开关与炭罐电磁阀电路电压测量值如图 6-149 所示。

（4）ESIM 开关开启监测程序。ESIM 开关开启监测程序与关闭监测程序类似。ESIM 开关处于开启位置及炭罐电磁阀断电时的电路电压如图 6-150 所示。

图 6-149　ESIM 开关与炭罐电磁阀电路电压测量值
1—ESIM 开关电路电压；2—炭罐电磁阀电路电压

图 6-150　ESIM 开关处于开启位置及炭罐电磁阀断电时的电路电压
1—ESIM 开关电路电压；2—炭罐电磁阀电路电压

（5）燃油箱盖关闭测试程序。发动机控制模块能够利用 ESIM 开关检测油箱盖是否松动或丢失。在监测油箱盖是否松动或丢失方面，ESIM 与 NVLD 逻辑非常相似，发动机控制模块检测燃油液位是否存在明显变化，如果在数个连续的冷启动行程中检测到泄漏大于 2.29mm 孔径，则故障码被设定并点亮油箱盖松动指示灯。

注意：当油箱盖指示灯开启时不要清除故障码，清除故障码会导致无法将信息发送至组合仪表。对于配备无盖加油系统的车辆，不会配置燃油箱盖关闭测试程序。

（6）蒸发监测程序原理。蒸发排放系统建立在气体定律的基础上。该定律描述在密封容器中的气体压力会随着气体温度而改变的关系，仅适用于密封的容器。系统中的任何泄漏（即使少量）都会使压力与大气压力相等。在日常生活中，遇到的气体定律示例为部分加满的油桶，随着油桶内油温的上升和下降，压力会随之升高和降低。

根据相关法规标准，发动机控制模块执行两种蒸发排放系统泄漏测试程序。

① 被动测试程序，也称为少量泄漏监测程序。此程序用于少量泄漏（0.5mm 孔径，相当于 0.020in），在满足启动条件和车辆关闭条件下运行。

② 主动测试程序，也称为大量泄漏监测程序。此程序可在冷启动期间检查蒸发排放系统是否存在大量泄漏（1.02~2.29mm，相当于 0.040~0.090in）。大量泄漏监测程序仅在少量泄漏测试结果不确定时执行，因为若少量泄漏测试通过，则不存在任何大量泄漏问题。

（7）少量泄漏监测程序。少量泄漏监测程序为被动式开关测试。当车辆关闭后，发动机模块维持该监测程序激活状态（该电路的电量消耗极少），以检测在点火开关关闭后 ESIM 开关是否会关闭 1050min（17.5h）。测试结果取决于开关动作和车辆的重启时间。在某些条件下，如温度降至 1.7℃，会使燃油蒸气压力下降至开关关闭的程度。

ESIM 止回阀会在发动机关闭期间对活性炭罐密封。如果蒸气排放系统没有泄漏，则燃油蒸气压力会在夜间气温下降时降低。当系统真空度超过约 0.25kPa（1inH$_2$O）时，真空开关关闭，发动机控制模块记录测试通过一次。

要使少量泄漏测试通过，必须满足规定的时间阈值以使开关关闭，如表 6-47 所示。

表 6-47 少量泄漏测试时间阈值

时间阈值/min	说　明
0~1050	这是在钥匙关闭后的可用总测试时间，钥匙必须维持关闭
0~10	这是钥匙关闭后的时间，在该时间段内，发动机控制模块会忽略任何 ESIM 开关动作
10~1050	在此期间，ESIM 开关关闭，少量泄漏测试将通过
10~60	如果开关在该时间段内没有关闭，PCM 不会朝向故障累积该时间
60~1050	这是朝向故障存储的时间，如果 PCM 在车辆重启前没有检测到开关关闭，则需要 4200min；同样，在前一个循环后的受监测时间可表示可能的存在泄漏
4200（总）	此为累积车辆关闭时间的总数（未检测开关关闭以记录故障）
1050	此为朝向 4200min 总数累积的最大分钟数，在钥匙关闭循环内没有开关关闭
100（总）	这是在累积关闭时间 4200min 之间的钥匙开启/发动机开启状态所需的总时间，用于记录故障
25	这是朝向 100min 总数可在各行驶循环累积的最长时间

（8）大量泄漏监测程序。该程序也称为主动测试，在发动机运行时开始。在被动测试视为无效后，主动测试运行，在测试前必须满足某些启动条件。

满足启动条件后，炭罐电磁阀被激活，真空使 ESIM 开关关闭，炭罐电磁阀随后关闭，发动机控制模块测量真空降低和开关开启所需的时间量，即利用真空衰减原理进行密封性测试。如果系统无法密封，真空度会快速降低，开关快速开启，发动机控制模块则判定为大泄漏故障。

5. 品牌 C 的 ESIM 型监测方案

下面结合具体的品牌车型配置，说明 ESIM 型监测系统的结构原理及控制策略。

（1）系统结构及脱附原理。为了实现燃油蒸气排放控制，品牌 C 的燃油蒸发排放系统在管路中设置相关功能结构件，燃油箱内部设置多功能控制阀和分层通气阀，能够减少燃油箱中蒸气膨胀排气产生的排放物。品牌 C 的燃油蒸发控制系统结构示意如图 6-151 所示。

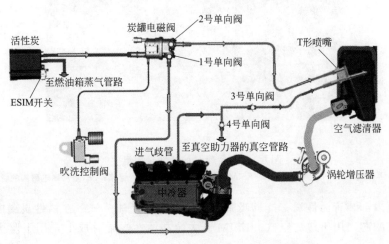

图 6-151　品牌 C 的燃油蒸发控制系统结构示意

当燃油箱中的燃油蒸发时，燃油蒸气通过管路进入活性炭罐中进行临时储存，这个过程为燃油蒸气的吸附过程。燃油蒸气的脱附控制较为复杂，分为以下几种情况。

① 在发动机运转且非增压情况下，进气歧管压力低于燃油蒸气压力。当满足燃油蒸气净化条件时，发动机控制模块控制炭罐电磁阀开启，在压差作用下1号单向阀开启，燃油蒸气通过管路被吸入进气歧管中，参与混合气的燃烧。

② 在发动机运转且增压情况下，进气歧管内的压力高于大气压。在空气滤清器的壳体上设有T形喷嘴，该喷嘴是一个文丘里管，其3个管口分别与活性炭罐、进气歧管、空气滤清器内腔管口相连。此时由于进气歧管压力高于燃油蒸气压力，1号单向阀关闭；进气歧管压力高于大气压，3号单向阀开启，少量的增压空气通过T形喷嘴，产生文丘里效应，使得燃油蒸气管路与空气滤清器内腔管口之间形成明显压降，结果2号单向阀开启，燃油蒸气通过另一条管路流向空气滤清器，这样不仅能够实现增压工况下燃油蒸气脱附，而且能在工况切换过程中，防止燃油蒸气倒流回活性炭罐。

③ 为了能够快速完成非增压与增压工况的切换，必须考虑在非增压下燃油蒸气负压因素，如果燃油蒸气压力低于大气压（发动机抽吸作用），那么当切换到增压工况时，2号单向阀就有可能打不开。因此，系统具有吹洗流量监测功能，当发动机在增压工况下运行时，发动机控制模块执行该监测功能，启动吹洗控制阀，释放管路中的真空，使2号单向阀能够正常动作。

④ 在进气歧管空气管路与真空助力器真空管路之间设有4号单向阀，其作用是当进气歧管压力低于大气压时，该单向阀开启，真空助力器利用进气歧管负压产生真空，实现真空助力功能；当气歧管压力高于大气压时，该单向阀关闭，真空助力器无法通过进气歧管获得真空，需借助于真空电动泵来实现。

⑤ 燃油蒸发排放系统具有泄漏监测功能（完整性监测功能），该功能主要利用ESIM开关（蒸发系统监控器开关）和燃油箱压力传感器来实现。

（2）活性炭罐组件。活性炭罐组件位于车辆的右后轮防尘罩内侧，如图6-152所示。

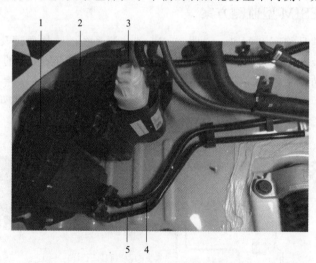

图6-152　品牌C的活性炭罐组件
1—活性炭罐；2—空气滤芯；3—ESIM开关；4—至燃油箱的管路；5—至炭罐电磁阀的管路

活性炭罐内部装有活性炭，能够吸附来自燃油箱的燃油蒸气。在活性炭罐内与空气进口之间设有空气滤芯，用于过滤空气。ESIM开关装在活性炭罐总成上，用于监控蒸发排放系统密封性。

当燃油蒸气净化功能激活时，发动机舱的炭罐电磁阀通电并开启，活性炭罐内部的燃油蒸气被吸入进气歧管或流向空气滤清器，参与混合气燃烧，该过程称为吹洗。吸附在活性炭上的燃油蒸气被吹洗干净，因此该过程又称为净化或再生。

（3）炭罐电磁阀。炭罐电磁阀设置在发动机舱防火墙附近的燃油蒸气脱附管路上，如图 6-153 所示。

炭罐电磁阀是一个断电常闭型电磁阀，其上设有 1 个线束插头、2 个单向阀和 4 个气路管口，其外观结构如图 6-154 所示。

图 6-153 品牌 C 的炭罐电磁阀
安装位置

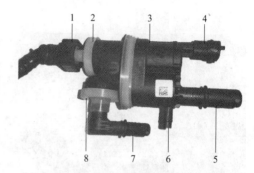

图 6-154 品牌 C 的炭罐电磁阀外观结构
1—至进气歧管的管口；2—单向阀；3—炭罐电磁阀壳体；
4—线束插头；5—至活性炭罐的管口；6—至吹洗控制
阀的管口；7—至 T 形喷嘴的管口；8—单向阀

品牌 C 的炭罐电磁阀的控制策略如下。

① 在冷启动预热期间，炭罐电磁阀断电关闭，燃油蒸气不会从蒸气炭罐中吹出。

② 在燃油修正开环模式下，炭罐电磁阀也处于断电关闭状态。

③ 当发动机达到规定温度且延时结束时，发动机进入闭环工作状态，此时根据工作条件，发动机控制模块每秒对炭罐电磁阀通电和断电 5~10 次，即通过改变电磁阀的脉冲宽度来调节燃油蒸气流量。

④ 在增压工况下，为了防止空气倒流回活性炭罐，发动机控制模块利用吹洗控制阀接通大气，从而释放脱附管路内的真空。

（4）吹洗控制阀。吹洗控制阀又称为 OBD 通风阀、OBD 真空旁通阀或净化控制阀，它设在发动机舱防火墙一侧，如图 6-155 所示。

吹洗控制阀是一种断电常闭型电磁阀，其上设有 1 个线束插头、1 个空气滤芯和 2 个气路管口，外观结构如图 6-156 所示。

图 6-155 品牌 C 的吹洗控制阀安装位置

图 6-156 品牌 C 的吹洗控制阀外观结构
1—至炭罐电磁阀的管口；2—吹洗控制阀壳体；3—线束
插头；4—空气滤芯；5—至大气的管口

吹洗控制阀由 ASD 继电器（主继电器）提供蓄电池电压，控制回路由发动机控制模块控制。当发动机处于增压工况时，发动机控制模块激活吹洗流量监控测试功能，吹洗控制阀通电并打开大气管口，释放掉脱附管路中的真空。

（5）ESIM 开关。ESIM 开关称为蒸发排放系统监视器开关，它安装在活性炭罐的接往大气的管口上，如图 6-157 所示。

由于其内部的开关结构件特性要求，ESIM 开关必须垂直安装，电气接插件在 3 点钟位置。品牌 C 的 ESIM 开关内部结构如图 6-158 所示。

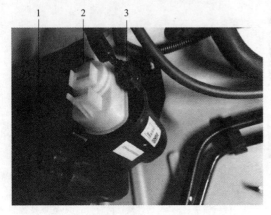

图 6-157　品牌 C 的 ESIM 开关安装位置
1—活性炭罐；2—ESIM 开关；
3—线束插头（位于 3 点钟的位置）

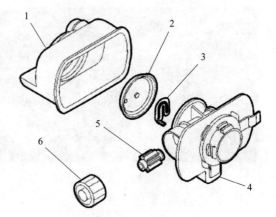

图 6-158　品牌 C 的 ESIM 开关内部结构
1—ESIM 壳体；2—膜片；3—真空开关；
4—盖罩；5—小单向阀；6—大单向阀

品牌 C 的 ESIM 开关工作原理如图 6-159 所示。

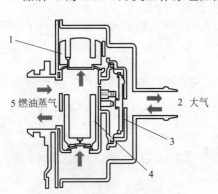

图 6-159　品牌 C 的 ESIM 开关工作原理
1—大单向阀；2—新鲜空气入口；3—膜片；
4—小单向阀；5—活性炭罐

当车辆进行燃油加注时，燃油蒸发系统中的压力升高。当压力达到约 $0.5inH_2O$ 时，大单向阀被燃油蒸气压力顶起而开启，此时燃油蒸发系统可通过空气滤芯进行卸压。

相反，当燃油蒸发系统冷却时，系统内压力降低并产生一定真空，在压差作用下，小单向阀从其底座上被大气压顶起，这样新鲜空气就能够进入燃油蒸发系统并解除真空状态。

当燃油蒸发系统内的真空达到校准量时，压差会向内拉动膜片，推动弹簧并使真空开关触点闭合。真空开关是两针的形式并与发动机控制模块相连。其中一个针脚是信号针脚，参考电压为 5V，闭合时信号电压由 5V 变为 0V；另一个针脚是接地针脚，通过导线在发动机控制模块内部实现接地回路。

（6）油箱压力传感器。油箱压力过高会导致燃油蒸气从加油口盖处溢出或造成系统部件损坏，油箱压力过低则会导致燃油箱吸瘪、油管变形或燃油压力损失。

为了对油箱压力进行监测，在燃油加注口与燃油泵法兰盘之间的管路中设置油箱压力传感器，其安装位置在右后轮防尘罩内侧，如图 6-160 所示。

油箱压力传感器有一个 3 针插头，分别为电源针脚（5V）、接地针脚和信号针脚。根据燃油蒸发排放系统中的压力，油箱压力传感器将其转化成呈正比的信号电压，经验值：拔下插头时的信号电压约为 4.9V，插上插头时的信号电压约为 2.6V（对应大气压）。

(7) 泄漏测试控制策略。燃油蒸发系统泄漏测试包括两个控制策略：当发动机停机时，对少量泄漏执行非侵入测试；当发动机运转时，对中等/大量泄漏执行侵入测试。

① 非侵入测试：ESIM 内部的重量元件（单向阀）在发动机停机状态时密封蒸发系统。如果蒸发系统处于密封状态，而且由于工作温度降温或昼夜环境温度循环的作用，蒸发系统被抽成真

图 6-160　油箱压力传感器的安装位置

空。当系统中的真空度超过 $1inH_2O$ 时，真空开关（ESIM 开关）闭合并向 PCM 发送一个闭合信号。为了通过非侵入性少量泄漏测试，ESIM 开关必须在计算的时间内和规定数量的钥匙关闭事件内闭合。

② 如果 ESIM 开关没有按规定闭合，则测试结果是不确定的，在下一次打开点火开关时进行侵入性测试，即侵入性测试在下一次冷态发动机运转条件下进行。

侵入性测试条件包括：当车辆启动后，发动机的冷却液温度必须在大气温度 10℃ 上下以内，以满足冷启动条件；燃油箱内的油位在 12%～88% 之间；发动机处于闭环工作状态；进气歧管真空超过最低的规定值；环境气温在 4～37℃ 之间；海拔必须在 8500ft（1ft＝0.3m）以下。

侵入性测试由发动机控制模块激活炭罐电磁阀，以在蒸气系统中形成真空来完成。发动机控制模块随后测量真空耗散所需要的时间。这种测试方法称为真空衰减法。如果 ESIM 开关快速打开，发动机控制模块将记录为大量泄漏。若 ESIM 开关在预定时间之后打开，则表明是少量泄漏。若 ESIM 开关不闭合，则被记录为一般性蒸发故障。

(8) 吹洗监测诊断策略。当启动吹洗流量程序或增加吹洗流量时，发动机控制模块对油箱压力传感器信号电压进行检测。同样，当关闭吹洗流量程序或减少吹洗流量时，发动机控制模块将检测到油箱压力传感器信号电压的反向变化，从而实现吹洗监测诊断功能。

① 由于吹洗流量发生变化，因此当油箱压力传感器信号测量到压力变化时，ESIM 开关状态也将相应变化，这样就确保系统能够按照预期正常工作。

② 若发动机和炭罐电磁阀之间的软管出现泄漏，则油箱压力传感器无法提供正常的信号电压。若出于某种原因，发动机控制模块无法检测到校准阈值，则吹洗监测诊断视为无效。

③ 在几乎所有行驶工况下，ESIM 开关都能够识别炭罐电磁阀打开和关闭之间 $1inH_2O$ 水柱的蒸气压力变化。如果未发生变化，那么发动机控制模块启用"侵入模式"，进行大量蒸气吹洗，以使变化变得明显。若油箱压力传感器仍未识别到蒸气压力变化，则测试过程失败。若 2 次测试连续失败，则相关故障码被设定（OBD 故障码采用双行程监测方式）。

品牌 C 的燃油蒸发排放系统电路如图 6-161 所示。

6. DMTL 型监测原理与检测方法

(1) 监测原理解读。DMTL 监测方案要求在活性炭罐的通风口处安装一个燃油箱泄漏诊断模块（DMTL 模块），其内部包括充气泵、双向阀、加热器、标准孔等。在监测过程中，充气泵往标准孔泵气和往燃油箱泵气，发动机控制模块通过监测泵电流大小来识别泵气的难易程度，同时对比向标准孔（参考孔）吹气时的泵电流大小来判断系统是否存在泄漏以及泄漏程度。

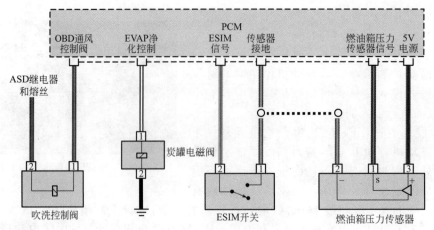

图 6-161　品牌 C 的燃油蒸发排放系统电路
1～3—插头针脚

这种监测原理如同往大气吹气和往一个小气球内吹气,一定是往小气球内吹气需要的力气大一些,因为里面的气压越来越高。因此,充气泵往标准孔泵气和往燃油箱泵气,电流的大小是不一样的。当然,具体的监测过程没有那么简单,下面举例进行说明。

(2) 某品牌 DMTL 型监测原理。为了诊断燃油箱和燃油箱通气设备的泄漏故障,某品牌国六发动机安装了燃油箱泄漏诊断模块(DMTL),该模块可识别整个燃油箱系统中从 0.5mm(直径)起的泄漏识别,并且能够设定故障码和点亮故障灯进行报警。

燃油箱泄漏诊断模块安装在左后轮挡泥罩内侧并且连接在活性炭罐与空滤管路之间,如图 6-162 所示。

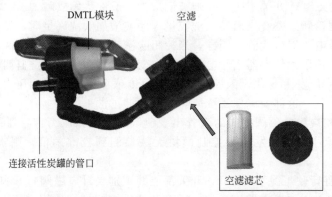

图 6-162　某品牌国六发动机安装了燃油箱泄漏诊断模块

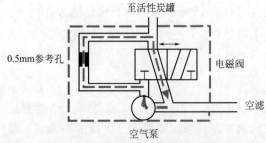

图 6-163　某品牌国六发动机的燃油箱泄漏诊断模块内部结构

空滤是活性炭罐的通气装置,其内部装有纸质滤芯,需检查是否脏污或阻塞,应定期更换。

某品牌国六发动机的燃油箱泄漏诊断模块内部结构如图 6-163 所示。

燃油箱泄漏诊断模块通过一个电动空气泵在燃油箱中产生一个 20～30mbar($1bar=10^5Pa$)的标定压力,为此所需要的泵电流(20～30mA)由发动机控制模块测量,并作为随后进行压力建立的泵电流参考值,若识别到电流下降,即作为存在泄漏的信号;若超过参考电流,则表明系统没有泄漏。

这说明:在规定时间内泵电流下降,泵转速上升,相应的燃油箱内的压力却没有增大,表明燃油箱系统存在泄漏问题;反之,无泄漏问题。

DMTL型监测功能的启用条件主要包括:关闭发动机;最近一次发动机停机时间大于5h;最近一次发动机持续运行时间大于20min等。DMTL型监测功能的启用条件如表6-48所示。

表6-48 DMTL型监测功能的启用条件

项目	启动条件
发动机控制模块后续运行	已启动
最后一次发动机停机时间	>5h
当前行车时间持续时间	>20min
燃油箱油位	>15%且<85%
环境温度	>4℃且<35℃
海拔	<2500m
活性炭罐填充料	<限值(接近全满)
蓄电池电压	>10.95V且<14.5V

为了实现燃油蒸发排放系统的泄漏监测功能,DMTL模块需要执行以下两个工作模式。

① 参考工作模式:活性炭罐扫气。发动机控制模块向DMTL模块的空气泵通电,使空气泵运转,泵出的气流通过0.5mm孔径的参考孔。当DMTL模块内腔达到压力平衡时,发动机控制模块将此时的电流值作为压力对应的参考值。

某品牌国六发动机的DMTL模块参考工作模式控制原理如图6-164所示。

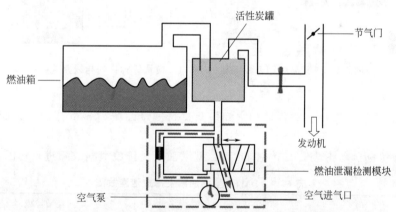

图6-164 某品牌国六发动机的DMTL模块参考工作模式控制原理

② 检测工作模式:发动机控制模块向DMTL模块内部的电磁阀通电,使其切换至检测位置。同时,发动机控制模块向空气泵通电,使空气泵运转。由于DMTL模块内部的气道切换,使得空气泵向燃油箱泵气,当达到压力平衡时,发动机控制模块记录电流测量值并与前面的参考值进行对比,从而判断燃油蒸发排放系统是否存在超过0.5mm或1.0mm孔径的泄漏。

某品牌国六发动机的DMTL模块检测工作模式控制原理如图6-165所示。

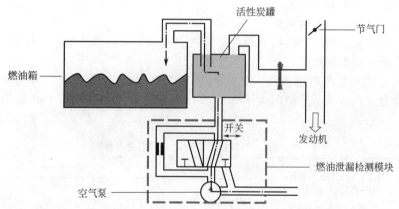

图 6-165　某品牌国六发动机的 DMTL 模块检测工作模式控制原理

③ 燃油箱泄漏诊断模块。燃油箱泄漏诊断模块由主继电器提供蓄电池电源，其内部的空气泵、电磁阀、加热器（防止天冷时管口结冰）由发动机控制模块控制。某品牌国六发动机的 DMTL 模块针脚排列与线路连接如图 6-166 所示。

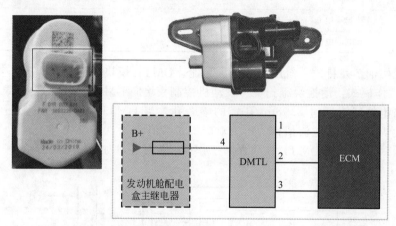

图 6-166　某品牌国六发动机的 DMTL 模块针脚排列与线路连接

1～4—针脚

对 DMTL 模块线束插头的各针脚之间电阻进行测量，在 30～60Ω 之间，此测量值可作为经验值参考。

(3) 故障诊断。参考表 6-49，对 DMTL 型燃油蒸发排放泄漏故障进行诊断。

表 6-49　DMTL 型燃油蒸发排放泄漏故障

故障码	三字节	含义	可能故障原因
P017F	00	DMTL 空滤流阻过大	DMTL 空滤堵塞
P1280	00	DMTL 泵电流频率过大	DMTL 泵损坏
P1281	00	DMTL 泵电流频率过小	DMTL 泵损坏
P043E	00	蒸发系统泄漏诊断 DMTL 参考泵电流偏大	DMTL 电机性能下降或 DMT 内的参考孔（0.5mm 孔径）堵塞或 DMTL 内的参考管路堵塞
P043F	00	蒸发系统泄漏诊断 DMTL 参考泵电流偏小	DMTL 内的弹簧阀不能完全关闭或 DMTL 内部管路存在泄漏

续表

故障码	三字节	含义	可能故障原因
P24C1	00	DMTL泵怠速电流偏大	DMTL内部管路堵塞或DMTL内的弹簧阀不能完全打开
P2407	00	DMTL泵电流波动超出合理性范围（湿度引起）	泵湿度过大
P0442	00	蒸发系统1.0mm泄漏或粗泄漏	燃油蒸发系统内存在泄漏（包括燃油箱到CPV阀之间）

七、曲轴箱通风管路监测

1. 曲轴箱强制通风系统概述

(1) 基本结构原理。曲轴箱强制通风（PCV）系统的作用是清除发动机曲轴箱的有害废气和燃油蒸气，以免它们进入大气污染环境。此外，PCV系统还能平衡曲轴箱内的压力，防止发动机损坏。

在发动机运转期间，空气、燃油和废气窜过活塞环聚集在曲轴箱内。如果不加清除，曲轴箱内聚集的蒸气会形成很大的压力，足以损坏发动机密封件和缸垫。这些蒸气也能污染机油，导致机油变质。PCV系统将这些蒸气和新鲜空气混合后送入进气歧管。一般来说，PCV系统能够起到以下作用。

排除曲轴箱内的潮气和腐蚀物，最大限度提高机油的清洁度；防止曲轴箱蒸气引燃；根据发动机工况要求，PCV阀自动调节进入发动机进气系统的曲轴箱废气流量。曲轴箱强制通风系统工作原理如图6-167所示。

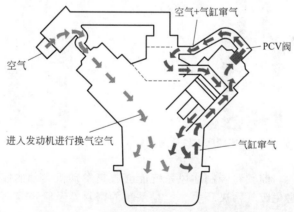

图6-167 曲轴箱强制通风系统工作原理

(2) PCV阀结构与工作原理。早期的发动机在气门室罩盖上设置了PCV阀，该阀用于控制曲轴箱窜气和进气混合的速率，在PCV阀内部有双头柱塞和弹簧。随着曲轴箱压力和进气歧管真空度相对改变，柱塞前后移动以阻塞或释放曲轴箱窜气。

PCV阀采用真空方式调节进入进气歧管或节气门体的空气和曲轴箱的蒸气量，同时防止回火进入曲轴箱。新鲜空气从外置空气滤清器或空气出口管流经封闭软管进入曲轴箱。

① 怠速时的PCV阀工作原理。发动机怠速运转时进气歧管的真空度很高，高真空度把PCV阀中的活塞吸到如图6-168所示的顶端较窄的地方，使得通往进气歧管的通道很窄，

限制了曲轴箱气体的流量。

急速时的PCV阀工作原理如图6-168所示。

② 中等负荷时的PCV阀工作原理。当发动机处于中等负荷稳定运转工况时（如巡航工况），进气歧管的真空度降低，弹簧驱动柱塞下移，使得更多的气体流过PCV阀，如图6-169所示。

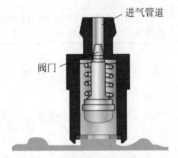 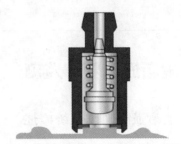

图6-168　急速时的PCV阀工作原理　　　图6-169　中等负荷时的PCV阀工作原理

③ 高负荷时的PCV阀工作原理。在高负荷工况（急加速或高速时）下，由于进气歧管真空度较低，使得PCV阀弹簧克服较高的进气歧管压力，推动并使柱塞移出阀座的窄端，如图6-170所示。

④ 回火时的PCV阀工作原理，当发动机出现回火时，进气道压力大增，压力将推动PCV阀的柱塞移向阀座的另外一端，使PCV阀的柱塞封住通往曲轴箱的管口，这样就可以防止回火串到曲轴箱内部，导致其内部的蒸气被引燃。

回火时的PCV阀工作原理如图6-171所示。

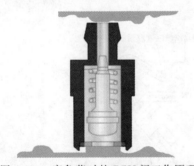 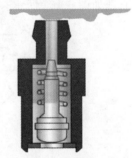

图6-170　高负荷时的PCV阀工作原理　　　图6-171　回火时的PCV阀工作原理

（3）国六法规解读。曲轴箱强制通风系统能够收集发动机内部的废气，并且通过管路导入气缸内燃烧掉，以避免废气污染环境。但是系统的密封性及管道是否良好，早期的发动机是没有相关监测功能的。

国六排放法规要求：曲轴箱窜气不可排入大气，以免造成大气污染，必须将油分离系统分离出的气体导入发动机进气系统，然后进入气缸并燃烧掉。为此国六发动机在曲轴箱通风管件上设置导电式元件，对曲轴箱通风管件的连接状态进行监测，从而满足国六排放法规。

国六发动机不仅增加了曲通电导线管装置，而且对PCV系统的整体结构也进行了相应改进，下面结合相关品牌特点对PCV系统改进措施进行说明。

2. 品牌A曲轴箱强制通风系统改进措施

品牌A的国六发动机采用曲通电导线管对PCV管路密封性进行监测，PCV通风管路结构如图 6-172 所示。

曲通电导线管包括管道、密封件及设置在管口两端的快装接头，管道的外侧设置两根导线，用于连接两端管口内壁的微动开关（触点开关）。曲通电导线管的外观结构如图 6-173 所示。

图 6-172 品牌 A 的国六发动机 PCV 通风管路结构

图 6-173 曲通电导线管的外观结构

在曲通电导线管内部的电路中，通常还设置一个约 2kΩ 的电阻，该电阻通常称为监测电阻，与两个微动开关串联，形成整体的电路并通过导线连接发动机控制模块。当车辆启动后，发动机控制模块能够根据曲通电导线管的信号电压变化，实时监测曲轴箱通风管是否处于导通状态，从而确保曲轴箱内可燃气体顺利进入气缸并被燃烧掉，进一步减少有害气体对大气造成的污染。

曲通电导线管电路原理如图 6-174 所示。

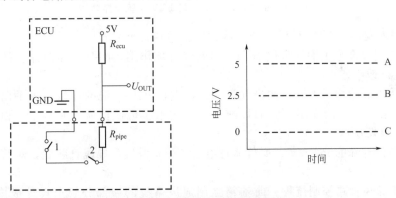

图 6-174 曲通电导线管电路原理
1—电导线管开关 1；2—电导线管开关 2；A—断路信号电压；B—正常连接信号电压；C—对地短路信号电压

当线路连接正常时，曲通电导线管通过与发动机控制模块内部的上拉电阻配合，输出一个电压，该电压既用于线路监测，也用于曲通电导线管信号识别。

① 当管路及线路连接正常时，发动机控制模块发出的 5V 电压作用在其内部的上拉电阻和曲通电导线管内部的监测电阻上，根据串联电压分压原理，曲通电导线管信号线电压降低至 2.5V 左右，此电压即为正常连接状态下的曲通电导线管信号电压。

② 当任意接头断开或者管路本身断路后，曲通电导线管输出电压上拉电压值，约为 5V，此时发动机控制模块判断曲通电导线管信号电压偏高或超出高阈值范围，设定相关故障码。

③ 当任意接头对地短路时，曲通电导线管信号线电压接近或等于 0V，此时发动机控制模块判断曲通电导线管信号电压偏低或超出低阈值范围，设定相关故障码。

3. 品牌 B 曲轴箱强制通风系统改进措施

（1）整体结构特点及改进措施。在曲轴箱强制通风系统中，经通风腔导入的窜气含有大量的机油油滴，这部分机油若不加以处理，直接进入燃烧系统，会导致燃烧及排放恶化。针对国六法规要求，品牌 B 国六发动机进行了相应改进，其整体结构如图 6-175 所示。

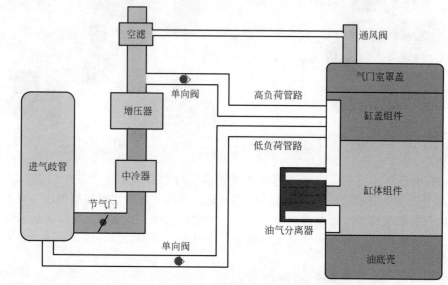

图 6-175　品牌 B 国六发动机 PCV 系统整体结构

品牌 B 国六发动机 PCV 系统主要的改进措施包括几个方面。

① 在缸体侧部设置了油气分离器，增加油气分离作用，同时缸体内部及外观管道进行了针对性的优化改进。

② 为了适应涡轮增压发动机的进气管气压特点，PCV 系统的通风管道采用高、低负荷切换方式，在进气压力的作用下，通过两个单向阀来实现低负荷（非增压）和高负荷（增压）的油气通道切换。

③ 在发动机外部的 PCV 高、低负荷管道上，分别设置电导线管装置，对管口连接状态进行监测。

（2）PCV 通风管路控制流程。曲轴箱强制通风系统的一部分管道设计成内壁式结构，即气缸体内壁、气缸垫、气缸盖内壁空腔形成 PCV 管道，这种结构的优势在于结构紧凑，管路减少且布置合理，故障点少，方便检修。

品牌 B 国六发动机 PCV 管道结构特点如图 6-176 所示。

（3）油气分离器。油气分离器安装在缸体侧面，它采用孔板式结构，能够对曲轴箱的油气进行分离，如图 6-177 所示。

注意：油气分离器堵塞会导致曲轴箱压力过高、烧机油、漏油、排放恶化等问题，因此要定期检查、清洁或更换。

（4）曲通电导线管。在气门室罩盖通风软管（高负荷）和通往进气歧管 PCV 软管（低负荷）上分别安装一个曲通电导线管，如图 6-178 所示。

品牌 B 国六发动机的曲通电导线管电路连接如图 6-179 所示。

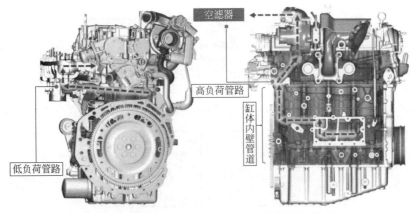

图 6-176　品牌 B 国六发动机 PCV 管道结构特点

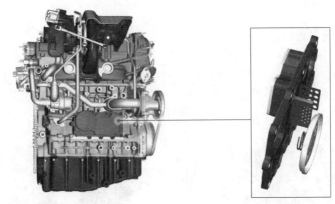

图 6-177　品牌 B 国六发动机 PCV 油气分离器

(a) 低负荷曲通电导线管　　　　　　　(b) 高负荷曲通电导线管

图 6-178　品牌 B 国六发动机的两个曲通电导线管

曲通电导线管的电路工作原理是：当管口处于连接状态时，内部的触点开关闭合，信号电压为 2.5V；当管口处于脱落状态时，内部的触点开关断开，信号电压为 5.0V。

发动机控制模块根据曲通导电导线管的开关信号判断管口是否脱落，若识别到脱落问题，则设定故障码，点亮故障灯，此时发动机会出现轻微抖动且尾气异味的现象。

（5）维护保养。PCV 系统需要定期检查和保养，否则会影响发动机正常工作。检查要点如下。

① 冬季如果出现通风软管结冰现象，要及时疏通或更换。

② 当机油消耗量明显增加时，可能是 PCV 阀堵塞或失灵，要及时更换。

③ 与 PCV 阀相连的管路若有泄漏，则会导致急速不稳或无急速，因此要重点检查 PCV

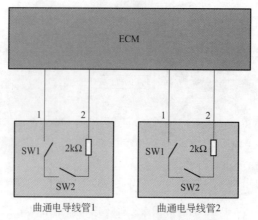

图 6-179　品牌 B 国六发动机的曲通电导线管电路连接
1，2—插头针脚

阀是否存在卡滞、泄漏等问题。

④ 低、高负荷 PCV 软管内部设有单向阀，如果卡滞或泄漏，会导致 PCV 功能失效，涡轮增压受限。

⑤ 在车辆使用期间中，不得擅自拆除曲轴箱通风系统，要严格按照原机要求进行装配。

品牌 B 国六发动机 PCV 系统重点检查部件如图 6-180 所示。

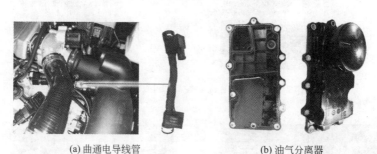

(a) 曲通电导线管　　　　(b) 油气分离器

图 6-180　品牌 B 国六发动机 PCV 系统重点检查部件

4. 品牌 C 曲轴箱强制通风系统改进措施

（1）结构特点。与前面两个品牌的曲轴箱强制通风系统相比，品牌 C 曲轴箱强制通风系统的基本结构原理是相同的，但在具体的管道设计形式上有其独到之处，突出的特点如下。

① 取消了气门室罩盖上的换气管（吸收管），改为与高负荷管道集成在一起。

② 取消了外部的低负荷管道，改为完全的内壁式管道，结构变得更加紧凑，部件数量减小，故障率也相应降低。

③ 采用结构特殊的油气分离器，能够起到油气分离、限制高负荷泄压、阻挡回火火焰等多种作用。

④ 结构特殊的油气分离器和内壁式管道结构，使得高、低负荷管道的单向阀得以取消。

品牌 C 曲轴箱强制通风系统的管道结构特点如图 6-181 所示。

（2）曲轴箱通风系统监测原理。由于取消了外部低负荷管道、单向阀等部件，因此系统的监测方式也进行了相应调整，具体内容如下。

① 低负荷通风管路断开监测原理。对于非启停车辆，当PCV管路断开后，如果此时处于怠速工况，那么新鲜空气会泄漏到进气歧管，导致发动机怠速偏高，发动机控制模块将设定怠速偏高的故障码。

对于启停车辆，当管路断开后，新鲜空气泄漏到进气歧管，导致进气量计算不准，发动机控制模块将设定充气模型偏差过大的故障码。

② 高负荷通风管路断开监测原理。高负荷通风管路上布置有电导线管开关，开关线路与发动机控制模块之间组成完整回路。

当管路断开后，将导致曲通电导线管开关导线回路断开，发动机控制模块采集到的回路电压将变为5V。根据该电压值，发动机控制模块将设定管路断开的故障码。

（3）曲通电导线管。出于上述的结构特点，该发动机只在高负荷管道（气门室罩盖与空气滤清器之间）中设置一个曲通电导线管，如图6-182所示。

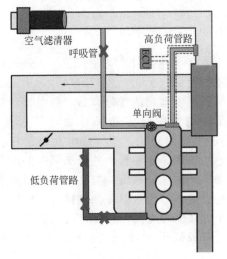

图6-181　品牌C曲轴箱强制通风系统的管道结构特点

图6-182　品牌C国六发动机的曲通电导线管安装位置

曲通电导线管结构和工作原理与前面品牌的基本相同，断开时信号电压为5V左右，连接时信号电压为2.4V左右，如图6-183所示。

(a) 插头断开时的信号电压

(b) 插头连接的信号电压

图6-183　品牌C国六发动机的曲通电导线管信号电压测量

5. 品牌D曲轴箱强制通风系统改进措施

品牌D配置新型的缸内直喷涡轮增压发动机，其PCV系统引进了新的电气元件，能够实现曲轴箱压力监测、通风管路加热等电控功能，如图6-184所示。

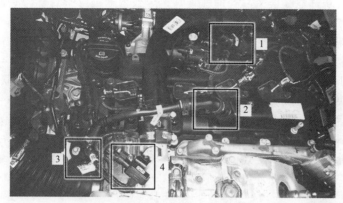

图6-184 品牌D配置新型缸内直喷涡轮增压发动机的PCV系统部件
1—PCV阀；2—曲轴箱通风孔；3—曲轴箱通风加热器；4—曲轴箱压力传感器

（1）曲轴箱油气分离器。曲轴箱油气分离器安装在发动机缸体右侧中部，拆下进气歧管才能看到，它是一个塑料盖板的结构形式，如图6-185所示。

图6-185 品牌D配置新型缸内直喷涡轮增压发动机的曲轴箱油气分离器

拆下曲轴箱油气分离器，可以看到对应的缸体内壁中设有曲轴箱油气导入孔（2个）、机油回流孔、蒸气排出孔以及相应的通道结构件。曲轴箱油气分离器内侧设有油气通道和油气分离槽，与缸体壳腔组成旋流结构。这种结构可以使油气被置于旋转运动状态，在离心力的作用下，机油被甩到分离槽上形成较大的油滴，从而实现油气分离作用。

品牌D配置新型缸内直喷涡轮增压发动机的曲轴箱油气分离示意如图6-186所示。

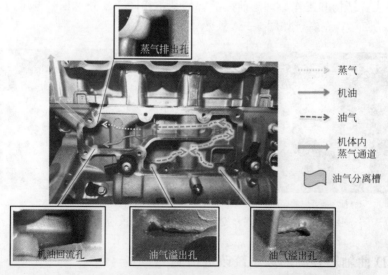

图6-186 品牌D配置新型缸内直喷涡轮增压发动机的曲轴箱油气分离示意

此外，在气缸盖上部设有曲轴箱废气出口，它与气门室罩的曲轴箱废气入口对接，使曲轴箱废气能够进入气门室罩的油气分离器，如图 6-187 所示。

（2）气门室罩油气分离器。在气门室罩内侧设有迷宫式油气分离器，该油气分离器能够对来自气缸盖排气口的曲轴箱废气做进一步的分离，使油、气分离得更为彻底，如图 6-188 所示。

图 6-187　品牌 D 配置新型缸内直喷涡轮增压发动机气缸盖上部的 PCV 管口

图 6-188　品牌 D 配置新型缸内直喷涡轮增压发动机的气门室罩油气分离器

（3）PCV 阀。经过气门室罩油气分离器（迷宫式）的曲轴箱废气流向 PCV 阀，PCV 阀是一个受气压控制的机械单向阀，位于气门室罩盖上，其出口管路与进气歧管相通，如图 6-189 所示。

在非增压工况下，曲轴箱压力比进气歧管压力高，此时 PCV 阀开启，曲轴箱内的废气通过 PCV 阀被抽吸入进气歧管。

在增压工况下，进气歧管压力比曲轴箱压力高，此时 PCV 阀关闭，曲轴箱废气通过曲轴通风孔流至空气滤清器软管，然后与新鲜空气混合并被泵压，进入发动机进气歧管。

（4）曲轴箱通风孔。曲轴箱通风孔设置在气门室罩盖上，它是一个常通孔，其管路与空气滤清器软管相通，如图 6-190 所示。

图 6-189　品牌 D 配置新型缸内直喷涡轮增压发动机的 PCV 阀

图 6-190　品牌 D 配置新型缸内直喷涡轮增压发动机的曲轴箱通风孔

曲轴箱通风孔有两种作用：一是对曲轴箱进行换气，保持曲轴箱内部的压力平衡；二是在增压工况下，使曲轴箱废气通过曲轴通风孔流至空气滤清器软管，从而实现曲轴箱通风功能。

（5）曲轴箱通风口加热器。曲轴箱通风口加热器称为 CCV 加热器，它设置在曲轴箱通风孔与空气滤清器软管之间的管路上，用于对进入曲轴箱的空气进行加热，防止低温下冷凝结冰造成曲轴箱通风软管堵塞。

品牌 D 配置新型缸内直喷涡轮增压发动机的曲轴箱通风口加热器如图 6-191 所示。

曲轴箱通风口加热器是一个加热元件,常温下的阻值约为 13.5Ω。该加热器的线束插头为两针的形式,其中一个针脚与 ASD 继电器(发动机系统的主继电器)相连,另一个针脚与接地线相连。当发动机启动运转时,曲轴箱通风加热器即开始工作,对管路持续加热。

品牌 D 配置新型缸内直喷涡轮增压发动机的曲轴箱通风口加热器电路如图 6-192 所示。

图 6-191 品牌 D 配置新型缸内直喷涡轮增压发动机的曲轴箱通风口加热器

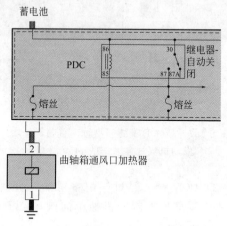

图 6-192 品牌 D 配置新型缸内直喷涡轮增压发动机的曲轴箱通风口加热器电路
1,2—插头针脚

(6)曲轴箱压力传感器。曲轴箱压力传感器安装在涡轮增压器上方的一个小支架上,该传感器的壳体有一个测量孔,测量孔通过软管与曲轴箱通风加热器的管口相连,如图 6-193 所示。

曲轴箱压力传感器测量曲轴箱通风孔管路的压力,根据该压力,发动机控制模块能够判断曲轴箱通风系统是否出现堵塞现象。该传感器是三针形式的压力传感器,由 PCM 提供 5V 电源,压力信号由发动机控制模块接收,其电路如图 6-194 所示。

图 6-193 品牌 D 配置新型缸内直喷涡轮增压发动机的曲轴箱压力传感器

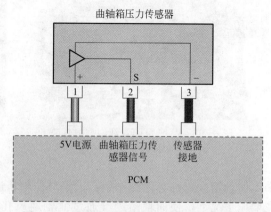

图 6-194 品牌 D 配置新型缸内直喷涡轮增压发动机的曲轴箱压力传感器电路
1~3—插头针脚

6. 部件检测方法

下面主要对曲通电导线管的检测方法进行说明。

（1）外观检查。检查曲通电导线管的外观是否存在变形、泄漏、管路脱落、线路损坏等异常现象，如图 6-195 所示。

拔下曲通电导线管的线束插头，检查部件的针脚和线束插头的针脚是否存在弯曲、变形、锈蚀等异常现象，如图 6-196 所示。

图 6-195　曲通电导线管的外观检查

图 6-196　曲通电导线管的线束插头检查

如果以上检查存在问题，应根据具体情况进行修理或更换。

（2）电阻测量。在测量曲通电导线管的电阻之前，不要忘记对万用表进行校表。选择万用表的欧姆挡，测量曲通电导线管两个针脚之间的电阻，正常值应为无穷大，说明此时两个触点开关都处于断开状态，如图 6-197 所示。

利用工具伸入两个管口中，触点开关缩回，此时测量两个针脚之间的电阻，应为 2kΩ 左右，说明两个触点开关都能够正常闭合，如图 6-198 所示。

图 6-197　管口断开的曲通电导线管电阻测量

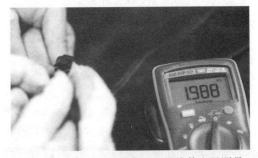

图 6-198　管口连接的曲通电导线管电阻测量

如果测量结果不正常，例如一直保持断开或接通状态，则说明触点开关断路、短路或线路连接不良，曲轴电导线管损坏，进行更换处理。

（3）线束插头针脚电压检测。拔下曲通电导线管的线束插头，启动发动机，用万用表分别测量两个针脚的对地电压。

1号针脚为信号针脚，应有 5V 左右的参考电压，否则说明线路断路，需要进一步检查针脚与发动机控制模块之间的线路连接情况，如图 6-199 所示。

2号针脚是接地针脚，线路是通过发动机控制模块内部实现这个接地回路的，测量值应为 0V，否则说明线路连接不良，如图 6-200 所示。

（4）信号电压检测。将线束插头插好，利用探针测量 1 号针脚与接地之间的电压，正常值应为 2.4V 左右，如图 6-201 所示。

图 6-199 曲通电导线管的线束插头
信号针脚参考电压测量

图 6-200 曲通电导线管的线束插头
接地针脚电压测量

如果以上测量值不正确，结合实际的测量结果及故障症状，做进一步的检修工作。

（5）诊断仪检测。连接诊断仪，选择发动机系统，查看是否有相关故障码。读取数据流，重点查看曲轴导电管状态是否正常，如图 6-202 所示。

图 6-201 曲通电导线管的信号电压测量

图 6-202 曲通电导线管的诊断仪检测

如果诊断结果不符合规定，那么按照维修手册的诊断流程，进行相应的检修工作，直至排除故障。

7. 故障诊断流程

根据曲轴箱强制通风系统的故障类型及严重程度，发动机控制模块判断是否设定故障、点亮故障灯及启用故障运行模式。在实际维修工作中，可以使用诊断仪，结合故障码、数据流及具体的故障症状，参照维修手册内容，进行相应的检修工作。下面举例说明。

（1）故障码：P12C200。故障码定义：曲轴箱通风管诊断电路电压高。

故障码报码条件：曲轴箱通风管诊断电路电压高于阈值。

故障可能原因：曲轴箱通风管诊断电路对电源短路或开路。

故障码 P12C200 的检测方法如表 6-50 所示。

表 6-50 故障码 P12C200 的检测方法

序号	操作步骤	是	否
1	把点火开关置于"ON"位置	转第 2 步	—
2	用诊断仪读取 ECM 是否有该故障码	转第 3 步	排查其他故障码
3	用万用表测量曲轴箱通风管诊断电路信号端与地之间的电压是否接近或等于 5V	转第 4 步	—

续表

序号	操作步骤	是	否
4	检查接插件是否接插不实或接触不良	重新接插	转第5步
5	检查ECM端对应的曲通电导线管信号引脚端是否对电源短路、开路或内部电路损坏	维修故障点（ECM）	转第6步
6	将点火开关置于"ON"位置，连接诊断仪，发送故障码清除指令，启动发动机并达到检测启动条件，观察故障码是否再次报出	诊断帮助	系统正常

（2）故障码P12C300。故障码定义：曲轴箱通风管诊断电路电压低。

故障码报码条件：曲轴箱通风管诊断电路电压低于阈值。

故障可能原因：曲轴箱通风管诊断电路对地短路。

故障码P12C300的检测方法如表6-51所示。

表6-51 故障码P12C300的检测方法

序号	操作步骤	是	否
1	把点火开关置于"ON"位置	转第2步	—
2	用诊断仪读取ECM是否有该故障码	转第3步	排查其他故障码
3	用万用表测量曲轴箱通风管诊断电路信号端与地之间的电压是否接近或等于5V	转第4步	—
4	检查接插件是否接插不实或接触不良	重新接插	转第5步
5	检查ECM端对应的曲通电导线管信号引脚端是否对电源短路、开路或内部电路损坏	维修故障点（ECM）	转第6步
6	将点火开关置于"ON"位置，连接诊断仪，发送故障码清除指令，启动发动机并达到检测启动条件，观察故障码是否再次报出	诊断帮助	系统正常

八、颗粒物捕集器系统监测

汽油机的颗粒物捕集器简称为GPF（Gasoline Particulate Filter），它安装在排气管总成中，用于收集发动机排气中的颗粒物，起到降低排放的作用。

发动机是否配置颗粒物捕集器，与排气系统的监控策略有关。也就是说，对于国六汽油发动机，并不是所有品牌或型号的发动机都配置颗粒物捕集器，一般来说，排量较大的发动机配置颗粒物捕集器的比例较高。下面结合品牌特点对相关内容进行说明。

1. 品牌A颗粒物捕集器监测系统

品牌A的国六发动机配置颗粒物捕集器，整体排气系统的结构组成如图6-203所示。

（1）颗粒物捕集器。颗粒捕集器是一种安装在发动机排放系统中的陶瓷过滤器，它可在微粒排放物质进入大气之前将其捕捉。

品牌A的国六发动机颗粒捕集器外观结构如图6-204所示。

该发动机采用的是壁流式颗粒捕集器，它由具有一定孔密度的蜂窝状陶瓷组成，排气流从孔道壁面通过，颗粒物分别经过扩散、拦截、重力和惯性四种方式被捕集过滤，如图6-205所示。

（2）差压传感器。根据国六排放法规的规定，OBD系统需要对GPF的移除故障进行监测。此外，当GPF中捕集的颗粒物过多时，会导致GPF背压过高，发动机排气压力上升，影响发动机的动力性能。因此，需要对GPF背压过高故障进行监测。

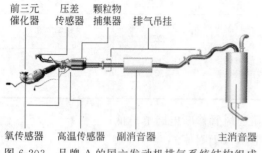

图 6-203 品牌A的国六发动机排气系统结构组成

图 6-204 品牌A的国六发动机颗粒捕集器外观结构

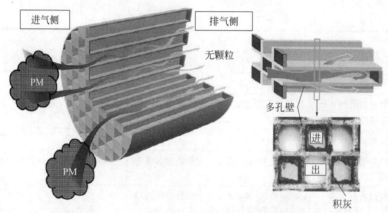

图 6-205 壁流式颗粒捕集器的结构与工作原理

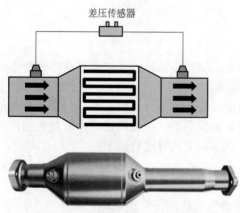

图 6-206 压差传感器的安装位置示意

为实现GPF移除及背压过高故障的监测，需要在GPF上安装一个压差传感器，用于测量排气流经GPF时产生的压降，如图6-206所示。

压差传感器的高端和低通过软管分别与GPF的上游及下游相连，从而测得GPF的前、后压差，如图6-207所示。

压差传感器通过压阻式元件来感应压力的变化。压力作用在感应元件的正反两面，机械变形使得阻值发生变化。压差传感器通过内部的惠斯通电桥将其转为微小的电压变化，该信号经过放大后传送至发动机控制模块。

品牌A的国六发动机压差传感器电路如图6-208所示。

在实际维修工作中，可以使用诊断仪对压差传感器进行诊断，判断是否存在异常现象，如图6-209所示。

（3）高温传感器。高温传感器安装在排气管总成上，用于测量零部件温度或排气前、后的温度，为发动机控制模块标定模型提供数据支持，从而保证排气净化装置的有效工作。

品牌A的国六发动机高温传感器的安装位置如图6-210所示。

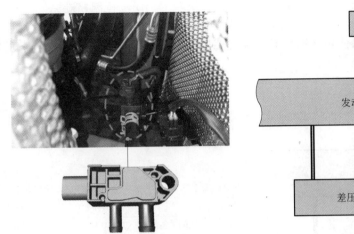

图 6-207　品牌 A 的国六发动机压差传感器　　图 6-208　品牌 A 的国六发动机压差传感器电路

数据流名称	值	单位
发动机转速	3988.50	RPM
标准化加速踏板角	6.86	%PED
压差传感器学习值	0.04	hPa
压差传感器压差值	4.88	hPa
压差传感器电压(sent)信号	866	

图 6-209　使用诊断仪对压差传感器进行诊断

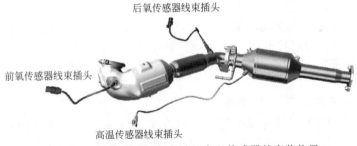

图 6-210　品牌 A 的国六发动机高温传感器的安装位置

　　高温传感器的工作原理是封装一个铂元素的热敏元件，利用铂元件的正度系数特性（温度越高，电阻越大）输出电压值，对发动机排气温度进行检测。

　　品牌 A 的国六发动机高温传感器的外观结构如图 6-211 所示。

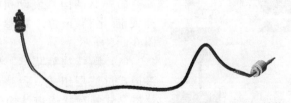

图 6-211　品牌 A 的国六发动机高温传感器的外观结构

第六章　排放控制系统技术改进与故障检修

高温传感器将检测到的温度值反馈给发动机控制模块，用于闭环控制，避免关键零部件因温度过高而造成损坏。品牌 A 的国六发动机高温传感器电路如图 6-212 所示。

在实际维修工作中，可以使用诊断仪对高温传感器进行诊断，判断是否存在异常现象，如图 6-213 所示。

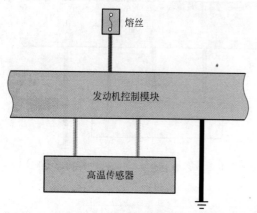

数据流名称	值	单位
发动机转速	1408.50	RPM
标准化加速踏板角	0.54	%PED
模型排气温度	不支持	℃
上游温度传感器温度信号	999.96	℃
上游温度传感器电压信号	4999.80	mV

图 6-212　品牌 A 的国六发动机高温传感器电路　　图 6-213　使用诊断仪对高温传感器进行诊断

(4) GPF 再生。在行车过程中，当 GPF 达到一定条件时，车辆在满足行车工况时会自动启动再生程序。再生程序将颗粒物进行充分燃烧，使 GPF 处于稳定有效的工作状态。

压差传感器监测排气通过 GPF 的压力变化，发动机控制模块根据压差信号换算炭灰容量是否需要主动再生。高温传感器监测 GPF 的温度，正常工作温度为 480℃左右，再生时可达 600℃。

汽油机排气温度相对高于柴油机排气温度，在城市驾驶条件下，发动机输出温度介于 300～500℃之间，在高速行驶时可达到 700℃。尽管这么高的温度足够维持 GPF 的被动再生，但对于缸内直喷发动机的排气，其氧气含量通常是不足的。

因此，GPF 再生通常发生在车辆减速期间，发动机控制模块通过降低喷油量使尾气中的氧气含量提高，最高空燃比可达 17∶1，然后通过推迟点火使排气温度大幅升高。由于减少了燃料供应，保证排气中有充足的氧气，因此具有氧气存储能力的 GPF 可以在短时间内实现主、被动再生。

GPF 再生控制流程如图 6-214 所示。

(5) 常见故障。GPF 常见故障包括：人为造成 GPF 移除，压差传感器测量管路断路，GPF 颗粒捕集器堵塞，GPF 颗粒捕集器再生故障。结合具体的故障症状及诊断信息进行查找原因，排除故障。

2. 品牌 B 颗粒物捕集器监测系统

品牌 B 的国六发动机颗粒物捕集器安装在三元催化器下游，其整体结构设计模型如图 6-215 所示。

(1) 颗粒捕集器。颗粒物捕集器由多孔渗透式过滤层组成，过滤层上有催化涂层，交替贯穿式蜂窝状通道结构封住直线进口和出口，并推动排气流经多孔渗透过滤层，使排气中的

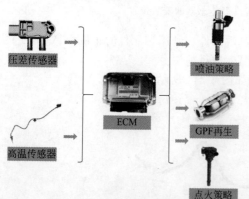

图 6-214　GPF 再生控制流程

微粒沉积在过滤层表面。

品牌 B 的国六发动机颗粒物捕集器内部结构原理如图 6-216 所示。

图 6-215　品牌 B 的国六发动机颗粒物捕集器整体结构设计模型

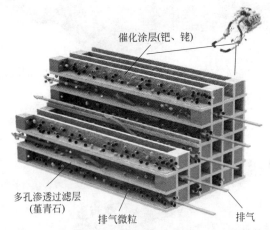

图 6-216　品牌 B 的国六发动机颗粒物捕集器内部结构原理

颗粒物捕集器的故障类型及诊断原理如表 6-52 所示。

表 6-52　颗粒物捕集器的故障类型及诊断原理

故障类型	诊断原理
Offset 值不合理（偏差）	排气后处理运行过程中，ECM 计算该传感器与环境压力之间的偏差，如果偏差超过阈值，则报故障
动态响应不合理	在一定流量梯度工况下，如果压差信号变化梯度小于阈值，ECM 则判定为动态响应不合理
后管脱落	消音器的 CCF 值小于诊断阈值
冷启动校验	当系统充分冷却后，ECM 将 GPF 温度与车上其他温度传感器的平均值比较，如果偏差超过阈值，则报故障
合理性校验	ECM 与传感器位置的模型排气温度进行比较，如果偏差超过阈值，则报故障

（2）压差传感器。压差传感器安装在排气系统的颗粒物捕集器上，为系统反馈颗粒物捕集器前、后两端的压力差值，判断 GPF 堵塞情况。

品牌 B 的国六发动机压差传感器作用原理如图 6-217 所示。

颗粒物捕集器前、后的压力通过管路引入压差传感器压力膜片的两边。压力变化引起膜片上的压敏元件信号变化，信号经过处理后输出至发动机控制模块。

通过诊断仪读取压差信号，在打开点火开关且发动机不运行的情况下，压差值趋于零。当发动机运行后且状态稳定时，压差波动较小。进行加速，负荷越大，压差值越大。

（3）高温传感器。高温传感器用于对颗粒物捕集器入口温度进行检测，该传感器将检测的温度反馈给发动机控制模块，使发动机控制模块判定颗粒物捕集器是否达到再生温度。

图 6-217　品牌 B 的国六发动机压差传感器作用原理

品牌 B 的国六发动机压差传感器结构原理如图 6-218 所示。

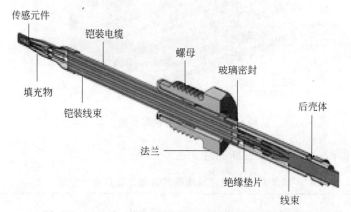

图 6-218　品牌 B 的国六发动机压差传感器结构原理

当发动机控制模块报高温传感器相关故故障时，按以下步骤进行检查。

① 部件连接是否可靠，传感器供电是否正常，接插件内是否有异物，线束端子是否正常，重新插接接插件到位后，车况是否恢复正常。

② 检查传感器的外观，是否有损坏现象。

③ 在常温（23℃）条件下，拔下接插件，用万用表测量高温传感器的电阻，若电阻值在 200～230Ω 之间，则说明该传感器正常。若阻值过小或达大，则说明该传感器性能不良，进行更换处理。

（4）颗粒捕集器的再生功能。再生是指系统通过特定方式，将沉积在颗粒捕集器内的微粒及时烧尽，保证颗粒捕集器始终正常工作，避免颗粒捕集器内部因微粒过多导致排气背压过高、排气系统堵塞。

当进行颗粒捕集器再生前，系统需要检测颗粒捕集器的微粒饱和状态，参考值包括：冷启动时的发动机温度、三元催化器预热耗时、喷油量、氧传感器信号、排气压力、排气温度等。

颗粒捕集器再生条件：颗粒捕集器温度达到 600℃ 并且颗粒捕集器内部处于富氧状态。满足此条件后，发动机控制模块执行的措施包括：禁止车辆滑行，怠速转速升高，变速器换挡点变高，禁止自动启停功能，减少常规车辆超越传动模式等。

颗粒捕集器的再生功能示意如图 6-219 所示。

3. 故障诊断流程

根据颗粒物捕集器的故障类型及严重程度，发动机控制模块判断是否设定故障、点亮故障灯及启用故障运行模式。在实际维修工作中，可以使用诊断仪，结合故障码、数据流及具体的故障症状，参照维修手册内容，进行相应的检修工作。下面举例说明。

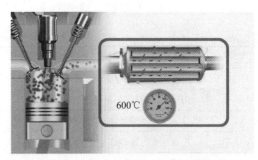

图 6-219 颗粒捕集器的再生功能示意

（1）故障码：129000。故障码定义：颗粒捕集器压差传感器后运行 Offset 检查值不合理。

故障码报码条件：颗粒捕集器压差传感器后运行学习值超限。

故障可能原因：压差传感器零位偏移过大。

故障码 P129000 的检测方法如表 6-53 所示。

表 6-53 故障码 P129000 的检测方法

序号	操作步骤	是	否
1	把点火开关置于"ON"位置	转第 2 步	—
2	用诊断仪读取 ECM 是否有该故障码	转第 3 步	排查其他故障码
3	检查压差传感器电路线束是否存在接触电阻	维修线束	转第 4 步
4	检查传感器自身是否特性偏移过大	维修故障点	转第 5 步
5	将点火开关置于"ON"位置，连接诊断仪，发送故障码清除指令，启动发动机并达到检测启动条件，观察故障码是否再次报出	诊断帮助	系统正常

（2）故障码：P129100。故障码定义：颗粒捕集器压差传感器动态响应性不合理。

故障码报码条件：颗粒物捕集器压差测量值与流量模型不符合。

故障可能原因：压差传感器故障；采样管路结冰。

故障码 P129100 的检测方法如表 6-54 所示。

表 6-54 故障码 P129100 的检测方法

序号	操作步骤	是	否
1	把点火开关置于"ON"位置	转第 2 步	—
2	用诊断仪读取 ECM 是否有该故障码	转第 3 步	排查其他故障码
3	检查压差传感器管路是否结冰	去除结冰	转第 4 步
4	更换压差传感器	转第 5 步	—
5	将点火开关置于"ON"位置，连接诊断仪，发送故障码清除指令，启动发动机并达到检测启动条件，观察故障码是否再次报出	诊断帮助	系统正常

（3）故障码：P129300。故障码定义：颗粒捕集器压差传感器通道 1 数字信号不合理（Sent 信号过高或过低）。

故障码报码条件：通道 1 数字信号不合理。

故障可能原因：压差传感器自身故障。

故障码 P129300 的检测方法如表 6-55 所示。

表 6-55 故障码 P129300 的检测方法

序号	操作步骤	是	否
1	把点火开关置于"ON"位置	转第 2 步	—
2	用诊断仪读取 ECM 是否有该故障码	转第 3 步	排查其他故障码
3	检查压差传感器电路线束是否存在故障	维修线束	转第 4 步
4	检查压差传感器自身是否短路	维修故障点	转第 5 步
5	将点火开关置于"ON"位置,连接诊断仪,发送故障码清除指令,启动发动机并达到检测启动条件,观察故障码是否再次报出	诊断帮助	系统正常

(4) 故障码:P129600。故障码定义:颗粒捕集器压差传感器信号停滞。

故障码报码条件:Sent 信号停滞。

故障可能原因:压差传感器自身故障。

故障码 P129600 的检测方法如表 6-55 所示。

(5) 故障码:P12A300。故障码定义:颗粒捕集器压差传感器管路连接错误。

故障码报码条件:颗粒物捕集器压差测量值模型不合理。

故障可能原因:高/低压差管路脱落或泄漏;高/低压差管路接反。

故障码 P12A300 的检测方法如表 6-56 所示。

表 6-56 故障码 P12A300 的检测方法

序号	操作步骤	是	否
1	把点火开关置于"ON"位置	转第 2 步	—
2	用诊断仪读取 ECM 是否有该故障码	转第 3 步	排查其他故障码
3	检查高/低压差管路是否存在脱落或泄漏	重新连接	转第 4 步
4	检查高/低压差管路是否存在接反	重新连接	转第 5 步
5	将点火开关置于"ON"位置,连接诊断仪,发送故障码清除指令,启动发动机并达到检测启动条件,观察故障码是否再次报出	诊断帮助	系统正常

(6) 故障码:P12B100。故障码定义:颗粒物捕集器背压过高。

故障码报码条件:颗粒物捕集器背压模型计算量超出阈值。

故障可能原因:颗粒物捕集器载碳量过多;颗粒物捕集器灰分过多;颗粒物捕集器被异常堵塞

故障码 P12B100 的检测方法如表 6-57 所示。

表 6-57 故障码 P12B100 的检测方法

序号	操作步骤	是	否
1	把点火开关置于"ON"位置	转第 2 步	—
2	用诊断仪读取 ECM 是否有该故障码	转第 3 步	排查其他故障码
3	激活颗粒物捕集器再生功能,将车交还给用户,看故障是否复现	转第 4 步	系统正常
4	更换颗粒物捕集器	转第 5 步	—

续表

序号	操作步骤	是	否
5	将点火开关置于"ON"位置,连接诊断仪,发送故障码清除指令,启动发动机并达到检测启动条件,观察故障码是否再次报出	诊断帮助	系统正常

（7）故障码：P20802A。故障码定义：高温传感器信号停滞故障。

故障码报码条件：高温传感器信号停滞。

故障可能原因：高温传感器电路存在干扰；高温传感器特性老化偏移。

故障码 P20802A 的检测方法如表 6-58 所示。

表 6-58 故障码 P20802A 的检测方法

序号	操作步骤	是	否
1	把点火开关置于"ON"位置	转第 2 步	—
2	用诊断仪读取 ECM 是否有该故障码	转第 3 步	排查其他故障码
3	检查高温传感器电路是否存在干扰	屏蔽干扰	转第 4 步
4	检查高温传感器是否老化偏移	更换高温传感器	转第 5 步
5	将点火开关置于"ON"位置,连接诊断仪,发送故障码清除指令,启动发动机并达到检测启动条件,观察故障码是否再次报出	诊断帮助	系统正常

（8）故障码：P208062。故障码定义：高温传感器信号测量值不合理。

故障码报码条件：高温传感器信号测量值与模型值相差过大。

故障可能原因：高温传感器电路存在干扰；高温传感器特性老化偏移。

故障码 P208062 的检测方法如表 6-58 所示。

（9）故障码：P20E223。故障码定义：高温传感器冷启动校验不合理（负偏差）。

故障码报码条件：高温传感器信号冷启动校验偏高。

故障可能原因：高温传感器电路存在干扰；高温传感器特性老化偏移。

故障码 P20E223 的检测方法如表 6-58 所示。

（10）故障码：P20E224。故障码定义：高温传感器冷启动校验不合理（正偏差）。

故障码报码条件：高温传感器信号冷启动校验偏低。

故障可能原因：高温传感器电路存在干扰；高温传感器特性老化偏移。

故障码 P20E224 的检测方法如表 6-58 所示。

（11）故障码：P226D00。故障码定义：颗粒物捕集器被移除。

故障码报码条件：颗粒物捕集器压差模型计算量低于阈值。

故障可能原因：颗粒物捕集器被移除；颗粒物捕集器烧熔。

故障码 P226D00 的检测方法如表 6-59 所示。

表 6-59 故障码 P226D00 的检测方法

序号	操作步骤	是	否
1	把点火开关置于"ON"位置	转第 2 步	—
2	用诊断仪读取 ECM 是否有该故障码	转第 3 步	排查其他故障码
3	检查颗粒物捕集器是否被移除	重新安装	转第 4 步
4	检查颗粒物捕集器是否被烧熔	更换颗粒物捕集器	转第 5 步

序号	操作步骤	是	否
5	将点火开关置于"ON"位置,连接诊断仪,发送故障码清除指令,启动发动机并达到检测启动条件,观察故障码是否再次报出	诊断帮助	系统正常

（12）故障码：P242F00。故障码定义：颗粒物捕集器灰分过多。

故障码报码条件：灰分计算量超出阈值。

故障可能原因：颗粒物捕集器灰分过多。

故障码 P242F00 的检测方法如表 6-60 所示。

表 6-60　故障码 P242F00 的检测方法

序号	操作步骤	是	否
1	把点火开关置于"ON"位置	转第 2 步	—
2	用诊断仪读取 ECM 是否有该故障码	转第 3 步	排查其他故障码
3	更换颗粒物捕集器	转第 4 步	
4	将点火开关置于"ON"位置,连接诊断仪,发送故障码清除指令,启动发动机并达到检测启动条件,观察故障码是否再次报出	诊断帮助	系统正常

（13）故障码：P245400。故障码定义：颗粒捕集器压差传感器电路电压过低。

故障码报码条件：颗粒捕集器压差传感器电路电压过低。

故障可能原因：压差传感器电路对地短路。

故障码 P245400 的检测方法如表 6-61 所示。

表 6-61　故障码 P245400 的检测方法

序号	操作步骤	是	否
1	把点火开关置于"ON"位置	转第 2 步	—
2	用诊断仪读取 ECM 是否有该故障码	转第 3 步	排查其他故障码
3	检查压差传感器电路线束是否对地短路	维修线束	转第 4 步
4	检查压差传感器自身是否短路	维修故障点	转第 4 步
5	将点火开关置于"ON"位置,连接诊断仪,发送故障码清除指令,启动发动机并达到检测启动条件,观察故障码是否再次报出	诊断帮助	系统正常

（14）故障码：P245500。故障码定义：颗粒捕集器压差传感器电路电压过高。

故障码报码条件：颗粒捕集器压差传感器电路电压过高。

故障可能原因：压差传感器电路对电源短路。

故障码 P245500 的检测方法如表 6-62 所示。

表 6-62　故障码 P245500 的检测方法

序号	操作步骤	是	否
1	把点火开关置于"ON"位置	转第 2 步	—
2	用诊断仪读取 ECM 是否有该故障码	转第 3 步	排查其他故障码
3	检查压差传感器电路线束是否对电源短路	维修线束	转第 4 步

续表

序号	操作步骤	是	否
4	检查压差传感器自身是否短路	维修故障点	转第4步
5	将点火开关置于"ON"位置,连接诊断仪,发送故障码清除指令,启动发动机并达到检测启动条件,观察故障码是否再次报出	诊断帮助	系统正常

(15) 故障码:P24A400。故障码定义:颗粒物捕集器载碳量过多。

故障码报码条件:颗粒物捕集器载碳量模型计算量超出阈值。

故障可能原因:颗粒物捕集器载碳量过多。

故障码 P24A400 的检测方法如表 6-63 所示。

表 6-63 故障码 P24A400 的检测方法

序号	操作步骤	是	否
1	把点火开关置于"ON"位置	转第2步	—
2	用诊断仪读取 ECM 是否有该故障码	转第3步	排查其他故障码
3	激活颗粒物捕集器再生功能,将车交还给用户,观察故障是否复现	诊断帮助	系统正常

(16) 故障码:U060100。故障码定义:颗粒捕集器压差传感器发送通信故障。

故障码报码条件:发送信息表示通信故障。

故障可能原因:压差传感器自身故障。

故障码 U060100 的检测方法如表 6-62 所示。

(17) 故障码:U060141。故障码定义:颗粒捕集器压差传感器数据检查不合理。

故障码报码条件:发送信息表示数据检查不合理。

故障可能原因:压差传感器自身故障。

故障码 U060141 的检测方法如表 6-62 所示。

九、EGR 监测

1. EGR 监测程序

在发动机运行期间,当气缸燃烧温度超过约 1371℃ 时,混合气燃烧后会形成大量的氮氧化物(NO_x)。将部分惰性废气引入混合气中可降低燃烧温度,减少氮氧化合物含量。

废气再循环(EGR)通过引入废气对混合气进行稀释,在降低氮氧化合物排放的同时,还能改善燃油经济性并降低发动机爆震。

线性 EGR 阀是较为先进的一种 EGR 执行器,阀门的开启由 EGR 阀内部的脉宽调制电磁阀控制,该电磁阀由发动机控制模块控制,如图 6-220 所示。

EGR 阀内部还设计了位置传感器,发动机控制模块根据该传感器信号识别 EGR 阀的开启程度。线性 EGR 阀总成的内部结构原理如图 6-221 所示。

图 6-220 线性 EGR 阀总成

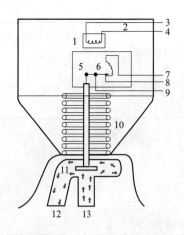

图 6-221 线性 EGR 阀总成的内部结构原理
1—电磁阀；2—电磁阀电路；3—电磁阀电源线路；
4—电磁阀接地线路；5—阀针 6—电位计电路；
7—传感器接地线路；8—传感器 5V 电源线路；
9—传感器信号线路；10—弹簧；11—气门；
12—至进气歧管；13—自排气歧管

此外，由于进气中的废气数量会影响发动机所需燃油的质量，因此发动机控制模块会采用 EGR 位置传感器信号在速度方程式中调节燃油喷射量。

为运行 EGR 监测程序，发动机控制模块需关闭 EGR 阀以阻止废气流进入进气歧管，然后监测短期自适应值。

当 EGR 系统工作正常时，阻断 EGR 气流会增加气缸的氧含量，并将空燃比转换为稀态。氧传感器信号电压会提示氧含量在废气内上升，以及短期自适应会加大喷油器脉宽，以增加燃油喷射量。通过检测短期自适应值的转换状态，发动机控制模块能够间接推断 EGR 系统性能。

如果在单个行程中的 4 个连续测试期间，发动机控制模块未能在校准范围内检测到自适应系数相应变化，那么监测程序失败，发动机控制模块设置待定的故障码和冻结帧。若监测程序在第二个连续行程中失效，则表明故障生成条件成熟，发动机控制模块设定故障码和冻结帧，故障灯点亮。

EGR 监测程序原理示意如图 6-222 所示。

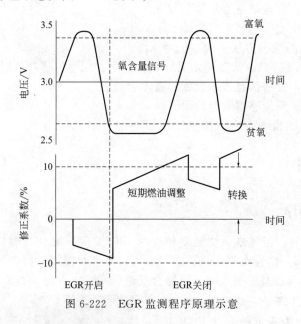

图 6-222 EGR 监测程序原理示意

2. 品牌 E 的 EGR 系统结构与工作原理

（1）EGR 系统概述。从结构上划分，有内部 EGR 和外部 EGR 两种系统，区别在于废气是否通过进气系统进入气缸。品牌 E 的缸内直喷涡轮增压发动机具备内部 EGR 装置和外部 EGR 装置。

① 内部 EGR 技术。内部 EGR 技术可以通过改变配气相位来实现，这等同于提高缸内的残余废气系数。典型的内部 EGR 功能是通过 VVT 装置来执行的，通过改变气门重叠角

即可调整配气相位,使一部分废气滞留在气缸中,对混合气进行稀释,起到废气再循环功能。

然而气缸内的气流运动十分复杂,在不同工况下气流运动规律也不一样,同时还要考虑提高发动机性能和改善燃油经济性。这种废气再循环方式很难控制废气再循环效率。而且这种直接引入废气的方式,废气没有经过冷却,在很大程度上提高了混合气温度,反而导致氮氧化物的排放增加。因此,内部 EGR 装置对降低氮化物的效果并不有效。

② 外部 EGR 技术。外部 EGR 技术是在排气系统上接入废气再循环管路,将废气引出再导入进气系统中,让废气在进入气缸之前与新鲜空气充分混合。与内部 EGR 相比,外部 EGR 在结构上要复杂得多,通常需要配置 EGR 阀、EGR 冷却器、一些特殊管路以及附带的控制单元。也正因为如此,外部 EGR 可以实现对废气的诸多参数的精确控制,氮氧化物排放控制效果显著。

外部 EGR 系统有多种类型,该发动机采用的是低压 EGR 系统。此系统从涡轮机后部将废气导出,经过 EGR 冷却器、EGR 阀及相应管路将废气导入进气歧管,由于排气压力总是大于环境气压,因此这种气路连接方式可以顺利地实现废气再循环功能。

品牌 E 的低压 EGR 系统结构原理如图 6-223 所示。

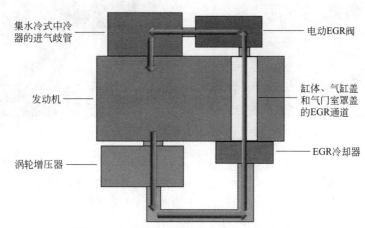

图 6-223　品牌 E 的低压 EGR 系统结构原理

(2) EGR 冷却器。EGR 冷却器安装在涡轮增压器下方的缸体上,它是一个水冷式冷却器。流经涡轮增压器之后的一部分废气被导入 EGR 冷却器进口并进行冷却,然后通过 EGR 冷却器的出口流向缸体及气缸盖管道。

品牌 E 的 EGR 冷却器外观结构及安装位置如图 6-224 所示。

(3) 缸体及气缸盖管道。EGR 冷却器的出口与缸体上 EGR 废气管道的入口对接。这条管道设在缸体内部并通过气缸垫与气缸盖内部的 GER 管道相连,其出口设在气缸盖上部,由此形成的密封管道能够将废气导入气缸室罩盖的 EGR 管道。

品牌 E 的缸体及气缸盖 EGR 管道结构如图 6-225 所示。

(4) 气门室罩盖管道。在气门室罩盖上设有 EGR 管道,该管道的入口与气缸盖的废气管道入口对接,其出口与 EGR 阀的入口对接。因此,利用气门室罩盖的 EGR 管道就可以将废气导入 EGR 阀的入口,设计方式比较独特。在整体结构上来看,由于取消了外部 EGR 管路,不仅部件布局紧凑,节省空间,而且减少了部件数量,缩短了管路路径,故障率也得到相应降低。

品牌 E 的气门室罩盖 EGR 管道如图 6-226 所示。

(5) 电动 EGR 阀。电动 EGR 阀安装在气门室罩盖上部,其入口与气门室罩盖的 EGR

管道出口对接，出口则与进气歧管的 EGR 管道入口对接，如图 6-227 所示。

图 6-224　品牌 E 的 EGR 冷却器外观结构及安装位置

图 6-225　品牌 E 的缸体及气缸盖 EGR 管道结构

图 6-226　品牌 E 的气门室罩盖 EGR 管道

图 6-227　品牌 E 的电动 EGR 阀

电动 EGR 阀由壳体（包括管道）部分和电气部分组成。电气部分由电机和位置传感器组成。发动机控制模块根据发动机工况需求向 EGR 电机发送 PWM 指令信号，通过控制 EGR 阀的开度来调整废气量。位置传感器用于监测 EGR 电机行程和响应性，信号由发动机控制模块接收并处理，从而实现 EGR 闭环控制过程。

品牌 E 的电动 EGR 阀线路如图 6-228 所示。

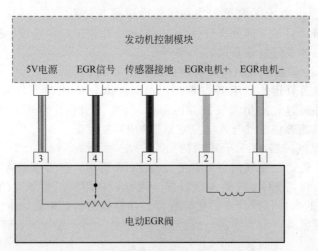

图 6-228　品牌 E 的电动 EGR 阀线路
1～5—插头针脚

（6）进气歧管的废气管口。进气歧管的废气管道入口与 EGR 阀的出口对接。由 EGR 阀调节的废气经过进气歧管管道入口被导入进气歧管，与可燃混合气、曲轴箱废气混合，一并进入气缸并参与燃烧过程。

品牌 E 的进气歧管的废气管口如图 6-229 所示。

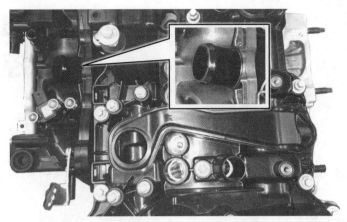

图 6-229　品牌 E 的进气歧管的废气管口

第七章 国六柴油机排放控制技术

一、国六柴油发动机排放标准

1. 排放法规概述

轻型车国六法规于 2016 年 12 月 23 日发布，2019 年 7 月，国六 a 与国六 b 实施 WLTC 测试循环，国六 b 在此基础上又增加 RDE 实际驾驶循环，发动机的排放监测区域变大，逐渐拓展到全负荷工况，标定周期相对国五柴油机增加 1 倍以上（2.5～3 年）。

RDE（Real Drive Emission）是车辆在铺装路面上进行的排气污染物（重点是 NO_x 和 PN）的排放测试标准，RDE 的引入是为了控制车辆的实际驾驶排放，该测试将汽车尾气检测从实验室扩展到实际驾驶路面，不同于 Ⅰ 型排放试验测试方式（特定的环境条件、固定的驾驶曲线），RDE 是在转毂实验室进行的排放测试，实际道路排放测试过程考虑到了包括驾驶工况、交通状况、驾驶风格、环境温度和海拔等影响实际驾驶排放结果的因素，因此能够更真实反映汽车在实际使用过程中的排放水平。

柴油机国六排放法规相对于国五排放，氮氧化合物（NO_x）限值国六 a 降低约 70%，国六 b 降低约 82%，劣化系数由 1.1 提升至 1.5。

国五、国六 a、国六 b 排放法规对比如图 7-1 所示。

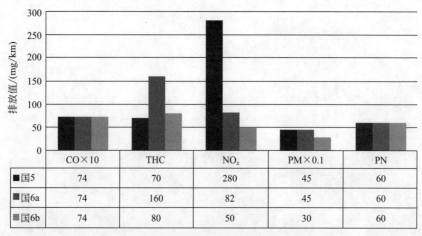

图 7-1 国五、国六 a、国六 b 排放法规对比

2. 国六柴油机后处理技术路线

（1）分类方式。按照 EGR（废气再循环阀）与 SCR（选择性催化还原转化）的利用率，可将国六污染物控制技术路线分为以下三种类型。

① 无 EGR/高 SCR：进气节流阀＋DOC（氧化催化转化）＋DPF（柴油机颗粒捕集）＋高效 SCR。

② 低/中 EGR/SCR：进气节流阀＋VGT＋EGR＋DOC＋DPF＋SCR。

③ 高 EGR/无 SCR：进气节流阀＋VGT＋EGR＋DOC＋DPF。

国六柴油机后处理技术路线对比如表 7-1 所示。

表 7-1 国六柴油机后处理技术路线对比

系统	无 EGR/高 SCR	低/中 EGR/SCR	高 EGR/无 SCR
燃油供给系统	共轨系统压力≥1800bar；燃油经济性好，对油品敏感度低	共轨系统压力≥1800bar；燃油经济性一般，对油品敏感度一般	共轨系统压力≥2500bar；燃油经济性差，对油品敏感度较高
排气后处理系统	氮氧化合物转化效率 90%；SCR 需精确标定；后处理布置难度大	氮氧化合物转化效率 80%；15%～30%EGR 率；后处理布置难度小	40%～60%EGR 率；后处理布置难度小
进气系统	进气节流阀	进气节流阀＋VGT	进气节流阀＋VGT
冷却系统	与国五基本一致	需提升冷却性能	冷却性能要求较高
发动机本体	最高爆压 200bar；可靠性好；保养周期长；维护方便，成本低	最高爆压 200bar；可行性一般；保养周期短；维护复杂，成本高	最高爆压 220bar；可靠性较差；缸体强度要求较高；发动机热管理难度大；保养周期短，维护复杂

（2）国外典型技术路线。这里简要介绍一下国外典型的柴油机后处理技术路线，内容如下。

① 无 EGR＋高 SCR 路线，代表企业：依维柯、斯堪尼亚、沃尔沃、康明斯。

② 低/中 EGR＋高 SCR 路线，代表企业：戴姆勒、斯堪尼亚、沃尔沃、康明斯、曼及达夫。

③ 高 EGR/无 SCR 路线，代表企业：万国。

（3）国内典型技术路线。国内柴油机后处理技术路线有多种分类方式，以下是比较典型的柴油机后处理技术路线分类方式。

① 低/中 EGR＋SCR 路线（主流），代表企业：潍柴、玉柴、锡柴。

代表机型：锡柴 CA6DL3（8.6L），EGR＋节流阀＋DOC＋DPF＋SCR。玉柴 YC6L（8.4L）：低 EGR＋DOC＋DPF＋进气节气阀＋排气节气阀＋SCR＋AMOX。潍柴 WP7（7.47L）：低 EGR＋DOC＋DPF＋VGT＋进气节流阀＋SCR＋ASC（氨净化催化器/氨过滤器）。

② 无 EGR＋高 SCR 路线，代表企业：潍柴、康明斯。

典型机型：潍柴 WP2（11.6L），DOC＋DPF＋进气节气阀＋高效 SCR＋ASC。

二、柴油机主流国六后处理系统

1. 系统架构

总体来说，柴油机主流国六后处理系统包括以下部件。

(1) 催化转化器：DOC+SCR+ASC。
(2) 柴油机颗粒捕集器/颗粒净化器：DPF。
(3) 尿素供给单元及喷射单元。
(4) 燃油计量单元及喷射单元。
(5) 传感器：温度传感器、氮氧传感器、压差传感器、PM 传感器等。

柴油机主流国六后处理系统架构如图 7-2 所示。

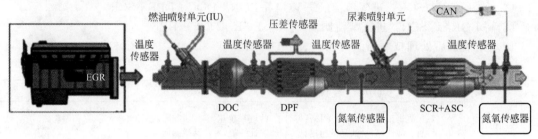

图 7-2　柴油机主流国六后处理系统架构

整个后处理系统可以视为由 SCR 系统和 HCI 系统两大部分组成。

2. SCR 系统

SCR 系统主要由选择性催化还原转化器（SCR）、尿素供给单元（SM）、尿素喷射单元（DM）、尿素液位温度质量传感器、尿素箱、后处理控制单元（ECU）及相应管路和线束构成，如图 7-3 所示。

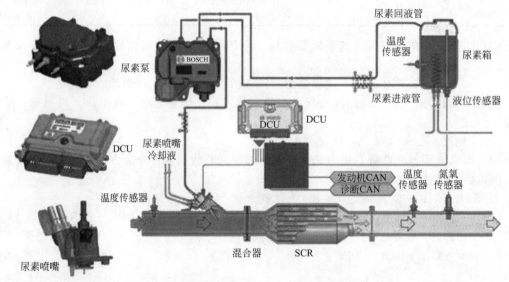

图 7-3　柴油机主流国六后处理 SCR 系统架构

（1）尿素供给单元（SM）。尿素供给单元将尿素水溶液从尿素箱中供给尿素喷射模块，它由压力传感器、隔膜泵、尿素滤芯和反向阀等组成。当温度低时，尿素供给单元能够对尿素水溶液进行加热。尿素供给单元如图 7-4 所示。

（2）尿素喷射单元（DM）。尿素喷射单元的作用是将尿素水溶液喷入后处理器中，实现选择性催化还原反应。尿素喷射单元采用发动机冷却液进行冷却，其外观结构如图 7-5 所示。

图 7-4 尿素供给单元

(3) SCR。SCR (Selective Catalytic Reduction) 称为选择性催化还原器，该装置采用的还原剂是尿素。尿素 (NH_2CONH_2) 加水 (H_2O) 后在高温下分解成 NH_3 和 CO_2，其工作原理是将还原剂喷入排气管，排气中的氮氧化合物与 NH_3 反应被还原成氮气和水。

(4) ASC。ASC (Ammonia Slip Catalyst) 称为氨净化催化器或氨过滤器，为防止氨气泄漏，SCR 催化器后部装有氨净化催化器。在氨净化催化器中，NH_3 和 O_2 反应成氨气及水：$4NH_3+3O_2 \Longrightarrow 2N_2+6H_2O$。

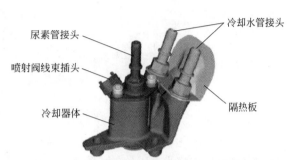

图 7-5 尿素喷射单元的外观结构

(5) SCR 性能及反应原理。SCR 涂层主要有三种：V 基、Fe 基和 Cu 基，其性能对比如表 7-2 所示。

表 7-2 SCR 涂层性能对比

性能	SCR 涂层		
	V 基	Fe 基	Cu 基
低温性能	好	差	好
高温性能	中等	好	中等
高温耐久性/℃	≤580	<650	<750
耐硫性能	好	中等	差（>500℃可脱硫）
低 NO_2 性能	好	差	好
高 NO_2 性能	差	好	中等
如果将来法规对 N_2O 和 NO_2 有限定	好	差	中等
NH_3 存储能力	差	中等	好

3. HCI 系统

HCI 系统主要由 HCI 喷射系统、DOC 总成、DPF 总成组成，整体架构如图 7-6 所示。发动机控制模块（ECU）根据温度传感器测到的温度信息实时监控 DPF 总成，PM 传感器（通常安装在后处理装置总成的末端）将颗粒物含量信号传输到发动机控制模块，由此发动机控制模块对 DPF 的碳载量进行计算，判定是否需要主动再生以及主动再生的喷油量。

因此，可以将 HCI 系统称为主动再生时的燃油喷射系统，该系统的作用是控制 DOC (Diesel Oxidation Catalyst，柴油机氧化催化器) 具备燃油喷射的喷射精度，燃油在 DOC 中

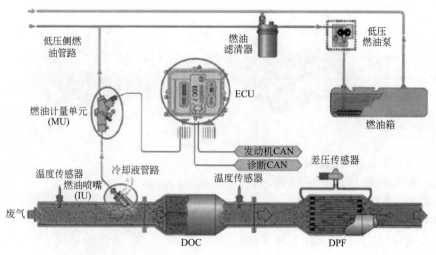

图 7-6　HCI 系统整体架构

发生氧化反应，将进入 DPF 的排气温度提高到 600℃ 以上，使得碳颗粒在 DPF 中被氧化。因此，HCI 系统也称为 DPM 喷射系统。

HCI 喷射系统控制 DOC 前端的燃油喷射精度，主要包括燃油计量单元（Metering Unit，MU）和燃油喷射单元（Injection Unit，IU）两个部件，如图 7-7 所示。

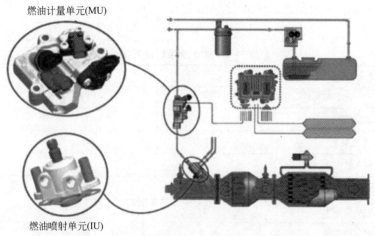

图 7-7　HCI 喷射系统的燃油计量单元和燃油喷射单元

（1）燃油计量单元（MU）。燃油计量单元是后处理系统中 DOC 前燃油喷射计量单元，MU 从发动机低压油路吸取燃油，无须额外的燃油泵。

（2）燃油喷射单元（IU）。燃油喷射单元是后处理系统中 DOC 前燃油喷射单元，它布置在排气蝶阀后排气管上，由于其与排气直接接触，因此需要冷却液进行冷却。

（3）氧化催化器（Diesel Oxidation Catalyst，DOC）。氧化催化器的作用是对尾气中的烃类颗粒物和 CO 进行氧化转化，同时为 DPF 加热。氧化催化器的氧化催化反应原理如图 7-8 所示。

氧化催化器含有铂（Pt）、钯（Pd）等贵金属涂层的催化剂（氧化作用），Pt 主要用于 NO 氧化，Pd 主要作用为热稳定性。不同的 DPF 再生方式，与之匹配的 DOC 涂层中 Pt、Pd 含量也不相同。

在国六系统中，DOC的作用是至关重要的，其主要作用包括以下三点。

① 将废气中的NO转化为NO_2，当废气温度高于300℃时，NO_2能够将DPF捕集到的颗粒再生掉，即被动再生。

② 将废气里的NO转化为NO_2，当废气中NO_2比例上升后，能够迅速提升SCR的转化效率。

③ 当主动再生需要被激活时，DOC将IU喷入其内部的柴油氧化（燃烧），从而使废气温度提高到600℃左右。

（4）DPF（Diesel Particulate Filter）。柴油机的微粒捕集器简称DPF，它的作用是全面捕集柴油机排放尾气中的所有颗粒物（PM），效率极高，可显著减少柴油机的PM排放量。

DPF是一种壁流式结构的颗粒捕集器（利用堇青石制成），废气流过蜂窝状袋式的颗粒捕集器，气流穿过壁面，颗粒被留在袋内，大部分颗粒通过该方式被捕集。碳烟被DPF收集，在一定的条件下能够氧化生成CO_2并排出去，使DPF保持工作性能，不会因颗粒物过多而堵塞，这个过程称为DPF再生。

DPF结构原理如图7-9所示。

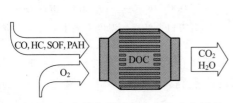

图7-8 氧化催化器的氧化催化反应原理

图7-9 DPF结构原理

由于颗粒捕集是持续发生的，DPF内的碳颗粒会越积越多，最终堵塞DPF，因此必须通过再生的方式清除碳颗粒。DPF载体分为对称结构和非对称结构两种，相对而言，非对称孔设计方案（大孔进小孔出）比对称孔设计方案的过滤表面积大，因此储碳、储灰容积也较大。

（5）DPF再生模式。简单地说，再生就是在DPF中把收集来的碳烟进行氧化的过程。

在DPF工作过程沉积的碳烟颗粒会逐渐增加排气阻力，使柴油机性能恶化，因此必须及时予以清除，这个过程即为再生过程。

DPF的再生过程主要分为被动再生、主动再生、原地再生三种工作模式。

① 被动再生模式：被动再生是通过尾气中的NO_2来氧化碳烟的，其过程在正常的驾驶条件下自动发生，如在高速公路上行驶，发动机排气温度较高，因此能够自动执行行车再生功能。

被动再生过程是因系统硬件自身因素发生的再生过程，其过程主要通过以下三种工作方式来实现。

a. 柴油机排气中的NO_x（主要为NO）通过DOC后被氧化为NO_2，而NO_2与DPF中的碳颗粒反应，生成NO、CO_2、CO排出，达到减少DPF中碳烟的目的。

b. 尾气中的NO在DOC作用下生成NO_2，NO_2对被捕集的碳烟有很强的氧化能力，利用产生的NO_2作为氧化剂除去DPF中的碳烟并生成CO_2，而NO_2又被还原成NO，从而达到去除碳烟的目的。

c. 在大负荷行驶工况下，发动机在高排温（300～400℃）时直接把碳颗粒烧掉。

高排气温度下的被动再生反应原理如图7-10所示。

② 主动再生模式：车辆在高速公路上行驶，发动机因排气温度较高而自发实现 DPF 再生，但在城市工况、堵车等低速低负荷工况下，发动机排气温度较低，如果发动机的排气温度达不到被动再生条件（排气温度 250～450℃），那么需要发动机系统主动向 DOC 中喷射燃油进行氧化反应（燃烧），将排气温度提高到 550℃ 以上，为 DPF 再生提供所需的热量，使碳颗粒在燃烧中氧化生成二氧化碳，达到减少 DPF 内碳烟的目的。

因此，这种由发动机控制模块进行监测并主动执行的再生工作模式，称为主动再生模式。

主动再生过程是通过发动机主动多喷油来完成的，其过程是相当耗油的，而且排气温度会升高很多。因此，只有当被动再生不能进一步减少碳烟或保持较低积碳量时，主动再生才会被触发。

低排气温度下的主动再生反应原理如图 7-11 所示。

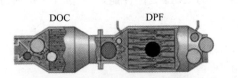 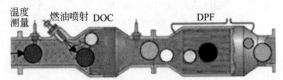

DOC：$NO+O_2 \longrightarrow NO_2$　　DPF：$NO_2+C \longrightarrow NO+CO_2+CO$

DOC：$HC+O_2 \longrightarrow CO_2+H_2O$　　DPF：$O_2+C \longrightarrow CO_2+CO$

图 7-10　高排气温度下的被动再生反应原理　　　图 7-11　低排气温度下的主动再生反应原理

③ 原地再生模式：原地再生模式只有在车辆静止状态下才能被启用，一般来说，当积炭量超过一定限值时，组合仪表的 DPF 指示灯将点亮，在此情况下，驾驶员才能通过驻车并按下原地再生开关来启用原地再生模式。

组合仪表的 DPF 指示灯如图 7-12 所示。

图 7-12　组合仪表的 DPF 指示灯

实际上，原地再生模式也是一种主动再生模式，只不过是通过驾驶员操作相关功能件来启用的。需要说明的是，并不是所有品牌及发动机电控系统都配置原地再生模式，如果发动机电控系统自行执行的主动再生功能足够完善，那么可以不用配置原地再生模式。

（6）DPF 清理。车辆实际运行期间，当 DPF 捕捉到一定量的颗粒后，燃油中的硫会在高温下形成硫酸盐颗粒，造成颗粒排放升高。硫酸盐附着在载体涂层表面，破坏涂层，产生有毒有害物质，阻碍气态催化反应，使再生失效，造成发动机出现限扭。

除了灰分燃烧不充分外，烧机油也会造成 DPF 彻底堵塞，排气背压上升，影响到发动机性能。排放的碳烟颗粒物堵塞 DPF 载体的气道后，PM 无法完全再生烧掉。出现这种情况只有采用人工方式把 DPF 拆下来，用专业的设备进行清理。

常见的有高温加热、超声波＋清洗剂、水＋清洗剂循环的清洁方式。

① 高温加热清洁方式。在该方式下，通过 600℃ 高温标准流程来加热 DPF 载体，从而降解碳颗粒物。当自然降温后，再通过吹扫方式将 DPF 载体清洁干净。

此方式符合载体设计的技术要求，再生时间短、节能环保、无污染、效果高，也是国外 DPF 载体清洁普遍采用的再生方式。

② 超声波及水循环的方式。该方式是采用化学清洗剂对 DPF 进行清洗，由于清洗剂的成分不同，无统一标准，因此对 DPF 孔道内的贵金属涂层影响无法保证，清洗后的污水处理麻烦，清洗剂成本高、用量大，因此水洗方式不推荐使用。

4. 传感器

柴油机国六后处理系统的传感器布置形式如图 7-13 所示。

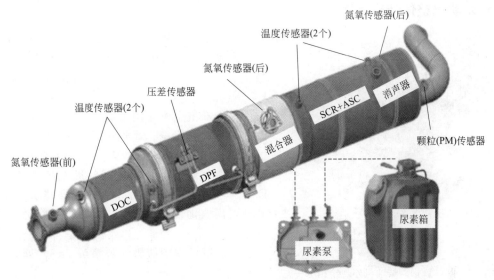

图 7-13　柴油机国六后处理系统的传感器布置形式

柴油机国六后处理系统集成有 4 个温度传感器、2 个 NO_x 传感器（氮氧传感器）、1 个 PM 传感器（颗粒传感器）、1 个压差传感器。相比之下国五后处理系统只有 1 个 SCR 前排气温度传感器和 1 个 SCR 后氮氧传感器。

① 温度传感器。4 个温度传感器分别位于 DOC 前、DPF 前、SCR 前、SCR 后。

DOC 前排气温度传感器用于测量 DOC 前端的排气温度，其信号参数作为可进行主动再生的判定条件。当 DOC 前的排气温度高于 250℃时，系统可进行主动再生。

DPF 前排气温度传感器用于监控 DPF 再生时的温度，判定再生过程是否正常。DPF 再生时的温度为（600±50）℃。

SCR 前排气温度传感器用于测量 SCR 前端的排气温度，控制尿素喷射特性。当 SCR 前排气温度高于 180℃时，尿素泵开始建压；当 SCR 前排气温度高于 200℃时，尿素开始喷射。

SCR 后排气温度传感器用于测量 SCR 后的排气温度。升高 SCR 后排气温度可以使发动机控制模块计算 SCR 的反应温度更加准确。

② NO_x 传感器。2 个 NO_x 传感器分别是上游氮氧传感器和下游氮氧传感器，相应安装在 DOC 前端及 SCR 后端。DOC 前氮氧传感器用于测量发动机原排的氮氧含量。SCR 后氮氧传感器用于测量发动机尾气的氮氧含量。

国六后处理 SCR 系统采用闭控制，通过各传感器的测量数据可精确地控制尿素特性，防止尿素多喷或者少喷。

③ 压差传感器。压差传感器的取气口位于 DPF 前端和 DPF 后端，该传感器用于监测 DPF 前后压差，判断 DPF 是否堵塞或者被移除。压差传感器的压力范围为 0~125kPa。

④ PM 传感器。PM 传感器安装在 SCR 下游（后端），用于测量尾气中的 PM 颗粒物的含量，满足 DPF 的 OBD 监控要求。发动机控制模块测量 PM 传感器积聚的颗粒的阻抗来测量颗粒量多少，从而定期对 DPF 进行加热再生。

三、某品牌国六柴油机排放控制技术

1. 发动机整体结构及性能优势

为应对国六排放法规，某品牌开发了高性能版本的 2.0L 柴油机，其最大净功率为 120kW，最大净扭矩在 1500～2500r/min 范围内可达 400N·m。

该发动机主要采用了高达 2000bar 的德尔福电控高压共轨系统、高性能单级电控 VGT 增压器、螺旋+切向气道缸盖总成、EGR 模块、可变涡流进气歧管等技术，塑料进气歧管及水路、EGR 气路的轻量化设计，大大减轻整机的重量。此外，模块化废气再循环技术的应用降低了整车排放。

某品牌国六柴油机外观结构（一）如图 7-14 所示。

某品牌国六柴油机外观结构（二）如图 7-15 所示。

图 7-14 某品牌国六柴油机外观结构（一）

某品牌国六柴油机机体结构如图 7-16 所示。

图 7-15 某品牌国六柴油机外观结构（二）

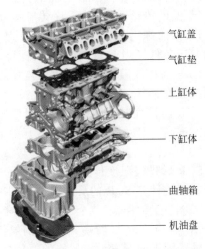

图 7-16 某品牌国六柴油机机体结构

某品牌国六柴油机涡轮增压器外观结构如图 7-17 所示。

某品牌国六柴油机高压共轨装置如图 7-18 所示。

（1）结构优化。该发动机在原有机型的基础上进行了结构优化，如机体的纵流水管道改为横流水管道，起到降低缸垫开裂的风险；进气道进行优化处理，提升流量系数；附件轮系布置进行改进，提升模块化工作状态等。

（2）集成轻量化设计。该发动机在以下方面进行了集成轻量化设计：凸轮轴承盖与气缸盖罩集成在一起，EGR进气通道与缸盖集成在一起，机冷进出水管路与机油泵集成在一起，气缸体的前后端加工面去重处理，气缸盖壁厚由5mm减为3mm等。

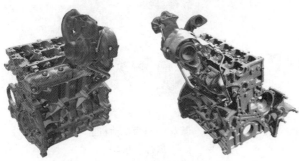 

图7-17　某品牌国六柴油机涡轮增压器外观结构　　图7-18　某品牌国六柴油机高压共轨装置

某品牌国六柴油机的机油泵总成如图7-19所示。

2. 可变涡流进气系统

（1）作用与整体结构。该发动机进气歧管中集成了涡流控制阀，即发动机在工作循环时，保持在最佳的开启角度，从而可以调节吸入空气的涡旋状态。

某品牌国六柴油机的可变涡流进气歧管外观如图7-20所示。

图7-19　某品牌国六柴油机的机油泵总成　　图7-20　某品牌国六柴油机的可变涡流进气歧管外观

某品牌国六柴油机的可变涡流进气歧管整体结构如图7-21所示。

（2）可变涡流执行器。与进气翻板上连接的执行器摇臂位置受直流电机控制，发动机控制模块通过控制直流电机正反旋转来操纵摇臂。摇臂位置由一个非接触式的霍尔传感器检测，并把信号反馈给发动机控制模块，从而形成闭环控制回路。

某品牌国六柴油机的可变涡流执行器机构如图7-22所示。

（3）急速与低速工况工作原理。当发动机急速或转速较低时，涡旋翻板处于关闭状态。这样可以使进气涡旋运动更强烈，由此形成更好的混合气。

急速与低速工况的涡旋翻板工作状态如图7-23所示。

（4）高速与应急工况工作原理。当发动机转速超过1250r/min时，涡旋翻板处于开启状态，此时可以使进气量增大，因此能够更显著地提高燃烧室充气效率。

高速与应急工况的涡旋翻板工作状态如图7-24所示。

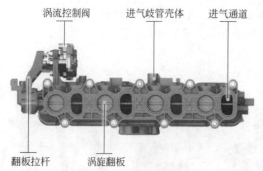

图 7-21　某品牌国六柴油机的可变涡流进气歧管整体结构

图 7-22　某品牌国六柴油机的可变涡流执行器机构

图 7-23　急速与低速工况的涡旋翻板工作状态

图 7-24　高速与应急工况的涡旋翻板工作状态

图 7-25　某品牌国六柴油机的可变涡流电动执行器

(5) 故障应急模式。当系统出现故障时，故障应急模式被启用，此时执行器断电，涡旋翻板处于全开状态。

(6) 故障检修。可变涡流进气系统的典型故障包括：涡旋翻板位置传感器信号错误、涡流控制器电控故障、涡旋翻板卡滞等。

某品牌国六柴油机的可变涡流电动执行器如图 7-25 所示。

某品牌国六柴油机发动机的可变涡流电动执行器针脚定义如表 7-3 所示。

表 7-3　某品牌国六柴油机发动机的可变涡流电动执行器针脚定义

针脚号	功能
1	直流电机负极
2	直流电机正极
3	空
4	位置传感器供电
5	位置传感器搭铁
6	位置传感器信号

3. 废气再循环（EGR）系统

(1) 柴油机 EGR 与汽油机 EGR 的主要区别。无论是柴油机还是汽油机，EGR 系统的作用都是为降低氮氧化合物的排放，其工作机理是向混合气加入一定量的废气，废气中的二氧化碳及和水蒸气大大增加了工质的比热容，同时废气的加入也稀释了原来混合气中的氧浓度，从而使燃烧速度变缓，使燃烧过程中的最高温度和平均温度都有所下降，破坏了NO生成的有利环境，从而大大降低NO_x的排放。

因为汽油机的负荷调节方式通常为量调节，所以在汽油机上应用EGR，可以相应增加进气量，EGR率的增加能降低汽油机在中低负荷工况下的节流损失，降低汽油机的燃油消耗率。但是，废气混入进气参与燃烧，会使发动机中的各个环节和参数发生变化，对发动机也会产生多方面的影响，而且影响是整体化的，必须总体考虑。

① 各工况要求EGR率不同。汽油机一般在大负荷工况下启用EGR功能，在启动、暖机、怠速、小负荷等工况下不宜启用EGR，或者只允许使用较小的EGR率，在中等负荷工况下允许采用较大的EGR率。柴油机则在高速大负荷、高速小负荷时不宜启用EGR功能，这是由于燃烧阶段所必需的氧气浓度相对减少，助长了碳烟排放，故适当限制EGR率。

② EGR率不同。柴油机的EGR率比汽油机要高得多，一般汽油机的EGR率最大不超过20%，而直喷式柴油机的EGR率允许超过40%。

③ 柴油机进气管与排气管之间的压力差较小，为扩大EGR的应用范围，需要在进气管或者排气管上面安装节流装置，通过节流来改进进气压力或排气压力。因此，柴油机的废气再循环系统要比汽油机的复杂。

（2）EGR对发动机系统的影响。由于柴油中含有硫分，排气中会生成SO_2，最终可能会生成硫酸（H_2SO_4），这对系统的管路、阀门及气缸壁面会造成腐蚀，并使润滑油劣化。排气中的微粒还流回气缸，易附在摩擦面上或混入润滑油中。这些都会导致气缸套、活塞环及配气机构的异常磨损。

① 采用EGR系统后，若EGR率控制不当，则极易造成发动机HC和CO排放量增加，燃油经济性恶化。

② 在发动机低负荷工况，EGR将影响发动机的工作稳定性。

③ EGR还有可能造成发动机活塞环、气缸套等部件的磨损加剧，发动机的可靠性和寿命可能会受到影响。

④ EGR的废气温度过高，会影响发动机的充气效率，并会有降低燃烧温度的效果，若采用EGR冷循环，会增加冷却系统和温度控制系统的复杂性。

⑤ 由于EGR给发动机带来的影响相当广泛和复杂，牵涉的因素较多，所以对EGR本身的精确控制较为复杂。

⑥ 各缸EGR分配均匀性和瞬态响应性不易同时兼顾。

⑦ 采用EGR系统后，若EGR率控制不当，极易造成发动机运行不稳定。

（3）某品牌柴油机国六发动机的EGR控制方式及整体结构。直接电控式EGR系统，EGR阀直接安装在排气道上，所以这种形式的EGR系统也称为排气道废气再循环系统，其特点是结构相对简单、控制较为方便。

该EGR系统的工作原理是：废气经排气管引出，直接经过EGR阀流入进气管。发动机控制模块根据发动机工况的需要，直接控制EGR阀的开度大小，从而提供理想的废气再循环流量。

某品牌国六柴油机的EGR系统安装位置如图7-26所示。

电控式EGR系统不仅EGR率的控制范围大，而且控制自由度也较大，其功能特点是选择NO_x排放量大的发动机工况，进行适量的EGR控制。当发动机工作时，发动机控制模块根据各传感器，如转速传感器、水温传感器、节气门位置传感器、点火开关等信号，确定发动机目前在哪一种工况下工作，以输出指令，控制EGR阀的开度。

图 7-26 某品牌国六柴油机的 EGR 系统安装位置

某品牌国六柴油机的 EGR 系统整体结构（一）如图 7-27 所示。

某品牌国六柴油机的 EGR 系统整体结构（二）如图 7-28 所示。

（4）EGR 阀。EGR 阀是一个电动执行器，它与一个通向排气歧管的短金属管相连，其作用是对进入进气歧管的废气量进行控制，使一定量的废气流入进气歧管并与混合气混合，对混合气进行稀释，降低燃烧温度，从而减少氮氧化合物排放。

某品牌国六柴油机的 EGR 阀电动执行器如图 7-29 所示。

EGR 阀电动执行器主要由一个直流电机和位置传感器组成，发动机控制模块利用直流电机来控制 EGR 阀的开度（EGR 率），位置传感器的信号作为反馈信号输入发动机控制模块，形成一种简单的闭环控制系统。某品牌国六柴油机的 EGR 阀电动执行器针脚定义如表 7-4 所示。

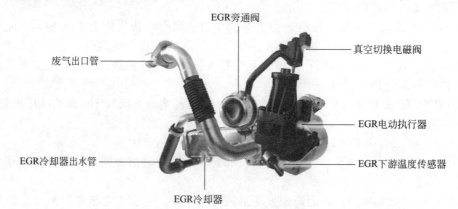

图 7-27 某品牌国六柴油机的 EGR 系统整体结构（一）

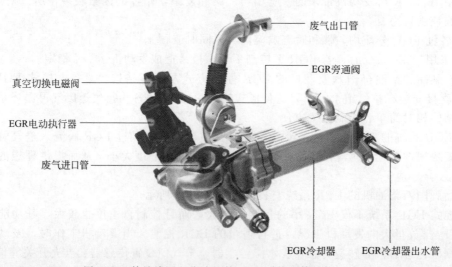

图 7-28 某品牌国六柴油机的 EGR 系统整体结构（二）

图 7-29 某品牌国六柴油机的
EGR 阀电动执行器

表 7-4 某品牌国六柴油机的 EGR 阀电动执行器针脚定义

针脚号	功能
1	EGR 阀电机正极
2	EGR 传感器位置信号
3	空
4	EGR 传感器接地
5	EGR 阀电机负极
6	EGR 传感器输入电压 5V

EGR 阀电动执行器检查如下。

① 将点火开关置于"OFF"挡,若点火开关的上一个状态为"ON",则置于"OFF"挡后,需等待至少 60s,再进行后续操作。

② 拔出 EGR 阀的线束插头

③ 测量 EGR 阀驱动电机的电阻,正常值约为 2.4Ω。

注意:当更换 EGR 阀执行器后,需要用诊断仪激活发动机控制模块的相关功能,对 EGR 阀位置重新自学习。

(5) 真空切换阀。真空切换阀是一个电磁阀,它利用来自机械真空泵的真空对 EGR 旁通阀的开闭进行控制,进而控制废气是否通过 EGR 冷却器。EGR 系统的真空切换阀管路连接如图 7-30 所示。

真空切换阀在断电状态下,真空泵管路与 EGR 旁通阀不导通,废气通过 EGR 冷却器进行冷却,然后进入进气歧管。真空切换阀在通电状态下,真空泵管路与 EGR 旁通阀导通,废气不通过 EGR 冷却器,直接进入进气歧管。真空切换阀内部结构如图 7-31 所示。

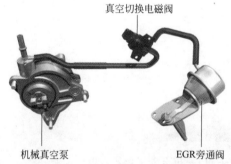

图 7-30 EGR 系统的真空切换阀管路连接

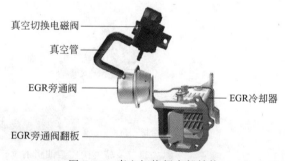

图 7-31 真空切换阀内部结构

真空切换阀的检查方法如下。

① 将点火开关置于"OFF"挡,若点火开关的上一个状态为"ON",则置于"OFF"挡后,等待至少 2min,再进行后续操作。

② 断开真空切换阀的线束插头。

③ 测量真空切换阀两个针脚之间的电阻值,标准值为 (26.3±1.4)Ω。

(6) EGR 下游温度传感器。EGR 下游温度传感器是一个正温度系数的热敏电阻,其阻值随温度的升高而升高,它安装在 EGR 管路中,用于检测 EGR 后端的废气温度。

EGR 下游温度传感器如图 7-32 所示。

EGR 下游温度传感器有两个针脚与发动机控制模块相连，其中一个针脚为信号针脚，另一个针脚为搭铁针脚。该传感器检测方法如下。

① 将点火开关置于"OFF"挡，若点火开关的上一个状态为"ON"，则置于"OFF"挡后，等待至少 2min，再进行后续操作。

② 拔出 EGR 下游温度传感器线束接头。

③ 测量 EGR 下游温度传感器引脚之间的电阻，25℃时的电阻标准值为 218.2～222.0Ω。

(7) EGR 冷却器。EGR 冷却器利用冷却液对发动机的废气进行冷却，防止因温度过高造成爆震、排放恶化。EGR 冷却器结构如图 7-33 所示。

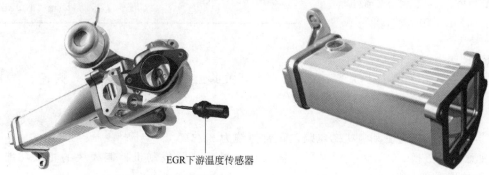

图 7-32　EGR 下游温度传感器　　　　　图 7-33　EGR 冷却器结构

4. 排气后处理技术

(1) 系统概览。某品牌国六柴油机采用 LNT＋CDPF＋SCR 后处理技术路线，其布局形式如图 7-34 所示。

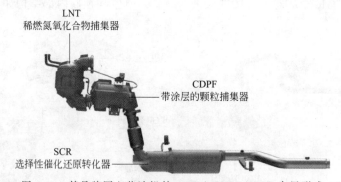

图 7-34　某品牌国六柴油机的 LNT＋CDPF＋SCR 布局形式

与原有的国五发动机相比，该国六发动机的后处理催化器改进措施为：将国五的 DOC（氧化催化器）改进为 LNT（稀燃氮氧化物捕集器），将国五的 DPF（颗粒捕捉器）改进为 CDP（带涂层的颗粒捕集器），新增 SCR（选择性催化还原转化器）。

某品牌国六柴油机的排气后处理部件组成如图 7-35 所示。

某品牌国六柴油机的 LNT 组件实物如图 7-36 所示。

某品牌国六柴油机的 CDPF 组件实物如图 7-37 所示。

某品牌国六柴油机的 SCR 组件实物如图 7-38 所示。

尿素喷嘴及冷却管路安装在 SCR 前端，其结构如图 7-39 所示。

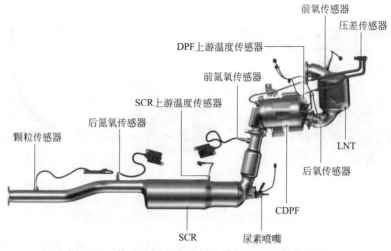

图 7-35 某品牌国六柴油机的排气后处理部件组成

图 7-36 某品牌国六柴油机的 LNT 组件实物

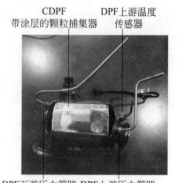

图 7-37 某品牌国六柴油机的 CDPF 组件实物

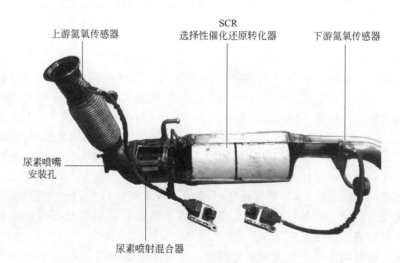

图 7-38 某品牌国六柴油机的 SCR 组件实物

第七章 国六柴油机排放控制技术 297

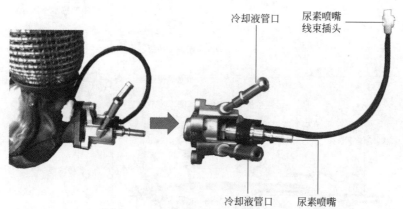

图 7-39　某品牌国六柴油机的尿素喷嘴及冷却管路

(2) LNT 系统。LNT（Lean NO_x Trap），即稀燃氮氧化物捕集器，主要功能除对废气污染物 HC、CO 的氧化作用外，还具备对 NO_x 的还原转化作用。

① 工作原理概述。首先，LNT 在其工作温度窗口通过化学吸附作用将 NO_x 捕集在 LNT 内部（吸附），待 LNT 存储到一定程度后，发动机调整到富燃模式工况进行 LNT De-NO_x（脱氮再生）再生，将 LNT 内吸附的 NO_x 脱附出来并还原为氮气，完成对废气污染物 NO_x 的转化净化。

LNT 的 NO_x 吸附过程如图 7-40 所示。

LNT 的 NO_x 脱附过程如图 7-41 所示。

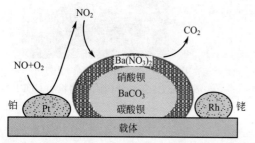

图 7-40　LNT 的 NO_x 吸附过程

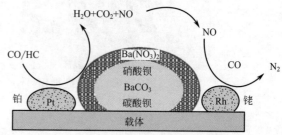

图 7-41　LNT 的 NO_x 脱附过程

LNT 在其工作温度窗口（LNT 床温 150～400℃）通过化学吸附作用将 NO_x 以硝酸盐的形式存储在 LNT 内部，待 LNT 存储到一定程度后，通过对节气门、EGR 阀的控制将发动机控制到浓燃工况（空燃比控制在 14 左右），从而产生大量的 HC 和 CO，将硝酸盐还原为氮气，完成对废气污染物 NO_x 的转化净化。

② 氧传感器。在 LNT 的上游和下游各安装一个氧传感器，前氧传感器的作用是：发动机控制模块利用该氧传感器形成空燃比的闭环控制，在空气导向模式中精准地控制空燃比，实现实际空燃比对目标空燃比的良好跟随。

后氧传感器的作用是：LNT 脱氮再生过程会释放氧气，再生过程中后氧值会高于前氧值，当再生完成时，前、后氧传感器值会接近相等，因此，后氧传感器的作用就是通过前、后氧的差值来判断再生是否完成。

前、后氧传感器均为六线制宽域氧传感器，其电路连接如图 7-42 所示。

某品牌国六柴油机的前、后氧传感器针脚定义如表 7-5 所示。

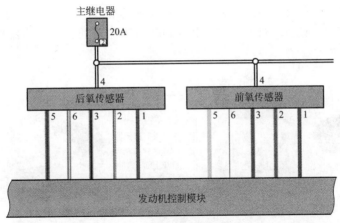

图 7-42 某品牌国六柴油机的前、后氧传感器电路连接

1~6—插头针脚

表 7-5 某品牌国六柴油机的前、后氧传感器针脚定义

针脚号	定义
1	电器元件负极
2	校准电阻负极
3	校准电阻正极
4	加热元件供电
5	泵单元/参考单元共地
6	参考单元电极

③ LNT 脱 NO_x 再生（$DeNO_x$）。LNT 吸附 NO_x 达到一定程度后需要还原，通过降低空燃比，将燃烧控制在富燃工况，产生大量 CO 及 HC，将硝酸盐还原为氮气；为获得富燃工况，通过大负荷增加 EGR 率来实现，在中低负荷下，单纯通过 EGR 控制不足以将空燃比降到 14 以下，需要同时减小节气门开度来实现；$DeNO_x$ 的工作工况温度一般将 LNT 床温控制在 250~580℃。

④ LNT 脱硫再生（$DeSO_x$）。燃油及机油中的硫累积燃烧生成的 SO_x 会吸附在 LNT 上，捕获硫的活性位点不可再用于 NO_x 捕集，NO_x 的存储能力会相应的降低。因此需要定期进行 LNT 脱硫。因为吸附剂与 SO_x 的结合要比 NO_x 强得多，除了需要将燃烧工况控制到富燃模式外（与实现 $DeNO_x$ 富燃的控制方式一样），$DeSO_x$ 相比 $DeNO_x$ 还需要更高的温度，通常 LNT 床温为 650~750℃，温度太低不能进行脱硫，温度太高会造成 LNT 永久损坏。

⑤ LNT 失效模式。LNT 失效模式分为两种：化学物质毒化与堵塞。

LNT 的化学毒化：主要源于未按要求加注标准国六柴油，使用高硫燃油所致，阻隔贵金属与废气发生反应，导致催化器失去活性。

LNT 堵塞：主要是由于锰、硅、磷等元素形成的金属氧化物附着在催化器表面造成的；锰元素主要来自含锰的燃油添加剂 MMT，磷、硅元素主要来自含硅和磷的燃油，钙元素主要来源于机油。因此，务必按要求添加标准国六柴油，选择厂家推荐型号的机油。

LNT 堵塞实物如图 7-43 所示。

(a) 硅堵塞失效　(b) 锰堵塞失效

图 7-43　LNT 堵塞实物

(3) CDPF 系统。CDPF 系统主要由发动机控制模块、压差传感器、LNT、增压器前温度传感器、DPF 上游温度传感器、节气门、CDPF（带涂层的颗粒捕集器）等组成，其控制架构如图 7-44 所示。

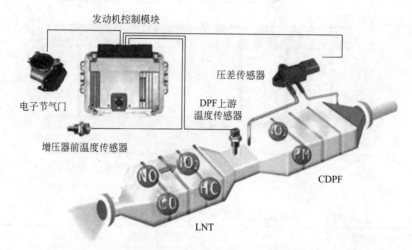

图 7-44 CDPF 系统控制架构

CDPF 系统控制原理如图 7-45 所示。

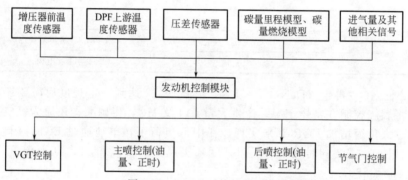

图 7-45 CDPF 系统控制原理

① 发动机控制模块：发动机控制模块是标定策略、信号收集处理、指令输出的控制中枢。

② 增压器前温度传感器：发动机控制模块根据增压器前温度传感器获得增压器涡轮及排气管路等温度变化状态，通过模型计算得到 LNT 入口温度估算值。

③ DPF 上游温度传感器：该传感器信号主要用于 CDPF 再生时的入口温度控制，在再生过程中，发动机控制模块根据 DPF 上游温度传感器信号监控 CDPF 前温度（600℃左右）。

DPF 上游温度传感器是一种高温传感器，内部封装一个铂元素的温敏元件，利用铂元素的正温度系数特性（温度越高电阻值越大）输出电压值，通过硬线将温度信号传递给发动机控制模块。DPF 上游温度传感器的外观结构如图 7-46 所示。

DPF 上游温度传感器的电阻标准值如表 7-6 所示。

图 7-46 DPF 上游温度传感器的外观结构

表 7-6 DPF 上游温度传感器的电阻标准值

温度/℃	电阻标准值/Ω
0	200.5
50	238.5
100	275.9
200	349.0
400	488.1
600	617.8
800	738.2
1000	849.2

④ DPF 压差传感器：发动机控制模块根据该传感器信号实时监控 CDPF 前后的压差，从而计算出 CDPF 中 PM 的含量。DPF 压差传感器的控制流程如图 7-47 所示。

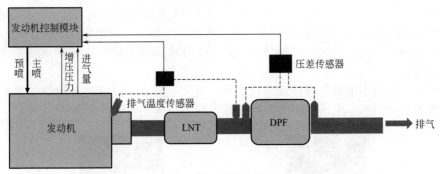

图 7-47 DPF 压差传感器的控制流程

⑤ CDPF 再生。当 CDPF 收集的 PM 达到 26g 或以上时，系统开始执行再生功能，发动机控制模块发出指令，推迟主喷正时、减少进气量、增加后喷 1，将 LNT 温度由 200℃ 提高至 300℃ 以上，增加后喷 2，将排温（DPF 上游温度）提升至 600℃ 左右（达到碳颗粒着火点），CDPF 中的碳颗粒开始燃烧，其再生功能控制流程如图 7-48 所示。

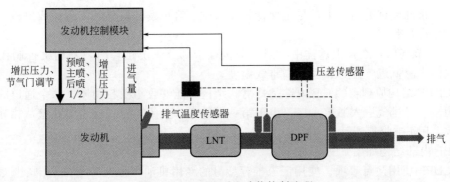

图 7-48 CDPF 再生功能控制流程

在发动机正常运转的部分高转速/高负荷区域，LNT 出口排气温度较高，无需改变任何条件，即可满足再生排温的要求。

在发动机部分高负荷工况区域，系统仅通过推后主喷正时、降低增压压力（VGT 控制）来减少进气量，即可实现 CDPF 再生排温要求。

在发动机中等负荷区域,则需要在上述基础上增加一次或者两次后喷。

在发动机小负荷区域,系统需要关小节气门开度,进一步降低进气量,使排气温度提升至再生所需温度。

后喷1:后喷1是指在上止点后35°~60°进行喷射,燃油在燃烧室内燃烧,一部分能量推动活塞做功;另一部分能量提高发动机排气管路温度,使LNT温度达到300℃以上,以提高LNT的氧化能力。

后喷2:后喷2是指在上止点后120°~160°进行燃油喷射,燃油在气缸内不会燃烧做功,以HC、CO及油气形式随排气进入LNT,在LNT中被氧化放热,从而大幅提高CDPF前排气温度。

当进行后喷2喷射时,活塞处于气缸下部,部分燃油会残留在缸壁上,随下次活塞下行进入油底壳,造成轻微燃油稀释。

再生提示:在行车过程中,当进入CDPF再生状态时,仪表中央显示屏会出现特殊图标显示,同时文字提示"正在自洁请稍候",提醒驾驶员车辆正处于CDPF再生状态,如图7-49所示。

原地手动再生功能:针对特殊驾驶工况客户(经常短途驾驶、频繁熄火、路况拥堵等),一方面DPF再生过程中容易被打断;另一方面再生效率低下,可能报出DPF再生相关故障(过载、堵塞、再生频繁、再生次数频繁)。为方便特殊驾驶工况客户,特别开发了DPF手动再生功能。

当车辆行驶中行车电脑出现特殊图标显示,且文字提示"请原地开启排气自洁",同时发动机维修警告灯闪烁,表示CDPF需要立即执行手动再生程序,如图7-50所示。

图7-49　CDPF再生提示　　　　图7-50　原地手动再生功能提示

建议在条件允许的前提下,尽量保持匀速行驶,避免发动机长时间怠速或停机,以利于CDPF的有效再生。

⑥ 电子节气门:在再生过程中,当发动机处于部分工况运转时,发动机控制模块需要调整节气门来降低进气量,从而提高排气温度。

⑦ CDPF结构原理:CDPF内部呈蜂窝状结构,能够收集微粒物质,每个通道的进出口交替关闭。一旦排气进入通道入口,由于第一通道入口关闭,排气通过多孔壁从相邻通道的出口释放,PM被收集到第一通道内。

CDPF内部结构如图7-51所示。

⑧ CDPF使用注意事项。使用厂家推荐型号的专用机油(低灰分机油),减少CDPF灰分累积量,保证CDPF的使用寿命。

使用普通机油的后果:机油中的一些添加剂成分参与燃烧会产生不可被DPF再生的碳烟。导致灰分遗留到CDPF上并且不断累积,减小CDPF的有效容积,最终灰分会阻塞CDPF。

需要到正规加油站添加国六及以上品质的柴油,较差的油品会增加发动机碳烟的排放,增加CDPF再生频率,降低燃油经济性。

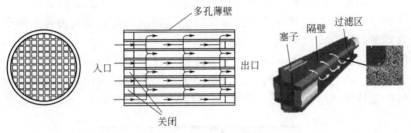

图 7-51 CDPF 内部结构

差的油品会导致喷油器被污染，喷油精度异常，排放急剧恶化，甚至喷油器被堵塞。

差油品里过高的硫含量会致使催化器中毒，氧化性能降低，CDPF 再生效率降低甚至无法再生。差油品（或添加剂）里的一些成分燃烧也会产生无法在 CDPF 中再生的灰分，缩短 CDPF 使用寿命。

⑨ 颗粒物传感器。颗粒物传感器（PM 传感器）是专为监测柴油机后处理系统中柴油颗粒物捕集器（DPF）是否失效而设计的，该传感器检测从尾气流中积聚的碳烟，而非实时测量碳烟排放水平，传感器上的碳颗粒积聚量与尾气排放的碳烟量呈正比关系。

颗粒物传感器的外观结构如图 7-52 所示。

在正常使用且 DPF 工作良好的情况下，极少量碳烟颗粒会积聚在颗粒物传感器上。发动机控制模块会在输出阻抗达到阈值时自动发出再生指令，高温燃烧掉传感器上的所有碳烟颗粒。

图 7-52 颗粒物传感器的外观结构

当启动一个新的检测循环时，发动机控制模块也可以通过 CAN 总线向颗粒物传感器手动输入再生指令。

当 DPF 失效后，碳烟在颗粒物传感器上的积聚速率会加快，该传感器会将连续再生间隔时间（响应时间）通过 CAN 总线传送至发动机控制模块。

颗粒物传感器可以用于 12V 或 24V 电压供电系统，其主要部件由加热器、基质（包含电极）、控制模块等组成。当传感器正常工作时，基质上的电极已经加电工作，这时在正负电极之间产生磁场，如图 7-53 所示。

当有废气流过电极时，细小的颗粒物就在磁场力的作用下，被附在电极的两侧，随着时间的推移，正负电极之间的颗粒物越积越多，直至正负电极被导通，如图 7-54 所示。

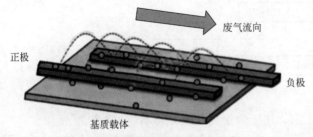

图 7-53 颗粒物传感器基质电极产生的磁场示意

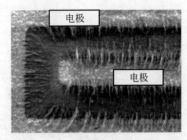

图 7-54 颗粒物传感器正负电极之间的颗粒物

当正负电极之间被导通后，正负电极之间产生电流，随着堆积物越来越多，电流也就越来越大，当电流达到某一阈值时，完成一个检测循环。检测循环的时间长短，可以判定尾气中碳烟颗粒的浓度。发动机控制模块会在输出阻抗达到阈值时自动发出再生指令，高温燃烧掉颗粒物传感器上的所有碳烟颗粒。

颗粒物传感器与氮氧传感器一样，也需要待露点释放后才能工作，当露点释放且有测试需求时，颗粒物传感器先进行加热再生，以燃烧掉前一个测试循环累计的颗粒物。此外，颗粒物传感器与氮氧传感器一样是通过 CAN 网络传输信号的，如图 7-55 所示。

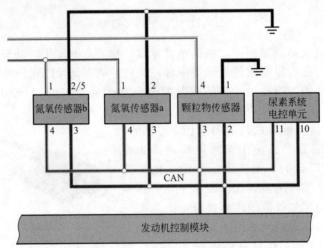

图 7-55　某品牌国六柴油机颗粒物传感器电路图

（4）SCR 系统。SCR 系统，即选择性催化还原转化器系统，主要用于处理废气污染物 NO_x。该系统结合尿素喷射系统热解水解的 NH_3，在 SCR 催化剂的作用下，将废气中的 NO_x 还原为氮气。SCR 化学反应分为标准反应、快速反应、慢速反应。

$$4NH_3 + 4NO + O_2 \longrightarrow 4N_2 + 6H_2O \qquad 标准反应$$

$$4NH_3 + 2NO + 2NO_2 \longrightarrow 4N_2 + 6H_2O \qquad 快速反应$$

$$4NH_3 + 3NO_2 \longrightarrow \frac{7}{2}N_2 + 6H_2O \qquad 慢速反应$$

SCR 系统主要由发动机控制模块、前氮氧传感器、后氮氧传感器、SCR 上游温度传感器、尿素喷嘴、混合器、尿素泵、尿素泵控制单元等组成，其控制原理如图 7-56 所示。

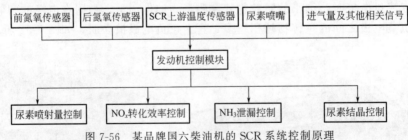

图 7-56　某品牌国六柴油机的 SCR 系统控制原理

① 前氮氧传感器：布置在 SCR 上游，用于测量发动机原排 NO_x 浓度。

② 后氮氧传感器：布置在 SCR 下游，用于测量尾排 NO_x 浓度，同时测量 NH_3 泄漏量。发动机控制模块通过前后 NO_x 测量值来计算 NO_x 转化效率，即前、后氮氧传感器信号作为闭环控制的反馈量。

前氮氧传感器与后氮氧传感器的结构及工作原理是相同的，其外观结构如图 7-57 所示。

氮氧传感器的工作原理如图 7-58 所示。

废气中含有水、二氧化氮、一氧化氮和氧气，废气通过分子扩散进入氮氧传感器探头陶瓷体第一腔，大部分氧气在第一腔内分离（电解过程）并泵出。剩余气体进入第二腔，其中含有少量的氧气在第二腔内分解并泵出，剩余的一氧化氮进入第三腔。一氧化氮穿透第三腔的保护层，在铂电极上被分解成氮气和氧气，此分解过程中会产生电流，氮氧传感器通过计

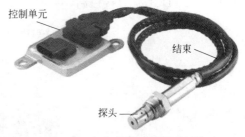

图 7-57 氮氧传感器的外观结构

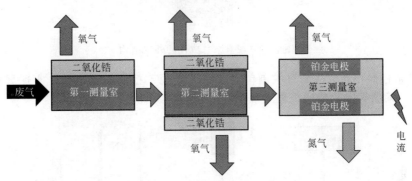

图 7-58 氮氧传感器工作原理

算该电流得出氮氧化合物浓度。

③ SCR 上游温度传感器：布置在 SCR 载体前，用于测量 SCR 的进气温度。当达到尿素喷射条件时，发动机控制模块利用 SCR 上游温度传感器来监测温度和进气流量，达到控制尿素喷射量的目的。

④ 尿素喷嘴：布置在 SCR 上游，是尿素泵控制单元（DCU）用来控制喷射尿素溶液的装置。

⑤ 混合器：位于尿素喷嘴和 SCR 载体之间，即喷射的尿素溶液和废气混合发生化学反应的区域，如图 7-59 所示。

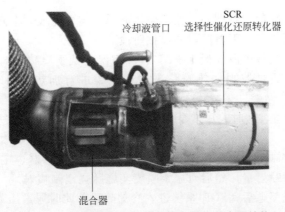

图 7-59 尿素喷嘴和 SCR 载体之间的混合器结构

⑥ 尿素泵。尿素泵用于向尿素喷嘴提供尿素，它是一个总成件，它集成了尿素泵、液位传感器、尿素品质传感器、温度传感器、压力传感器、加热膜片及滤芯等功能件，由尿素

泵控制单元（DCU）直接控制，如图 7-60 所示。

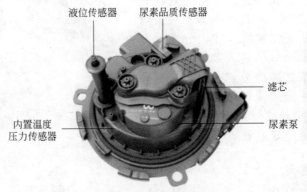

图 7-60　尿素泵总成件的外观结构

⑦ 尿素泵控制单元。尿素泵控制单元（DCU）用于控制尿素喷嘴，实现氮氧化物的还原催化反应。某品牌国六柴油机尿素泵控制单元电路如图 7-61 所示。

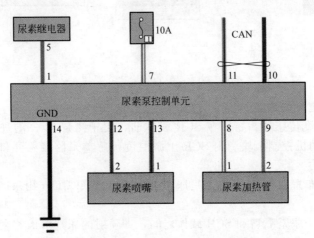

图 7-61　某品牌国六柴油机尿素泵控制单元电路

在对尿素喷嘴进行喷射控制期间，尿素泵控制单元需要完成 5 个阶段的控制流程：预热阶段、建压阶段、喷射阶段、下电阶段和反抽阶段。

预热阶段：当尿素罐体内温度低于 $-2℃$ 且环境温度低于 $-11℃$ 时，系统判断尿素处于结冰状态，此时 DCU 通过控制加热膜片来对尿素罐进行加热，同时对尿素管路也进行加热。

建压阶段：当加热至 $5℃$ 时，尿素泵开始建压至 5.8bar，并且通过管路将尿素输送至尿素喷嘴。

喷射阶段：尿素控制单元根据氮氧传感器、SCR 温度传感器、尾气流量及发动机控制模块等数据计算出尿素喷射量，然后对尿素喷嘴实施脉宽调制喷射。

下电阶段：当系统下电后，SCR 系统进入冷却阶段，此时尿素压力下降至零。

反抽阶段：当系统冷却一段时间后，尿素泵会反转，将尿素管路中的尿素回流到尿素箱中。清空完成后系统会自动关机。

⑧ SCR 失效模式。尿素结晶是 SCR 常见的失效模式，主要原因为尿素喷射过量或排气流量温度过低，例如：长时间怠速、长时间低速低负荷行车、尿素喷嘴喷射异常等，导致

SCR 催化器端面附着白色尿素晶体,严重时堵塞 SCR。

因尿素结晶失效的 SCR 实物如图 7-62 所示。

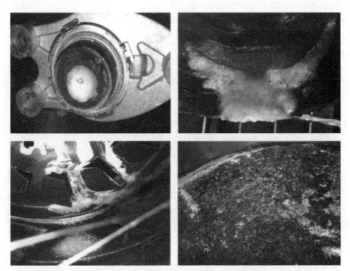

图 7-62 因尿素结晶失效的 SCR 实物

参 考 文 献

［1］ 魏春源.车电气与电子.北京：北京理工大学出版社，2004.
［2］ 魏春源.汽车安全性与舒适性系统.北京：北京理工大学出版社，2007.
［3］ 朱军.汽车故障诊断方法.北京：人民交通出版社，2008.
［4］ 吴宗保.汽车发动机电控系统维修实训.北京：机械工业出版社，2009.